정치사상의 거장들 I

고대·중세편 플라톤에서 홉스까지

한스 마이어/호르스트 덴처 엮음 | 주광순 옮김

시와 진실

차 례

머 리 말

만일 우리가 더 이상 미래를 믿지 않게 된다면,
과거도 더 이상 온전하게 우리의 과거가 되지 못할 것이다.
그것은 죽은 문명의 과거가 되고 말 것이다.
T. S. 엘리엇, 『고전이란 무엇인가?』(1944)

문학의 거장들—이는 오래전부터 쓰이던 정평 있는 개념이다. 그리고 문학의 거장들을 편찬한 책은 어떤 사람에게는 유용해 보이고, 또 어떤 사람에게는 어쩌면 관습적인 것으로 보일 수도 있겠지만, 하여간 아무도 그것을 놀랍게 여기지는 않을 것이다. 그러나 정치사상의 거장들(고전 작가들**Klassiker**)? 마치 오늘날 '고전적' 요리책, '고전적' 추리소설, '고전적' 연인이라고 말할 때와 흡사하게 여기서 고전이라는 명예로운 칭호가 과도하게 확대되어 남용되는 것은 아닌가? 정치적인 것이 도대체 그와 같은 문학의 범주에 속할 수 있는가? 거장에 대한 생트-뵈브(**Ch. A. Saint-Beuve**)의 다음과 같은 정의가 시인이라는 쌍둥이 형제에게 타당하듯이 정치에 관해 글을 쓰는 저술가에게도—그가 제대로 쓴다고 가정할 경우에—마찬가지로 간결하고 분명하게 타당한가?

가치와 특징을 지닌 작가, 중요하게 인식되는 작가, 태양에 빛을 지고 있는 작가, 프롤레타리아 군중과 뒤섞여 있지 않은 작가.(『월요이야기 Ⅲ』***Causerie du lundi*** Ⅲ, **1850**)

실제로 이 책에 모아 놓은 여러 정치 저술가들이 이론의 여지 없이 한 가지 사상적 흐름이나 형태 사조로 함께 배열되지는 않는다. 그보다 오히려 그들 중 상당수는—그들이 같은 시간에 한 장소에 모여 있다고 가정해 본다면—서로 다투며 논박하고 논쟁하는 관계에 있다. 또한 그들은 정서나 사유의 영역에 영향을 주었을 뿐만 아니라 정치적 실천과 인간의 공동생활에 영향을 미치면서 변화시켰고 또 오늘날까지도 여전히 변화시키고 있다는 점에서도 순수문학의 거장들과 구별된다. 흔히 생각하기에 시대를 초월하고 항구적으로 타당하며 인간에게 보편적인 것이라는 관념과 결부되어 있는 고전이라는 칭호에 대한 권리 주장이 이들 사상가에게 어떤 근거에서 통용될 수 있겠는가?

이에 대한 첫 번째 답변은 표준적 목록(Kanon)[1]의 형성이라고 부를 만한 현상이 순수문학에서와 마찬가지로 정치사상의 분야에서도 존재한다는 것이다. 수많은 저작물들과 저자들 중에서 점차로 모범적이고 제1급의 것들(classici)이 결정(結晶)되어 간다. (라틴어로 'classicus'라는 단어는 원래 최상위 납세 계층에 속한 사람들을 뜻한다!) 이 과정에는 문학 비판과 평가만큼이나 또한 세평과 독자들의 취향이 관여한다. 저자와 사회, 문학 작품과 역사적 시대 사이의 사회적·문화적 친화성도 하나의 역할을 한다. 간단히 말해서 고전의 기준은 오랜 기간 동안의 분화된 과정 속에서 형성된다. 정치에서 권위에 기대어 (독일에서는 빌헬름 1세[Wilhelm Ⅰ]에게 그렇게 하려고 했던 것처럼) 어느 한 정치가에게 '위인'이라는 칭호를 부여하거나 혹은 (프리드리히 대제[Friedrich der Große]에게 일어났던 것처럼) 그 사람에게서 이 칭호를 추후에 다시 박탈하거나 할 수 없듯이, 정치의 문학적 거장을 서임하는 문제에서 문체론적·문학적 권위만이 유일하게 결정적인 관점인 것은 아니다. 중요한 것은 결국 늘—문학에서 매우 일반적이듯이—어느 한 고전적 작가가 통과해야 하는 시간의 시험이다. 왜냐하면 T. S. 엘리엇이 거장 버질(Vergil)에 대한 연구에서 말했듯이, "어느 한 고전이 고전으로 알려질 수 있는 것은 다만 회고적인 지혜, 즉 역사적 조망 속에서 얻어지는 지혜를 통해서이기 때문

1) (이하의 각주는 모두 역자에 의한 것이고, 원문에는 각주가 달려 있지 않다.) Kanon이 규범, 규준, 표준의 의미가 있으나, 문맥상으로 볼 때에 여기서는 누구를 고전 작가로 볼 것이냐 하는 '표준적 목록'이 더 나아 보인다.

이다."(『고전이란 무엇인가?』, 1944)

서구의 전통에서 그런 고전적으로 정치적인 것에 대한 표준이 실제로 존재한다는 점은 의심할 여지가 없다—일치된 견해에 의해 거장이라는 술어를 부여받아 마땅한 작품들과 작가들의 주요 구성 요소에 대해서는 최소한 쉽게 합의할 수 있을 것이다. 고대와 중세에 대해서는 더더욱 그러하다. 플라톤(Platon), 아리스토텔레스(Aristoteles), 키케로(M. T. Cicero), 아우구스티누스(A. Augustinus,) 단테(A. Dante)는 물어볼 필요 없이 이 범주에 들어간다. 하지만 보편성이나 영향력에서 이들보다 뒤떨어지는 폴리비우스(Polybius), 암브로시우스(Ambrosius), 솔즈베리의 존(Johann von Salisbury), 파도바의 마르실리우스(Marsilius von Padua) 같은 저술가들 역시 거장의 범주에 들어간다. 근대에서는 선정하기가 더 까다로워진다. 정치적 언술들은 더욱 전문화되고, 민족적 차이가 더욱 첨예하게 드러나기 때문이다. 그러나 여기서도 또한 시간이 지나감에 따라 고대나 중세와 마찬가지로 유사한 표준이 형성되었다. 마키아벨리(N. Machiavelli), 보댕(J. Bodin), 비토리아(Fr. Vitoria), 그로티우스(H. Grotius), 홉스(Th. Hobbes), 푸펜도르프(S. Pufendorf) 등은 기본이 되는 인물들이다. 그 뒤를 근대 입헌 국가의 거장들인 로크(J. Locke), 몽테스키외(Montesquieu), 연방주의자들(The Federalist)과 칸트(I. Kant)가 잇고, 그 다음에는 루소(J.-J. Rousseau)에서 시작하여 헤겔(G. W. F. Hegel)과 토크빌(A. Tocqueville)과 마르크스(K. Marx)를 거쳐 니체(Fr. Nietzsche)에 이르는 근대의 혁명 이론가들이 잇는다. 그들과 함께 새롭고 아직 종결되지 않은 정치사상의 단계가 시작된다. 대략 이 정도의 저자들이 영 · 미의 정치이론서들을 찾아볼 때 발견되는 사람들이다. 또한 (사빈느[G. H. Sabine], 슈트라우스[L. Strauss]/홉슨[J. A. Hobson,] 투샤르[J. Touchard], 베르크슈트레서[A. Bergstresser]/오베른되르퍼[D. Oberndörfer] 등이 집필한) 좀 더 수준 높은 교재와 문헌집들 역시 이런 표준에서 출발한다. 더 나아가 영국의 블렉웰(Blackwell), 프랑스의 플레야드(Pléjade), 독일의 『정치학의 거장들』(*Klassiker der Politik*) 같은 대규모의 거장 시리즈도 마찬가지이다. 우리가 여기서 보고 있는 인물들은 문법학교에서 읽을거리를 담고 있는 고대와 중세 저술가들의 목록에 있는 것과 같은 대표적인 저자들이다. 본보기라는 의미에서 교육적 양식(樣式)과 취향의 형성을 위한 고전성에서 말이다. 이때 어느 한 저자를 목록에 받아들이는 근거에 대한 정당화는 다만 그것이 이런 목적을 위해서 사용할 만한 문헌이라는 점에 있다.

그런데 문헌적 표준이 존재한다는 것은 단지 형식적인 논거, 전통주의적인 논거일 따름이다. 그러면 내용적으로 정치사상의 거장들이라고 말할 수 있는 권리를 주는 것은 무엇인가? 언어의 정확성이나 문학적 전형성(典型性)이 정치적 저자들에게도 물론 중요하지 않은 것은 아니지만, 이런 것이 그와 같은 권리를 주는 것은 아니다. 그런 기준에 따른다면 프랑스에서는 이를테면 콩트(A. Comte) 같은 사람은 글을 매끄럽게 쓰지 못하기 때문에 정치적 거장의 목록에 오르기가 쉽지 않을 것이다. 그리고 독일에서도 조금 더 엄격한 문학적 기준이 있었더라면 헤겔은 물론, 심지어 피히테(J. G. Fichte)나 막스 베버(Max Weber)도 마찬가지 사정이었을 것이다. 반면에 홉스처럼 이종동체(異種同體)적인 정신은 당대나 후세의 그 모든 거부에도 불구하고 선명하고 힘 있는 문체 덕분에 오늘날까지 명성을 이어가고 있다. 또한 형식적으로는 까다로울 게 없는 『연방주의자 논집』(*The Federalist Papers*)은 그 저널리즘적 신선함과 사람을 끌어들이는 복잡하지 않은 언술 방식 덕분에 보다 더 강력한 당대인들 가운데에서도 어렵지 않게 자신을 내세울 수 있었다. 그러나 고전의 반열에 오르려면 그보다 더 많은 것이 필요하다. 위대한 정치적 작품은 언어적·문학적 특질을 넘어서 그것이 기획되고 집필의 목적이 되는 사회와 특별한 관계에 있어야만 한다. 새로운 경험, 정치적 공동생활을 위해 건설적인 인식, 사회에 대한 권리 주장이 그 작품 속에 표명되어 있어야 한다—오늘이 아니라면 내일이라도 반향을 일으키고 받아들여지는 것, 저자 개인과 그가 살아가는 시대를 넘어서 지속적으로 영향을 미치는 것이어야 한다. 정치적 작품이 저자가 살아 있는 동안에 그 작용력의 절정에 도달하는 것이 반드시 필요하지는 않으며 또한 드문 일이기도 하다. 정치적 문헌에서 사상이 곧 행위가 되는 일은 매우 드물다. 중요한 저술가들이 무명으로 남아 있다가 사후에 비로소 뜻밖의 부흥기를 맞아 다시 세상에 드러나곤 한다. 그러나 우리가 정치사상의 거장이라고 말할 수 있는 것은 오직 그의 작품이 한 번은, 그것이 비록 짧은 기간이라 할지라도, 한 시대의 정치적 이념과 표상의 중심에 서 있었을 경우, 한 사회를 대표하는 경우—그리고 또 한 가지 결코 무시할 수 없는 조건으로서—그것이 보편적으로 파급될 가능성과 또한 역사 속에서 계속 영향을 미칠 만한 힘을 지닌 경우뿐이다.

정치적 고전 작품이란 당장의 일상이나 정치 시국에 일시적인 영향을 미치는 것만으로는 부족하고 그 작용 기간이 길다는 점, 달리 말하자면 목전의 정치가 미치는 작용 기간보다 느리다는 점이 이미 여기서 분명해진다. 정치계의 이론가와 분석가들이 이를 인식하지 못했을 때, 그들이 심지어 때때로 맹목적인 열정을 가지고 자신의 사상의 공적 영향력을 인위적으로 증대시키려고 시도했을 때, 그들은 대부분 정치의 함정과 덫에 좌초하고 말았다. 적어도 그들의 글과는 달리 그들의 실천적 정치 행위는 급속히 퇴색한다. 플라톤이라는 사람이 정치사에 남아 있는 것은 『국가』(*Politeia*)와 『법률』(*Nomoi*)의 저자로서이지 디온(Dion)의 조언자로서가 아니다. 또한 아리스토텔레스라는 사람이 남아 있는 것도 당대의 국가 헌정들을 모으고 체계화한 사람으로서이지 마케도니아(Macedonia) 왕자의 교사로서가 아니다. 마키아벨리의 『군주론』(*Principe*)은 피렌체(Firenze)의 민병대보다 훨씬 더 꿋꿋하게 시대의 폭풍을 견디어냈다. 그리고 루소가 코르시카(Corsica)와 폴란드를 위해서 만든 헌법 초안은 이 나라들의 정치적 운명에 거의 영향을 미치지 못했던 반면, 그의 『사회계약론』(*Contrat social*)은 근대 혁명의 기본서가 되었다. 정치사상의 거장들 가운데는 물론 정치가들이나 외교관들도 있었다.—키케로, 토머스 모어(Thomas Morus), 그로티우스, 토크빌 등은 그런 사람들 중 몇몇 탁월한 예들이다—그러나 그들은 예외적인 경우이고 일반적인 현상은 아니다. 정치에 대한 분석적 · 철학적 태도가 정치 관직의 실천적 감각과 동반하는 경우는 매우 드문 것 같다. 이 말이 이들 저술가가 정치 무대의 중립적이고 열정 없는 관찰자라는 뜻은 아니다. 정치에 관해서 글을 쓰는 사람 중 어느 누구도 그 시대의 정치적 혼란에 얽혀 들어가지 않을 수 없었다. 정치에 관해서 글을 쓰게 된 최초의 계기가 때로는 정치 체제에 대한 환멸이기도 하고(플라톤, 마키아벨리), 때로는 정치 저술가들 자신이 정당에 가입하기도 했으며(시에예스[J. E. Sieyes], 버크[E. Burke]), 또 때로는 새로운 정치 질서의 전령을 자처하기도 했다(단테, 루소, 콩트). 그러나 위대한 정치적 문헌들이 미치는 측정할 수 있고 파악할 수 있는 영향들의 대부분은 그 당시의 환경이나 동시대인들의 범위 내에 있지 않다. 생각의 변화가 실천적 태도의 규범으로 전화되기까지는 오랜 시간을 필요로 한다. 어느 정도 거리가 생기고 나서야 '개념화된' 철학적 정치가 지닌, 강력하고 관점을 규정하며 사건을 유발시키는, 작용이 드러난다—그렇게 되고 나면 그 작용이 아주 강력해져서 속물적 회의만이 역사 속에 드러난 관념의 영향력을 과소평가한다. 플라톤, 아우구스티누스, 루소, 헤겔, 마르크스, 니체 등이 그런 영향력을 지녔던 저술가들이다.

그렇지만 다시 한 번 질문해 보자. 여기 모아 놓은 사상가들의 목소리는 합창이 아니라 혼란스러운 소음만을 낳을 만큼 끊임없이 서로 반목하고 있는 것은 아닌가? 고전적인 것이 되려면 통일성, 일치, 지속성, 전통에 뿌리내림도 있어야 하지 않는가? 문학의 거장들에게서보다 정치적 거장들에게서 내적 통일성을 발견하기가 훨씬 더 어렵다는 점은 확실하다. 그렇다고 그들에게서 통일성이 전적으로 결여되어 있는 것은 아니다. 왜냐하면 자세히 살펴보면, 모든 고전적인 저자들은 정치적인 것에 대해 특수한 태도를 취하고 특수한 과제를 수행하기 때문이다. 첫째로 그들은 상기시킨다. 즉 그들은 정치 일상의 소음 속에서 (그 소음은 예나 지금이나 중요한 것보다도 그리고 때로는 심지어 정치적인 것 자체보다도 더 큰 소리를 내는데) 공동체에 늘 제기되는 과제를 상기하도록 주의시키고, 그 과제를 망각했을 경우에는 통치자들로 하여금 그것을 기억해내도록 환기시킨다. 둘째로 그들은 평가한다. 그들은 현실 정치에서 매일같이 일어나는 일을 근원적으로 설정된 공동생활의 질서, 공동체의 근본 협약, (루소가 말하는) 원초적 협약(**première convention**)이라는 척도 아래 놓는다. 셋째로 그들은 비판한다. 사고의 전환에 대한 책무로서 그리고 개혁의 단초로서 현재의 상태에 대한 철학적 비판—이것이 폴리스(***Polis***)에 대한 소크라테스와 플라톤의 물음 이래 모든 학문적 정치의 근원이다. 왜냐 하면 철학자의 과제는 선(善)에 대해 반성하는 가운데 정치 행위의 목표들을 올바른 것이라고 근거짓거나 혹은 그른 것이라고 배척하는 것이기 때문이다. 그리고 이 점에서 철학자는 인간다운 삶과 관련된 참다운 정치와 조응한다.

위대한 정치사상가들 사이의 연관성을 이렇게 이해한다면, 그들이 가진 사상의 연속성이 천편일률적인 진술에 있는 것이 아니라 늘 다시 제기되는 질문의 집요함에 있음을 알 수 있을 것이다. 그러면 또한 왜 이 사상가들이 서로 상충하기도 하고, 또 왜 그들의 말이 서로 다른 시대에 서로 다르게 들리는지도 분명해진다. 모든 정치 질서는 역사 속에서 실현되고 또 그 속에서 실현되어야 하기 때문에, 항상 주어지는 문제의 구체적인 내용은 그때마다의 상황과 함께 변하고 정치적 진술의 내용도 함께 변한다. 좋은 정치 질서에 대해 묻는 늘 동일한 질문이 서로 다른 시대에 그리고 서로 다른 사회에서 서로 다른 답변을 하게끔 만든다. 그렇지만 정치이론이 현실 정치로 하여금 특수한 역사적 과제를 상기하도록 지시한다는 점에서 다음과 같은 일들은 모두 주어진 상태에 대한 철학적 비판이라는 의미에서 항상 동일한 과정이다. 보댕이라는 사람은 종교 전쟁과 내적 자기분열의 시대에 최종적인 심판관으로서 군주의 주권에 주목한다. 몽테스키외라는 사람은 왕권이 점점 더 법에서 이탈하는 시기에 군주들이 내리는 명령의 자의성에 대항하여 법률이라는 '성문화된 이성'(***ratio scripta***)에서 균형을 찾으려고 한다. 자유주의의 시대인 **19**세기에는 강단 사회주의자들이 프롤레타리아트에 대해 사회가 지고 있는 의무를 상기시킨다. 그리고 막스 베버는 정치가의 행동이 그의 심성에 따라서가 아니라 그 행동의 결과에 따라서 판단되어야 한다는 이유에서 이데올로기와 유착되어 있는 심성의 정치(**Gesinnungspolitik**)에 대항하여 책임 윤리(**Verantwortungsethik**)를 언급한다.

고전적인 정치적 저술가의 표준은 우리에게 정치적인 것의 이런 내적 통일성을 잘 상기시켜줄 수 있을 것이다. 특히 오늘날에는 훨씬 더 그러하다. 왜냐하면 동과 서, 남과 북의 민족적 · 문화적 특수 전통들이 (막스 셸러[**Max Scheler**]가 말하는) '상쇄의 시대'에 아직 불분명하지만 새로운 형태로 서로 교차하고 있기 때문이다. 그렇지만 정치사상에 대한 고찰은 또한 미래에 이루어질 수도 있을 정치적 통합이 단순히 기술적 과정의 결과가 아니라는 점, 늘 그렇듯이 오늘날 새로운 정치 질서는 오직 평화와 정의를 위한 노력, 즉 공동생활의 올바른 규범을 위한 적극적인 노력으로부터 생겨난다는 점을 보여준다. 기술적 보조가 정치가에게서 올바름에 대한 물음이라는 짐을 덜어주지는 못한다. 정치가에게 중요한 '의사 일정 안건'(***res agendae***)은 정치학을 자처하는 테크노크라시나 미래학이 말하는 '미래의 사안'(***res futurae***)이 아니다. 왜냐 하면 정치는 미리 주어진 미래의 지평이 아니라 질서를 만드는 형태화라고 하는, 늘 새롭게 제기되는 과제이기 때문이다—이 책에 등장하는 인물들에게서 분명해지듯이 정치 이론의 역사가 보여주는 내용도 이와 다르지 않다.

두 권으로 된 『정치사상의 거장들』은 6판을 거듭하며 30년 이상 동안 표준서로 인정받아 왔다. 마지막으로 절판된 이후 벡 출판사(**C. H. Beck-Verlag**)는 이 두 권의 책을 좀 더 얇은 형태로 좀 더 폭넓은 독자층에 맞추어서 벡 시리즈로 내기를 원했다. 그렇게 하는 데에는 완전히 새로운 개정이 필요하게 되었는데, 이를 기회로 게재 원고의 절반 이상을 좀 더 젊고 능력 있는 저자들에게 새롭게 맡길 수 있었다. 그렇게 함으로써 이 책이 앞으로도 수십 년 이상 그 명성을 유지할 수 있게 되기를 편집자와 출판사는 희망한다.

이 책의 용도에 대해 간략하게 안내하겠다. 이 책은 부담 없는 독서에 쓰일 수도 있고 학문적 길잡이와 연구에도 쓰일 수 있으며 또 그러해야 할 것이다—그래서 이 책에 실린 거장들에 대한 각각의 논문마다 그 사람에 대한 하나의 전체적인 상(像)으로 완결되도록 노력했다. 저자의 생애와 작품과 영향사가 짤막하나마 상세하게 서술된다. 각각의 논문 첫머리에는 전기(傳記) 연대표가 있고, 본문 뒤 책 마지막에는 참고 문헌 목록이 뒤따른다. 이 책이 각론적 성격을 가지고 있느니만큼 자세한 원전 인용이나 주석은 피했다. 그러나 연대표나 참고 문헌 목록이나 본문 중의 첫 번째 인용구에 설명되어 있는 약자로 표기한 짧은 인용문을 통해 독자 스스로 원문을 연구할 기회를 가질 수 있을 것이다. 독자들의 편의를 위해서 여기서 루돌프 베버-파스(Rudolf Weber-Fas)(1977), 노르베르트 회르스터(Norbert Hoerster)(1976, ²1992), 클라우스 아도마이트(Klaus Adomeit)(1992/95), 테오 슈탐멘(Theo Stammen)(1997) 등이 편찬한 문헌집들을 언급해두겠다. 문헌집들 중에서 절판되었던 기본 서적인 베르크슈트레서/오베른되르퍼의 편찬서(1962, ²1975)가 다행스럽게도 완전히 개정되어 벡 시리즈에서 『고전적 국가철학. 플라톤부터 루소까지 원문과 개설』(*Klassische Staatsphilosophie. Texte und Einführungen von Platon bis Rousseau*), 디터 오베른되르퍼(Dieter Oberndörfer)/베아테 로젠츠바이크(Beate Rosenzweig) 편, 뮌헨, 2000으로 출판되었다.

-한스 마이어Hans Maier

플라톤
Platon(기원전 427~347)

– 연대표 –

기원전 427년	아테네에서 아리스톤(Ariston)과 페릭티오네(Periktione)의 아들로 출생.
(431~404년	펠로폰네소스 전쟁)
약 407년	플라톤이 소크라테스를 알다.
404/403년	(플라톤의 삼촌, 크리티아스[Kritias] 등등의) 30인의 참주정 붕괴. 민주주의 재도입. 『프로타고라스』(?) 폴리스의 신들을 경멸하고 새로운 신들을 도입하고 청년들을 타락시켰다고 하는 죄목으로 아테네 폴리스에 의해서 소크라테스를 고소, 판결, 처형. 플라톤이 정치로부터 떠나기로 최종적으로 결단. 『변명』(?) 타렌트의 아르키타스(Archytas von Tarent)와 남부 이탈리아의 피타고라스 학파와 친분을 가짐.
389년	『고르기아스』(?) 시라쿠사의 디오니시오스 1세(Dionysios I)의 궁전이 있는 시칠리로의 첫 번째 여행. 디오니시오스의 처남 디온(Dion)과 교제. 디오니시오스와 불화 (플라톤이 약 387년에 노예가 되어 추방되다).
약 387년	아테네의 아카데모스라는 작은 숲에 철학 학교 설립 (아카테미, 주후 약 529년에 유스티니안

	[황제]에 의해서 폐교되다).
372년(?)	『국가』(*Politeia*)
368년(?)	『정치가』 디오니시오스의 죽음 후에 디온과 디오니시오스 2세의 간청으로 두 번째 시칠리 여행, 플라톤이 디오니시오스 2세의 궁정에서 고문이 되다. 관계 단절, 디온의 추방. 아리스토텔레스의 아카데미 입학.
364년(?)	『법률』 저술 시작.
361/360년	세 번째 시칠리아 여행.
357년	디온의 시라쿠사 정복.
354년	칼리포스에 의한 디온 살해.
347년	플라톤 사망.

Ⅰ. 플라톤과 정치철학의 정초

그리스인들이 정치라고 하는 것을 발견함으로써 서양에서 정치사상의 첫 번째 거장이 정치 철학을 창시하게 되었다. 인간들이 모여서 이룩한 사회를 의식적으로 경험하는 형태로서의 정치라고 하는 것은, 확인된 바로는, 기원전 5세기와 4세기에 아테네에서 구현되었다. 투키디데스는 기원전 430년에 실제로 행해졌을 수 있는 페리클레스의 장례 연설에 나오는 허구적인 [이야기를 제공하는데] 그 속에서 아테네인들의 상을 철학하는 시민들이라는 상으로 그려낸다: 지혜에 대한 사랑[2]으로 사적인 일과 동시에 공적인 일도 열심히 하는 시민으로. 덕과 중용과 절제는 배후에 있는 주도 개념이었다. 아테네인들의 눈에는 이것이 정치라고 하는 것, 즉 폴리스다움[3]이었다. 아테네인들의 견해에 따르자면 정치라고 하는 것은 "헬라의 학교"인 (투키디데스, 『펠로폰네소스 전쟁』2권, 37-41) 아테네에서 발견했다. 그 직후에 플라톤이 [정치적 존재라고 하는] 요구를 충족시킬 수 있는 유일한 한 사람이라고 생각했던 사람, 소크라테스가 있었다. 플라톤의 친구이자 스승은 아테네라는 폴리스의 자식이었으며 아테네 힘의 절정의 자식이기도 했지만, 또한 윤리적이고 정치적으로 타락하기 시작하는 시점의 자식이기도 하였다. 플라톤 자신의 고향도시[국가]가 모든 사람들 중에서 가장 정의로운 사람을 사형 판결에 처하고 나서 인간과 폴리스, 윤리학과 정치학 사이의

---

2) 이것이 그리스어로부터 나온 철학(Philosophie)의 어원이다.

3) 여기서 말하고 있는 '정치라고 하는 것'(das Politische)이나 '폴리스다움'(das Polishafte)는 그리스 어원상 모두 폴리스(그리스인들의 도시국가)가 들어 있다. 그래서 정치에서 추구하는 바는 곧 폴리스다움이었다.

단절이 그에게 분명하게 보였다; 이것은 아테네 정치에 관해서, 정치 일반에 관해서 그를 더 깊이 반성하도록 만들었다. 플라톤이 반성했던 정치학은 이 정치학이 폴리스 세계의 실재를 초월한다고 하는 점에서 정치 철학의 시작이다. 플라톤은 그의 주저인 『국가』에서 정치학을 위해서, 경험 자체만으로는 포착될 수 없는 범례(範例)를 계발했다. 그 기준, 그 **Politeia**[4](정체[政體][**Verfassung**]),는 "하늘에" 있다(『국가』**591e-592b**). 그 정체는 "존재 너머에(**jenseits des Seins**)" 있는(『국가』**509b**), 선의 이데아(**die Idee des Guten**)[5]로부터 양분을 취한다. 현존하는 사태들에 대한 비판이 정치에 대한, 우리에게 알려진, 최초의 철학적 반성을 생겨나게 하였다.

정치 철학의 시작은 어떤 한 예외적인 현상에 관련되어 있다. 우리는 플라톤과 소크라테스에게서 서로 분리하는 것이 쉽지 않은 두 인물을 만난다. 그에 관해서 아리스토파네스, 크세노폰, 아리스토텔레스도 또한 증언하고 있는, 소크라테스의 역사적 실존이 물론 문제되는 것은 아니고, 소크라테스와 플라톤의 사고를 떼어 놓는 것이 문제이다. 소크라테스는 우리에게 어떠한 한 줄의 글도 남겨주지 않았다. 그런데 플라톤은 거의 전적으로 소크라테스의 대화들에 대해서만 보도한다. 플라톤은 그의 대화편 속에서 그의 스승의 생각과 논거들만 묘사하고 있는 것처럼 보인다. 그 대화편들은 대

4) Politeia는 관례에 따라 여기서도 '국가'로 번역하지만, 저자가 제시하듯이 정체(政體)가 원 의미이다. 여기서는 저자가 바로 다음에 그 의미를 해명하므로, 그냥 원문에 있는 대로 놔두었다.

5) 잘 알려져 있다시피 '선의 이데아'는 플라톤 정치철학, 윤리학, 존재론, 교육학 등, 그의 모든 철학의 핵심 개념이자 정점이다. 정치나 사회적 현실은 그에게 존재와 무의 중간에 불과하고, 이데아계야말로 참다운 존재이다. 그러나 '선의 이데아'는 그러한 존재 자체도 초월한다. 이를 나타내는 플라톤식 표현이 "존재 너머에"이다.

부분 순환론적이고 미궁(Aporie)으로 끝난다, 즉 대화 상대자들이 [대화하기] 이전보다 더 알게 된 것 같지 않다고 믿게 되는 상황으로 끝난다. 후기 작품에서 비로소 소크라테스라는 대화자는 뒤로 물러서고 플라톤의 고유한 사고가 발전된다. 형식적으로 볼 때 대화편[6]들은 이제 길다란 독백으로 되었다; 특별히 그 중에서도 『국가』와 『법률』이 이를 증명한다. 그래서 대화편들을 순서적으로 나열할 수 있다: 초기 대화편들 (『변명』, 『에우튀프론』, 『고르기아스』, 『히피아스 Ⅰ』, 『이온』, 『크리톤』, 『라헤스』, 『국가』1권,『프로타고라스』), 중간단계의 대화편들 (『에우튀데모스』, 『히피아스 Ⅱ』, 『뤼시아스』, 『메넥세노스』, 『메논』), 중기 대화편들 (『크라튈로스』, 『파르메니데스』, 『파이드로스』, 『파이돈』, 『국가』2-10권, 『향연』, 『테아이테토스』) 그리고 후기 대화편들 (『티마이오스』, 『크리티아스』, 『소피스트』, 『정치가』, 『필레보스』, 『법률』). 그러나 소크라테스와 플라톤의 생각을 분리하는 것은 조심스럽게 검토해야만 한다. 그 두 사람을 떼어내서 평가하는 것은(예컨대 포퍼나, 아렌트[가 하듯이]) 결코 정당하지 못하다.

40개 이상의 대화편들과 몇몇의 편지들이 우리에게 전해 내려왔다. 대화편들은 전통적인 신화들로부터 떨어져 나왔음을 증명한다. 그런데 물론 합리적인 논문으로가 아니라, 새로운, 플라톤적인 신화라는 형태로 그렇게 되었다(『프로타고라스』320c-322d의 프로메테우스 신화, 『국가』10, 614a-621b의 팜필리아 종족인 에르의 신화 참고). 그 신화는 "진정한 철학을 찬양한다"(제7서신 326a6-

6) 플라톤은 그의 철학적 저작들을 (거의 대부분을 소크라테스에 의해서 주도되는) 대화라고 하는 형식으로 출판했다. 그래서 그의 저작을 대화편이라고 부른다.

7). 플라톤의 대화편들 자체가 바로 『국가』에 등장하는 정체(政體)처럼 신화의 형태로 "시로 지어진" 것이었다 (***he politeia hen mythologumen logo***[7]『국가』501e2-5). 대화편들은 또한 학문의 방법들을 가르치기도 한다. 플라톤에게는 단 하나만의 학문이 존재한다, 단 하나의 지식, 그것이 수학, 윤리학, 정치학, 법이론을 내용적으로 포괄한다. 아리스토텔레스가 비로소 분화된 학문의 분과들을 열거하는데, 그것들은 이제 논문의 형태로 되어 있다.

어떠한 대화편들이 정치적 사고에 중요하고, 어떠한 것들이 정치적인가? 초기에는 소피스트들이 플라톤이 그려낸 소크라테스에 대해서 그의 삶과 사고에 대립물 역할을 한다. 인간의 인식, 판단, 행위에 대한, 플라톤의 관점에서 볼 때 "권력정치적"[8]이고 "법실증주의적"이며 상대주의적인 소피스트들의 견해들은 소크라테스와 플라톤이 본질과 진리를 추구함에 있어서 그 위에서 전개해나가는 근거이다. 소피스트들이 자연철학자들의 뒤를 이어서 처음으로 인간학적인 물음들을 중심에 놓았다면, 소크라테스는 그의 견해에 따르자면 공리주의적인, 그들의 "절반의 진리들"에 만족할 수 없었다. 그에 반해서 후기 저작들에서 플라톤은 고유한 정치적인 질서를 설계했다. 그래서 대다수의 대화편들이 여러 가지 관점에서 정치적이다: 우선은, 그것들이 소크라테스가 정치에서 권력을 쫓아다니는 사람들과 대립하고 있는 것을 그렸고, 둘째로는, 그것들이 정치적 기술(Kunst)과 같이 내용적으로 질서의 지식에 혹은 『국가』와 같이

7) 의미는 '말로 지어진 정체(政體)'이다.
8) 권력정치적인(machtpolitisch)의 의미에 대해서는 마르실리우스 편의 각주 42)에서 다루게 될 것이다.

질서의 형식들에 해당된다. 그런데 셋째로는 거의 모든 대화편들이 정치적이라고 특징지어질 수 있다: 인간이란 그리스 문화에서 단지 시민으로서만 생각해 볼 수 있다. 소크라테스처럼 인간을 위한 최상의 삶에 대해서 묻는다면, 이것은 항상 최선의 행위에 대한 질문을 함축한다. 그런데 어떻게 제대로 행동하는 인간이 되는가? 그리스적 견해에서는 그런 인간이란 제대로 행동하도록 교육되어야 하는 것이고, 그는 다른 사람을 필요로 한다: 폴리스이다. 최상의 삶에 대한 질문은 최상의 폴리스에 대한 질문에 밀접하게 묶여 있다. 거의 모든 대화편들이 좋은 삶을 다루고 있기 때문에, 정치적인 대화편들을 [따로] 골라내는 것은 쉽지 않다.

우리는 초기 작품 가운데에 있는, 덕을 전체로 다루고 있는 대화편들에 집중할 것이다: 『프로타고라스』, 『고르기아스』, 또한 『변명』, 『메논』, 『에우튀데모스』. 그 다음에 중기의 창조적 시기에 있는 [대화편인] 『국가』, 여기서는 정의가 최상의 정치 질서 형식을 초안하는 것 속에 정형화되어 있다. 후기 대화편에서 『정치가』와 『법률』이란 대화편들은 범례(**Paradigma**)를 [이상이 아니라] 이 지상에서의 차선 폴리스로 바꾸려 하고 오랫동안 추구해온 정치적 기술을 위한 실현 가능한 활동영역을 준비하려고 노력하고 있다.

Ⅱ. 초기 대화편들

소크라테스에 대한 고소의 요지들 중의 하나는 그가 새로운 신을 도입했다고 하는 것이었다. 사람들은 그가 의심스러워졌다. 왜냐

하면 그는 그의 "신령[의 음성][9]"에 대해서 말하려고 하기 때문이었다. (물론 소크라테스의 견해에 따르자면 당연히 신이라는 의미가 아니라, 내면의 소리라는 의미이다.) 소크라테스가 변론에서 보고하는 바에 따르자면, 그 "신령"은 정치적인 문제(***politika***)에 관여하지 말도록 충고했다(『변명』31d). 소크라테스는 외부에 있는 사람들에게, 고국의 정치 영역에서, 환영받지 못했다. 그는 그의 생애에 두 번 폴리스의 정치에서 책임 있는 위치에 참여했다: 두 번 다 그는 그의 신념에 따라서 정의롭게 행동했고, 정치가들의 다수 의견에 반대해서 투표했다. 두 번 다 그가 정의의 편을 들었기 때문에 거부감을 불러일으켰다(『변명』32-33a). 그래서 그는 그 이후에는 정치적 영역 밖에 있었다. 그럼에도 불구하고 고국은 그를 용납하지 않았다 - 고국은 그를 죽였다. [소크라테스를] 처형하게 된 더 깊은 동기는 그가 공적 영역으로부터 물러났음에도 불구하고 그는 항상 인간적이고 정치적인 권위를 지니고 있었다고 하는 데에 있었다(『변명』-36d-에서 보자면 그는 결국 사형 대신에 집회소에서의 식사라고 하는 시민에게 주는 최고의 영예를 요구했다). 『고르기아스』에서 소크라테스는 "단지" 그"만이 정치적 기술을 참으로" 행한다고 하는 영예를 획득한다(『고르기아스』521d7-8)

대화편들 안에서 정치적 덕(***arete politike***) 그리고 정치적 지식(***episteme politike***)과 동일시되는 정치적 기술(***techne politike***)은 소크라테스의 토론에서 항상 되돌아오게 되는 대상이다. 정치적 기술은 "전체 덕" (『라헤스』199e5)과 일체가 되는 모든 다른 덕들

9) 그리스어로 daimonion은 당시의 국가 종교처럼 보편적 신이 아니고, 개인에게 한정된 신이었다. 소크라테스는 그에게 이 개인적 신의 음성이 들린다고 말하곤 했다.

을 내용적으로 포괄한다. 소크라테스는 죽기 직전에 정치적 기술을 "인간적이고 정치적인 덕" (*arete, he anthropine kai politike*, 『변명』20b4-5)이라고 불렀다. 인간에 대한 질문이 이미 공동체 안에 있는 그의 생애를 지시한다, 단지 공동체 안에서만 인간으로서의 덕이 완성될 수 있다. 그래서 그 덕은 지식과 통찰력에 기초하고 있다. 소크라테스 내지 플라톤[10]이 이 명제를 대화편들 속에서 발전시키는데, 그 대화편들 속에서는 소크라테스는, 인간을 "개인적인 문제에서뿐 아니라, 정치적인 문제에서도 더 낫게 만든다" (『프로타고라스』319a)고 주장하는, 위대한 프로타고라스 같은 소피스트들과 다툰다. 소크라테스와 프로타고라스는 서로 일치하여 사람을 더 낫게 만드는 것이 정치적 기술임을 확인하고 나서 그들은 정치적 기술의 가르칠 가능성과 본질에 대해서 토론한다. 프로타고라스는 가르칠 수 있다는 것을 신화를 이용하여 제시한다 (320c8-322d5): 에피메테우스가 인간들에게 재능을 부족하게 부여했기 때문에, 인간들은 헐벗었고 혹독한 자연과 동물들에 대항해서 의지할 바 없이 나왔다. 그래서 프로메테우스는 사람들을 위해서 수공업적 기술(handwerkliche Kunst)[11]에 기초가 되는 불을 훔쳐다 주었다. 그러나 진정한 구제는 제우스에 의해서 비로소 이

10) 독일어로는 Sokrates-Platon으로 되어 있는데, 그 이유는 저자가 I 에서 이미 언급했었듯이 플라톤 대화편의 대부분의 주요 대화자가 소크라테스이고, 이 소크라테스의 어디까지가 역사적 소크라테스이고, 어디까지가 플라톤인지 알 수 없기에 이렇게 표현하고 있다.

11) '수공업적 기술'은 '정치적 기술'에 대비되는 기술의 대표적인 두 가지 중 하나이다. 플라톤의 대화편 『프로타고라스』속에서 프로타고라스가 이렇게 나누고 있다. 수공업적 기술이라 부른 것이 우리가 일상 생활을 위해서 필요한 것들을 생산해 내기 위한 기술이라면, 이하에 나오듯이 정치적 기술은 수오지심이나 정의감과 같은 윤리적 덕들이다.

루어진다. 제우스는 모든 사람들에게 수치심(aidos)과 올바름(에 대한 감각)(*dike*)을 부여한다. 그래서 그들이 야생의 동물들로부터 보호받기 위해서 함께 모여살 수 있게 되었다. 교육에 의해서 혹은 재판에 의해서 혹은 법률에 의해서이든 정치적 기술을 위한 소질을 키우는 것은 이제 최고의 명령에 의한 의무이다(327d1-2). 프로타고라스에 따르자면 폴리스의 정치 자체가 그 속에서 인간을 양육하는 어떤 것이다. 실제적 삶 가운데서 정치적 덕은 가르쳐질 수 있다. 정치적 관습은 덕과 정의와 법률의 내용을 결정짓는다. 신화 속에서 그 기준은 [제대로] 작동하지 않는다고 하는 대립물에 부닥치게 되었다: 프로메테우스가 인간들을 위해서 불을 훔쳐다 주고 나자 인간들이 비록 동물들에 대항해서는 살아남을 수 있었으나, 서로서로 살상했다.

소크라테스의 반대주장은 그 기준에서부터 시작한다. 그 기준은 지식 혹은 인식(*episteme* 361b1, 3)에 기반해 있지 않는가? 무엇이 용감하거나, 절제있거나 정의로운지를 아는 사람은 용감하거나, 절제있거나 정의롭다. 불의로운 사람은 그것을 잘 알지 못한다. 이 명제에 근거를 마련하느라고 소크라테스는 (기술적인) 직업들을 예로 든다(예컨대 『고르기아스』460b-e): "음악예술"과 같은 특정한 기술을 배운 사람은 그에 관해서 실제로 할 수 있는 지식을 지니고 있고 "음악가"라고 할 수 있다. 정의에 대해서도 그와 마찬가지이다. 무엇이 정의인지 아는 사람은 결코 불의를 행사하지 않는다.

소크라테스-플라톤의 질문은 점점 더 깊어진다. 정치적 기술은 순전히 말하는 기술인가? 소피스트들의 수많은 능력의 기술(Tausendkünstlerei)[12]인가? 소크라테스에게 소피스트들의 능력이란 순전한 아첨이고 속임수이다. 소피스트와 웅변가의 기술이란 "숙련"에 기초한 것이지, 능력에 기초한 것이 아니다. 그들은 인간 영혼에 아첨한다. 그에 따라서 정치적 기술의 의미와 목적은 소크라테스에게는 다른 데에 놓여 있다: "당신은 어떤 사람을 더 낫게 만들어 본 적이 있는가?"라고 소크라테스는 권력정치가인 칼리클레스에게 묻는다 (『고르기아스』515a4-5). 정치에 있어서 그리고 인간에게 진정한 덕성의 목표와 기준은 소크라테스에게 전체를 더 낫게 만드는 것이다. 이 과제는 단지 진정한 정치적 기술만이 가능하다: 이 기술은 법제정(*nomothetike*)과 정의(*dikaiosyne*)로 되어 있다. 그에 반해서 소피스트와 웅변가의 기술은 슬며시 옷을 갈아입고 인간들의 영혼들을 더 낫게 만든다고 사칭한다. 마치 육체의 경우에 요리술과 화장술이 [병을] 고치고 건강하고 아름답다고 속임수를 써서 믿게 만들기 위해서 의술과 체육(술)의 옷으로 갈아입는 것처럼(463d-465e).

덕이란 결국에 가서는 공공의 문제를 관리하는 것을 목표로 하는, 정치적 기술의 기초이다 — 소크라테스는 그의 생애에 정치를 포기하였다: "만약에 당신이 정말로 고귀하고 훌륭하고 (*kalos k' agthos*) 덕을 실천한다면, (…) [그 때에서야 비로소] 우리가 정치적인 문제를 보살피려고 한다"(527d). 고국의 정치에 참여하고 "나라를 다스려야 할는지 아니면 철학 가운데서(*en philosophia*) 이루어지는 삶의 방식을 지켜야 할는지"는 엄격하게 검토해 보아야만 한다(500c). 그 행위가 순전히 연습(*empeiria*)에 근거하지, 기술

12) 소피스트의 기술을 '수많은 능력의 기술'이라고 하는 이유는 다른 직업에서는 한 가지 직업에 하나의 능력만을 과시하나 소피스트들은 삶의 여러 방면에 능통하다고 자처하기 때문이다.

(techne)에 근거하지 않는 (500b4-69), 요리사에게 일어나는 것과 같은 방식으로 일이 이루어지는 폴리스에서 정치에 참여하는 것은 말려야 한다. 철학만이 정치를 위한 덕의 기초이다. 그렇게 근거를 짓는 지식과 능력이 없이 정치적 문제를 다루는 것은 거짓된 정치이고, 인간으로서의 가치가 없다.

인간에 고유한 성질을 담고 있는 인간적인 덕과 정치에 고유한 성질을 담고 있는 정치적인 덕에 대한 추구는 정치의 시작에 놓여 있다. 다른 초기 대화편들을 본다면 그를 알 수 있다: "덕을 가르칠 수 있는지 하는 점을 우리는 오랫동안 탐구해 왔다"고 『메논』에서는 말하고 있다(93b1-2). 정치적인 문제들과 정치적인 행위에 있어서 이 점이 드러난다, 덕이 인식(*episteme*)에 기초하고 있는지 아니면 "올바른 의견"(*eudoxia* 99b3-11)에 기초하고 있는지 하는 질문이 이 대화 속에서는 대단한 혼란에 빠지게 된다(93a-b). 『에우튀데모스』에서는 한 걸음 더 나아간다: 정치적 기술이 인식을 가능하게 하기 때문에 그것은 행복하게 만든다(292b8). 소크라테스는 인식의 내용에 관해서 [탐구하다가] 좌절한다. 그의 대화 상대자인 크라톤이 해결책이 없는 문제라고 평한다(292e7-8).

소크라테스의 무지[13]는 정치적인 덕과 동일한 것인 진정으로 인간적인 덕을 추구하는 것이다. 플라톤이 초기 대화편에서 보도하는 대화 속에서 소크라테스는 덕을 진정으로 발견하지는 않는다. 그러

---

13) 소크라테스는 항상 '나는 아무 것도 모른다'고 주장한다. 그렇게 해서 상대편의 견해를 유발해 내고 그를 검토한다. 그러므로 그의 (자칭) '무지'는 유명하다. 그렇지만 그 대화 과정 중에 그가 비록 정답을 내놓지는 않지만, 자신이 다루는 주제에 대해서 정교한 질문들을 통해서 깊은 논의로 이끈다. 그러므로 그는 무언가 많이 알고 있다는 느낌을 받게 하고, 대화는 탐구과정이 되고 만다.

나 그는 그 덕(이 지니는) 의미를 알면서도 [사람들이] 덕을 충분히 지니게 하기 위해서 정치적 활동에는 참여하지 않는 유일한 사람이다. 기원전 399년에 소크라테스는 독배(毒杯)로 죽고 그 독배는 도시 아테네가 정치에 참가하기를 삼가는, 철학하는 마지막 시민에게 내린 것이다.

Ⅲ. 국가

플라톤의 『국가』는 [소크라테스의] 질문에 대한 답이요 소크라테스의 삶과 죽음에 대한 반작용이다. 이 책은 기준이 될 만한 것이다. 동시에 그것은 폴리스 세계의 권력정치를 반성하고 있다. "만약에 폴리스에서 철학자가 왕이 되거나 아니면 지금 왕이나 권력자(*dynastai*)가 진정으로 그리고 철저하게 철학을 해서 정치적 권력(*dynamis te politike*)과 철학, 이 둘이 결합하지 않는다면, (…) 그렇게 되기 전에는 폴리스나 인간 종족이 해악에서 회복되는 일이 없을 것이다"(『국가』473c-d). 소크라테스가 대화 속에서(logo) 묘사한 정체(政體)(Politeia)[14]가 실현되기 위해서는 철학과 권력이 하나가 되어야만 한다(473e2). 실제 정치에서는 권력과 철학이 결합된 적이 결코 없다. 그래서 플라톤은 철학자통치를 가장 큰 장애물이자 동시에 그 전체 구상을 실현할 유일한 기회로 묘사한다. 모범

14) politeia라는 그리스어는 "본래 '헌법'을 의미하는 단어였다. 다시 말해서 기본적인 법질서, 즉 기본법으로서의 '헌법'이라는 의미와 동시에 사람의 건강 상태를 말할 때 사용하는 '상태'가 포함된 이중적인 의미를 갖는다." (클라우스 헬트, 최상안, 『그리스 로마철학 기행』서울 백의 2001, 217) politeia라는 그리스어와 이의 독일어 번역어인 Verfassung 모두, 정치체제라는 의미와 어떠 어떠한 상태라는 이중적 의미를 지녀서 번역하기가 까다롭다.

적인 정체(政體)가 실제 정치에서 실현될 가능성을 권력정치라는 상황을 고려하여 검토해 보고, 동시에 단념한다. 왜냐하면 철학자는 결코 정치 권력을 쥘 수 없기 때문이다 — 철학자가 권력을 원해서는 안 되며, 이것이 또한 (이상적) 정체(政體) 자체의 본질적인 부분이기도 하다는 점을 차치하고서라도(**519d**, **521b**). 철학자는 마치 항해사처럼 폴리스라는 배의 한 구석에 앉아 있게 되고 다른 사람들처럼 항해사의 위치를 차지하려고 싸우지 않을 것이다. 그 혼자만이 배를 조종할 줄 아는 유일한 사람이다(**488a–489d**). 그의 철학에 대한 사랑과 권력에 대한 무관심이 폴리스를 구제하는데 필수적이지만, 이것들은 폴리스를 구제할 가능성을 무산시킨다: 나쁜 정치체제라고 하는 폭풍우가 몰아치는 겨울에 철학자는 "불의로부터" 단지 자신을 "해방"시키기 위하여(**496d–497a**) 피난처를 구해서 담의 돌출부 아래에 대피하도록 강요될 것이다. 그는 최소한 그의 내면적 체제라도 질서를 유지하고(**591e–592b**) 또한 살아남기 위해서 옆으로 비켜서야만 한다. 그러나 소크라테스는 "그는 적절한 정치체제를 발견하지 못했기 때문에 (그것은[=자신만 지키는 것은]) 최선은 아니다. 왜냐하면 만약에 그런 정체(政體)에서 성장했더라면 자신의 일(***idion***)뿐 아니라, 공공의 일(***ta koina***)도 또한 구해냈을 것이기 때문이다."(**496d–497a**)라는 사실에 유감스러워한다. 소크라테스 고유의 역설이 우리 눈 앞에 분명히 드러난다: 어떤 사람의 영혼의 상태가 더 정의로울수록 좋지 못한 국가에서는 더 견디기가 어렵다. 그리고 그는 자신 속에 있는 진실로 인간적인 것을 실현시키는 것은 더욱 더 할 수 없다. 왜냐 하면 정의로운 인간은 무엇보다도 시민으로서의 인간이기 때문이다. 다른 한편에서는 좋지 못한 국가는 단지 정의로운 사람의 영혼의 질서를 확장시켜서라야만 구조될 것이다. 좋지 못한 국가가 좋아지기 위해서는 정의로운 사람들이 단지 존재하는 것만으로는(이것도 그 국가가 그들을 용납해야만 가능하긴 하지만) 안 되고, 그들이 사회적으로 지배적이어야만 한다(Weber-Schäfer): 정의로운 사람이 통치해야만 한다. 정치적 권력과 철학은 사람들이 살고 있는 세계 속에서는 합쳐질 수가 없다(488a-489d).

권력정치라는 관점에서의 분석이 플라톤의 사고에 깊이 새겨져 있어서 그가 『국가』에서 이상국가를 실현시킬 수 있는 것으로 생각하고 있다고 추측하는 것은 맞지 않는다. 실현되어야만 하는 이상이 문제되는 것이 아니라, "하늘에"(*en ourano* 592b3) 있는 모범(Paradigma)을 다루고 있다. 단지 거기에서만 철학과 권력이 합치될 것이다. 정말 거기서 철학자들은 통치자가 되도록 강요되어야만 한다 (519d, 516e-517a). 그래서 우리는 심지어 모범 내에서도 권력정치의 실재와 철학적 실재 사이의 긴장을 겪게 될 것이다. 플라톤의 이상국가는 저자의 견해에 따를 때 폴리스 세계에서 실현될 수 없다. 현존하는 정체(政體)들 가운데 어느 정체(政體)가 철학과 그래서 [참다운] 정체(政體)에 알맞은가 하는 질문에 "아무 것도 아니다" (497b2-3)라고 대답한다.

정의로운 사람의 신화가 어떻게 끝나는가? 그 역설[15]의 해답은 무엇인가? 철학자에게 탈출구는 없다. 오히려 그는 대가를 치른다(Voegelin, Jaeger). 그는 외부세계에서의 삶에서 물러나고 소크라

15) 앞에서 말한 정의로운 사람은 불의한 정체(政體) 하에 더 살기가 어렵다는 역설을 의미한다.

테스가 전 생애를 걸쳐서 실행했던 것처럼 법률을 지킨다(대화편 『크리톤』참고). 그렇지 않고 그에게 남아 있는 길이란 단지 "그의 내면에 들어있는 상태/정체(政體)(*hen en hauto politeian*)를 잘 지키는 것 …" 뿐이다. "… 철학자는 어떤 것이 그의 내면에 형성된 상태(*ten hyparchusan hexin*)를 붕괴시킬 수도 있는데, 이를 경계하게 된다 … — 이점이 그에게 중요하다면 그는 정치적인 문제(*ta ge politika*)에는 관여하지 않으려 하겠지요? — 정말, 그는 그의 고유한 상태/정체(政體)(*he heautu polei*)에는 참여하고 싶겠지 …" (591e1 – 592a9). 철학자는 그의 "내면적 정체(政體)/상태"(*en hauto pliteia*)에서 경험한 실존적인 질서경험에 만족함에 틀림없다. 그것이 그의 영혼의 질서를 이루고 그의 "상태(*hexis*)"를 이룬다. 여기가 (참다운) 정체(政體)의 장소이다. (참다운) 정체는 유토피아(장소가 없음, 아무데도 아님)는 아니다. 그런데 플라톤은 국가의 정체를 정성들여 묘사한 대화에 걸맞게 상징적으로 철학자의 영혼에 흡수하기 위해서 그것을 그렇게 상세하게 서술했는가(Friedländer)?

대화편의 전개과정을 처음부터 좇아가보자. 소크라테스의 대화상대자들로 형상화시켜서 정의에 관한 널리 퍼진 의견들이 소개된다. 트라쉬마코스는 "법 실증주의적인" 소피스트들의 견해를 끌어들인다: 정의(*dikaion*)는 "강자에게 이로운 것" (344c7)이다. 글라우콘은 정의롭게 행동하는 인간들의 동기를 "계약론적으로" 설명하고 이 이론을 신화로 보강한다 ("귀게스의 반지"에 관한: 359c–360d). 그의 형제인 아데이만토스는 (역사적으로 이 둘은 플라톤의 형제들이다) 정의로운 사람에게 유익하게 마련인 정의의 결과들과

"명성"에 관해서 논증한다(362d-364e). 그 형제들은 이제까지 논의되어 오던 생각들에 이렇게 만족하지 못한다. 왜냐 하면 소크라테스가 청년들을 궁금하게 만들었기 때문이다: 정의는 "그 결과 때문만이 아니라 … 그 자체 때문에도" 소유할 만한 가치가 있다(367c6-d1). 소크라테스는 그들에게 이것을 더 정확하게 설명해야만 한다. 그는 "탐구를 마치 누군가가 우리를 아주 작은 글자를 멀리서 읽으라고 명령하기라도 한 것처럼 … 그리고 나서 같은 글자가 다른 데에서는 더 큰 곳에 더 크게 보인다는 것을 알기라도 한 것처럼 행동하기로" 결정했다. 정의는 "개별적 인간 속에서, 그러나 또한 전체 국가 속에서 발견된다"(368d-e).

최고의 국가에 대한 오랜 대화가 이어지는데, 이 국가의 도움으로 정의 그 자체가 가치있는 것으로 입증된다. 겉으로 보기에는 9권에 이르러서야 비로소 국가로부터 인간으로 돌아간다. 이제 정의의 결과들이 문제가 된다. 불의한 사람은 살아서도 불행한 사람으로 드러난다. 그는 전제정치라는 제일 나쁜 정체(政體)를 지닌 "사회의 지배적 형태"이고 이 전제정치를 플라톤은 국가로부터 개인으로 돌아가기 위해서 사용한다(543a-569c). "내면적 인간"(*entos anthropos* 589b1)에게 폭력을 휘두르는, 머리가 여럿인 괴물에 의해서 지배받는다는 식으로 불의한 사람을 구상적인 유비를 통해서 묘사하고 있다. 이 차원은 신화 속에서만 들어가 볼 수 있다. 팜필리아 종족인 에르는 사후에 있을 영혼의 운명을 관찰할 기회를 준다.

정의로운 사람은 마치 정의로운 국가가 가장 행복한 국가인 것처럼 어떠한 관점에서도 가장 행복한 사람이다. 철인왕이라는 최상의 정체(政體)로부터 금권정치, 과두정치와 민주정치를 지나 참주정치로의 하강은 범례적인 정의와 완전한 행복이 자연적 필연성에 따라서 붕괴하는 것과 유사하다.

그런데 어떤 정체(政體)가 최상인가? 커다란 글자[16]는 사태의 본성에 있어서 작은 글자와 마찬가지이다. 설계된 폴리스의 정체는 인간 영혼과 마찬가지 구조를 가지고 있다. 플라톤은 소크라테스로 하여금 세 부분으로 구성된 폴리스를 설계하게 했다. 인간 자신에게서와 마찬가지로 국가에서도 삶에 필수적인 욕구들은 채워져야만 한다. 폴리스에서 노동을 함으로써 폴리스의 육체적 안녕을 보살피는 것은 농부들과 수공업자들이다. 그 외에도 폴리스를 내부로부터나 외부로부터 지키는 "수호자들"이 있다. 개인에게서는 수호자가 "기개적인" 부분에 해당된다. 수호자들은 그들의 부인들과 같이 똑같이 취급하여 공동 소유와 악명 높은 "부인과 아이를 공유"하며 살아간다 (449a–466d). 첫 두 계층이 설명되고 나서야 플라톤은 그런 정체를 어떻게 실현할 수 있는가 하는 질문 속에서 철인왕정을 제시한다. 철학자들은 개인 영혼의 이성과 유비해서 영혼이 정의로운 상태로 가능하기 위해서 국가의 상태를 지배해야만 하는 사람들이다 (473a ff.). 전체 질서 안에서 개별적인 부분들의 공동의 작용이 정의로 규정되기 이전에 플라톤은 각 부분들에 하나의 덕을 분배한다. 즉 가장 낮은 부분에는 절제 혹은 자제 (*sophrosyne* 430d–432a), 기개적인 부분 내지 수호자들의 부분에는 용기 (*andreia* 429a–430c) 그리고 이성을 가진 부분에는 지혜 (*sophia* 428a–429a)를 준다. 덕들은 서로서로 의존되어 있으며 철학자들

16) 커다란 글자는 국가에 있어서의 정의이고 작은 글자는 개인의 정의를 상징한다.

내지 이성의 지혜에 의해서 자라난다. 폴리스의 커다란 글자로 되어 있는 정의는 각 부분이 그리고 역시 각 개인이 그의 능력에 따라서 하는 자발적인 기여로 해독된다. 정의는 "자신의 일을 함"이다 (*ta hautou prattein* 370a, 433d9–434a1). 그러나 플라톤은 지혜의 본질과 원천을 아직 해명하지 않았다.

어쨌든 간에 지혜는 억견(*doxa*)을 넘어선다. 지혜에 대한 사랑(Philo–Sophie)은 진리에 대한 추구를 의미한다. 의견의 대상들과 진정한 인식의 대상들은 그림자나 거울의 상이, 그것들이 모방한, 사물들에 대한 관계와 같은 관계를 취한다(507a–517a). "필시 자네는 '선의 이데아(*tu agathu idea*)가 최대의 통찰력(*mathema*)이고 (…) 그를 통해서라야 비로소 정의와 모든 것들이 (…) 유익하고 효험이 된다'는 말을 자주 들었을 것이네"(504e8–505a4). 선의 이데아—게다가 『국가』에서 플라톤의 "이데아론"이라고 부르는 것으로부터 우리가 얻게 되는 단 하나의 것—는 단지 또 다른 신화 혹은 비유라는 형태로만 (태양의 비유에서 508a–509b) 서술될 수 있다. 태양이 마치 그 빛을 통해서 비로소 모든 것을 볼 수 있게 만드는 것처럼 선의 이데아는 인식될 수 있는 것에 진리(*aletheia* 508e1)를 부여한다. 그리고 태양이 마치 보는 능력을 생겨나게 하는 것처럼 선의 이데아는 인식하는 자에게 진리(*aletheia*)와 존재(*to on* 508d5)를 통찰하는 힘(*dynamis* 508e2)을 부여한다. 그러나 태양 자신은 "존재가 아니(*uk usias ontos tu agatu*)"다. 선의 이데아는, 위엄과 능력에 관계되는 한, 존재 너머(*epekeina*)에 있다(509b7–10). 정의로운 영혼과 정의로운 국가의 질서의 기준은 초월적이다. 여기에 철학이 생겨난다, 인간적인 것과 국가적인 것의 기준으로서의 철학이 생겨난다.

동굴의 비유에서 (514a–517a) 철학적 재능이 있는 사람은 길고 힘든 노고 속에서 동굴로부터 햇빛으로 나아가도록 강요당한다. 그가 실재세계에서 (이 세계는 단어의 일상적인 의미와는 다르게 순전히 정신적인 세계이다.) 이데아의 빛에 의해서 매혹되어 참다운 행복을 체험한다면 그는 가상과 생성의 세계로 돌아가야만 한다. 그는 동굴에서 지배권을 차지하고 폴리스를 구원하도록 강요되어야 한다. 그런데 누가 철학자를 빛으로 강요하고, 또한 한 번 그렇게 한 이후에는 통치로 강요하는가? "사람들은 그를 비웃게 되지 않을까요?" 사람들은 그를 "죽이지 않을까요?" (517a2–7) 아무도 철학적 재능이 있는 사람을 강요하지 않는다. 그 스스로 폴리스 아테네에서 비웃음을 당하고 죽임을 당한 소크라테스를 제외하고는 아무도 강요되지 않았다.

Ⅳ. 『정치가』와 『법률』

최상의 정체(政體)의 조건으로서의 철인왕이 그의 지식과 기술과 마찬가지로 우리 앞에 있다. 『정치가』에서 플라톤은 "젊은 소크라테스"(플라톤?)로 하여금 "나그네"(늙은 소크라테스?)의 도움으로 정치가에 대해서 묻도록 한다. 사람은 빠르게 정치가에게 속한 지식, 즉 정치적 지식(*episteme politike*)으로 넘어간다. 정치적 지식은 "특별한 양무리에 대한 배려"로서 우선 정의되고 (*Politikos* 267c–d), 두 번째 시도에서는, 폴리스에 존재하는 성격들과 덕들을 최상으로 짜는, 직조술의 도움으로 분석한다 (279a–281d,

305d–311c). 왜 플라톤은 다시금 질문하는가? 정치적 지식은 정치철학에서, 즉 철인왕의 지혜에서 드러나지 않았는가?

『정치가』에서도 플라톤이 "유일하게 진정한 정체(政體)"라고 잊지 않고 있는 범례적인 폴리스는 철학자에 의해서 각인되어 있는데, 그의 지식은 정치에 능숙하다. 그러나 『국가』에서는 플라톤이 역사적인 세계에서, 실재하는 폴리스들 안에서 어떤 일이 일어나는가 하는 질문에는 대답하지 않고 있다. 만약에 철학자에게는 그 본성상 권력을 쥘 길이 막혀 있다면 어떻게 해서 철학적 지식이 폴리스를 가득 채우게 되겠는가? 『국가』에서는 철학자가 그의 영혼 속으로 침잠했다. 『정치가』에서는 정의로운 사람이 지불하는 "대가"가 더 이상 문제되지 않고, 폴리스 세계에서 실현될 수 있는 해법, 그렇지만 당연히 차선의 해법이 문제가 된다. 그래서 차선적 정체라는 관점으로 정치적 기술에 대해서 질문한다 (297e3). 이 점에 있어서 이 대화편은 정치적 기술 혹은 정치적 지식을 제시하기 보다는 진정한 정체를 "모방"하는 (*memimemenai* 293e4) 가운데 정치적 지식을 실현하는 것을 제시한다.

최상의 정체(政體)를 모방하는 유일한 가능성은 플라톤이 그의 최후의 작품, 『법률』 속에서 제시한 것이다. 즉 모범되는 정체를 지향하는 법률에 기초한 정체이다 (『정치가』297d6 참고). 그에 걸맞게 『정치가』에서는 이제 말한 기준에 따라 아리스토텔레스에 의해서 유명해진 정체의 도식을 발전시킨다 (291d–293e, 301a–303c). 유일한 진정한 폴리스는 범례로서 목록 밖에 있다. 그 모방들은 가르는 선에 의해서 두 개의 난으로 나뉜다. 한 난은 참다운 정체에 그 법률을 맞추는 정체들을 열거하고 다른 난은 법률을 무시하고 다스리는 정체들을 열거한다. 그래서 세 개의 좋은 정체들과 세 개의 나쁜 정체들이라고 하는 도식이 생겨난다. 플라톤에게 좋은 정체들이란 참다운 질서의 모방들이다. 즉 왕정, 귀족정과 민주정 (플라톤은 아리스토텔레스의 혼합정체로서의 폴리테이아[Politeia]라는 개념을 아직 사용하지 않는다 - 폴리테이아는 결국 철인왕정이다). 법률을 무시함으로써 이 정체들로부터 참주정, 과두정(Oligarchie)과 민주정 (민주정은 법률에 따르든지 아니면 법률을 무시하든지 상관 없이 "아무도 결코 다른 이름으로" 부르지 "않는다" 292a2-3). 아리스토텔레스는 후에 나쁜 정체들을 "퇴화"라고 불렀다. 플라톤에게는 이것들은 모방의 모방이다.

죽기 직전에 플라톤 스스로가 범례의 모방을 고안해냈다. 소크라테스가 실패한 이후에 역사적 세계의 정치에 영향을 미치려는 플라톤의 시도도 또한 실패했다. 그는, 통치하고 있는 참주(디오니시오스 1세와 2세)와 자문하는 철학자가 잠깐 동안 일치하고 난 이후에, 두 번이나 시라쿠스를 떠나야만 했다. 이 경우에도 철인통치라는 의미에서 시칠리아의 정치를 개혁한다는 것은 그의 목표조차 아니었다. 만약에 그랬다고 치더라도 후에 그가 단지 "언어로"만 (*en logois* 『국가』 592b3) 그려 보았을 뿐인 차선의 정체(政體)에만 가까워졌을 것이다. 즉 『법률』에서.

익명의 아테네인이 (플라톤 스스로?) 크레타 사람 클레이니아스와 스파르타인인 메길로스에게 말하기를 "만약에 참주가 젊고 절제 있고, 그 시대에 훌륭한 법제정자가 있고 그리고 행운이 그가 있는 장소에 그와 함께 한다면" (『법률』 710b-d) 만약에 그런 일이 일어난다면 『법률』에서 그려지고 있는 대로의 정체(政體)가 생겨날 수 있을 것이라고 한다. 이 정체는 최고의 범례적인 정체 뒤에 오는 두 번째 등급에 해당된다. 그리고 이 최고의 정체는 이제 단지 "신들이나 신들의 아들들에게나" 적당한 것으로 거리를 두고서 묘사된다(739d6-e7). 『법률』로 권력과 법제정을 하나로 묶는다는 사고가 상징적으로 정초되었다. 이는 후대의 법치국가의 기초이다. 법률수호자라는 아이디어와 (12권에 심야 회의라는 형태로 소개되었다.) 시민들이 법률에 따르도록 설득하게 할 헌법 전문은 눈에 띄지 않게 역사 속으로 흘러 들어갔다. 『법률』의 오늘날 독자는 놀라게 된다.

법률의 지배라는 플라톤의 "창작"은 (811c-d) 역사적 상황뿐만 아니라 『국가』에 나오는 소크라테스의 역설에 대한 반응이기도 하다. 폴리스 아테네는 그 세기 초에 분화 작업 가운데 몇몇 법률들을 보편적인 "헌법의 원리들"로 천명했으며 법원의 권력을 법률제정자로 승격시켰다. 아테네인들은 민회에서 오늘날의 의미에서 헌법의 초기형태에 구속되었다. 이 발전에 대한 플라톤의 반성은 『국가』에 나오는 정치를 철학자의 영혼 외부로 이전하려는 노력과 결부된다.

그와 동시에 플라톤은 철학을 권력 정치로 보충한다는 것은 불가능하다는 점을 고려했을 뿐 아니라, "철학자가 폴리스에 대해서 자기 스스로를 통제하는 지배자가 (*autokrator*) 되자" 철학자 자신 속에 있는 "인간 본성의 연약함"을 인식해서 심사숙고하도록 고려하였다. 철학자가 그를 "항상 공공의 복지(*to koinon*)를 촉진하도록" 가르치는 "정치적 기술(*politike techne*)"의 원칙에 충실히 머물게 하는 것은 거의 불가능할 것이다. 그보다는 오히려 그는 "소유욕(*pleonexia*)"에 끌릴 것이다. 그래서 "우리는 차선책, 즉 질서와 법률(*taxin te kai nomon*)을 고수할 것이다" (875a-d).

차선의 정체(政體)의 형태와 구조가 비록 상대적인 것으로 보일지라도 (예컨대 부인과 아이 공동체는 더 이상 없다), 최상의 정체의 목표와 본질은 기준으로서 남아 있다. 인간적인 것은 이성적인 것을 목표로 하는 정치적 공동체 안에서 완성된다. 통치자들은 "정치적 목적"(*skopon politikon*)이 단지 "정치적 이성"(*nous politikos*)에 의해서만 달성될 수 있다는 점을 알아야만 한다 (962a-b). 정치의 목표와 수단은 동일하며 또한 바로 참다운 정체의 네 덕목들, 즉 정의, 지혜, 용기와 절제의 통일로 이루어져 있는 이성 안에서 구체화된다 (963a-b). 이성은 『법률』에서 처음부터 이미 정치적 이성이다. 혹은 거꾸로 말해서, 플라톤적 의미에서의 정치는 항상 이성으로 가득 차 있고, 만약 그렇지 않다면 그것은 정치라는 이름을 붙일 수 없다. 모든 다른 정치는 "정치가 되지 못 하는 것(Un-Politik)"이다 (*ouk eisin politeiai* 712e10-713a2).

정치적 이성의 원천과 본질은 더 이상 논하지 않는다. 플라톤의 구상에 대한 정당화는 폴리스의 의미론으로 소급할 수 있다. 즉 폴리스라는 말에는 이미 선함이 들어 있기 때문에 선의 이데아를 언급하는 것은 폴리스의 세계와 어울리지 않는다. 『국가』에 나오는 소크라테스의 대화 상대자조차 제대로 등장하지 않는다. 이제 『법률』의 정체(政體)를 이끌고 기초짓는 것은 단적으로 신적인 존재(*theion*)이다. "신이 모든 사물의 척도이다" (716c4), 그리고 이 기준에 따라서 인간들은 꼭두각시처럼 "신의 마음에 들게" 역할을 수행해야만 한다 (644d7-645b2). 신적인 것이 이성이라는 형태로 등장하고 폴리스의 전통적인 신들이라는 형태로는 등장하지 않지만, 플라톤은 여기서 역사적인 토대 위에 머무른다. 즉 크노소스의 에우독소스의 연구를 통해서 별들의 궤적이 규칙적인 것으로 밝혀졌다. 이성이 우주를 지배하는 것처럼 보였다. 신적인 "이성"은 바로, 벼락을 던지는 자, 제우스를 따라서 폴리스 세계의 질서원리로 상승하는, 새로운 상징적 형태이다.

플라톤 생애의 마지막에, 그러나 정치사상사에서는 맨 처음에, 그는 정치사상의 대상에 대해서, 즉 정치적인 것(das Politische)에 대해서 지시했다. "정치적인 것(*to politikon*)이 우리에게는 언제나 이 정의(*to dikaion*) 그 자체라는 점은 명백하다." (757c5-6) 이 정의는 '기하학적 원리'[17]에 따라서 나뉘어진 균등이다 (757c3-5). 이것은 아리스토텔레스나 많은 후계자들이 분배적 정의라고 부른 정의의 형태를 말한다. 그렇다면 이것은 플라톤의 철학적 정치학의 대상, 혹은 그의 정치적 철학의 대상인가?

『국가』의 근본원리에 대해서 상기해 본다면 여기서 논의되고 있는 것의 의미는 그 중요성이 한층 더 깊어진다. 이것은 플라톤식의 정의, "각자에게 그의 것을" (『국가』370a, 433d9-434a1) 주게 하고 각자의 능력들을 공통의 것을 위해, 전체에 이롭도록 하는 정의의 원리이다. 소피스트식의 폴리스 '기술'(『국가』492a-b)에 있는 수 많은 기술들과 허다한 일들을 함을 극복하고 인간에게 본질적인 것을 추구하는 것이 초기 대화편들에서 플라톤식으로 사고하는 소크라테스의 노력이다. 본질적인 것은 많은 것들 뒤에 있는 통일성을 이루고 의견들 뒤에서 진리를 이룬다. 인간적인 것이 또한 정치

17) 여기서 '기하학적'이란 실제로 기하학과 관련된 것은 아니며, 기하학적 균등이란 무차별적으로 균등하지는 않다는 의미이다.

적인 것(*to politikon*)이다.

V. 영향과 전망

플라톤의 작용사란 과도하게 표현해 보자면 정치사상의 역사와 동일하다. 플라톤을 수용한 개개의 저자들을 지적하는 것은 적절치 못하다. 그러나 개요는 필요하다. 많은 사람들이 생각하듯이 플라톤의 제자인 아리스토텔레스가 플라톤적 사상의 학파에 반대해서 사상사의 진행에 영향을 미친 새로운 사상의 학파를 건설한 것은 아니다. 플라톤의 후기 작품들을 읽고 난 후에는 두 정치 철학자들의 공통점들이 두드러져 보일 것이다. 헌법들을 분류한 것, 즉 최상의 정체(政體)에 대한 추구와 법률을 성공한·정치적 삶의 보장으로 생각하는 것 이외에 정치적 존재로서의 인간의 모범도 플라톤이 미리 고안해내지 않았다면 가능하지 않았을 것이다. 아리스토텔레스주의는 플라톤적 사고의 연속적인 발전이다. 아리스토텔레스 이후에 키케로, 플로티누스의 결과로서 "신플라톤주의자들", 아우구스티누스 그리고 아랍의 사상가들이 플라톤을 받아들여 정치사상사의 필수적인 요소로 만들었다. 우리는 고대의 사유유산의 전승에서 주요한 부분을 알파라비(Alfarabi)와 아베로에스(Averroes)로부터 얻는다. 모어나 캄파넬라의 유토피아 같은 근대의 유토피아들은 플라톤의 영향으로 돌릴 수 있다. 계몽기에는 특히 루소와 몽테스키외가 플라톤의 질서라고 하는 구상에로 소급된다. 20세기에는 플라톤적 전통이 전체주의와 또 그와 연결된 정신적 작업이라는 표징 속에서 몇 몇 역사적 현상들을 경험했다. 칼 포퍼는 플라톤 안에서 모든 시대의 "최고의 전체주의자를" 보았고, 한나 아렌트는 그가 2000년 동안이나 철학과 정치를 분리시킨 죄를 범했다고 비난했다. 레빈슨(Levinson)의 "플라톤을 변호하여"라는 변호의 글은 플라톤을 새로운 관심과 다른 관점으로 읽은 20세기 후반의 다른 많은 해석들 중의 하나이다.

플라톤이 단지 정치사상사의 시초에 서 있기만 한 것은 아니고, 전체의 흐름에 직접적으로 혹은 간접적으로 각인을 해 놓는다. 단지 『국가』1권에서만도 플라톤의 정치학에 대한 후대의 많은 선택지들이 선취되어 있다. 정치철학사가 플라톤의 각주로 되어 있는 것은 아니다. 그러나 플라톤은 정치철학사의 각주로 대단히 적합하다.

–다니엘라 휘팅거 Daniela Hüttinger

아리스토텔레스
Aristoteles(기원전 384~322)

– 연대표 –

기원전 384년	칼키디케(Chalkidike)의 스타게이로스(Stgeiros)에서 의사인 니코마코스와 파이스티스(Phaistis)의 아들로 출생.
367년	아버지의 사망 후에 아테네에 있는 플라톤의 아카데미에 입학, 처음에는 학생으로, 후에는 가르치기도 함.
359년	필립 2세가 마케도니아의 왕으로 즉위.
348년	플라톤 사망. 아타르네우스(Atarneus)의 참주인 헤르미아스(Hermias)의 초청으로 소아시아 해변가의 아소스(Assos)에 자신의 학교를 건설.
345년	헤르미아스의 실각 후에 그[아리스토텔레스]의 학생이자 후에 그의 학교의 장으로서 후계자가 된 테오프라스트의 초청에 따라 레스보스(Lesbos)의 뮈틸리네(Mytiline)로 감.
343년	마케도니아의 수도인 펠라에서 필립의 아들 알렉산더의 교육자로 활동.
338년	카이로네이아의 전투에서 마케도니아의 군대에게 아테네인들이 패배.
340년	마케도니아의 주도권 요구에 대항해서 아테네의 주도로 "그리스 연맹"을 건설.
336년	필립의 피살과 알렉산더 3세 대왕의 즉위.
335년	아카데미에서 나와서 아테네에 자신의 학교인 뤼케이온(Lykeion)을 건설.

323년	알렉산더 대왕의 사망. 소위 "마케도니아의 친구"로서 아리스토텔레스는 반마케도니아 소요의 결과로 아테네를 떠나야만 하다.
322년	어머니의 고향인 에우뵈아(Euböa)의 칼키스(Chalkis)에서 사망.

웅변술과 단편적으로만 남은 아테네인들의 국가와 같은 정치학에 바쳐진 다른 저작들 이외에도 우리가 『니코마코스 윤리학』(이하에서 NE로)이라는 제목으로 알고 있는 아리스토텔레스의 강의와 『정치학』(이하에서 P로)이라는 제목으로 알고 있는 강의의 두 부분이 우리에게 전해져 내려온다. 그리고 정치적인 질문을 하는 이 두 강의들은 아리스토텔레스의 정치이론의 핵심적인 부분을 보여준다. 이어지는 논의들은 이 두 작품들의 내용과 의미들에 한정하게 될 것이다. 『니코마코스 윤리학』과 『정치학』은 공통적으로 유럽적 전통의 가장 오래된 추론적 형태의 철학적인 논문인데, 이 논문은 사회적 존재인 인간의 영혼의 질서와, 인간의 본질에 적절하기에, 올바른 공동체의 형태에 대해서 명시적이고 본질적으로 질문한다. 분리되어 전해지는 이 두 논문이 한 작품의 부분들이라고 하는 사실은 그것들의 첫 문장들의 형식적인 유사성과 또한 내용적인 구조를 통해서 증명된다. 그것들은 두 개의 상호보완적인 질문들을 다루는 한 주제에 몰두한다. 즉 인간을 위해서 무엇이 좋은가 하는 질문과 좋은 공동체의 질서를 묻는 질문이다.

Ⅰ. 인간적 행위의 목적들

"모든 기술과 모든 탐구는 또한 모든 행위와 모든 결정은 모종의 선을 추구하는 것처럼 보인다. 그러므로 사람은 선을 모든 것이 추구하는 것이라고 정당하게 말할 수 있다." (NE I. 1094a1)라는 문장으로 『니코마코스 윤리학』은 시작한다. 그리고 『정치학』은 고대 그리스의 도시국가인 폴리스라는 공동체에 관한 논의로부터 시작한다. “우리가 알다시피 모든 폴리스는 공동체이고 모든 공동체는 모종의 선을 위해서 존재하기 때문에 — 모든 사람은 그들에게 선으로 보이는 것을 위해서 모든 것을 하기 때문에 — 모든 공동체는 모종의 선을 목표로 한다는 사실은 분명하다. 그런데 최대로 그리고 모든 것 중에서 가장 의미심장한 것을 위해서 [추구하는 것은] 그것들[좋은 것들] 모두 가운데서 가장 의미심장하고 다른 모든 [좋은] 것들을 포괄하는 그러한 [좋은] 것들이다. 그런데 이것은 소위 폴리스이고 정치적 공동체이다” (**P I. 1252a1**). 인간은 “본성상 정치적 생물”[18] (**NE I. 1097b**)이다, 즉 이성에 의해 질서 잡혀 있고 다른 인간들과 함께하는 공동체 안에서의 삶을 목표로 하는 생물 그리고 그에게 걸맞은 선을 정치적 공동체 밖에서는 찾을 수 없는 생물이기 때문에, 인간을 위해서 진정으로 좋은 것에 대한 학문은 정치학이다. 왜냐 하면 “단지 우연에 의해서가 아니라 그 본성상 폴리스 외부에 사는 자는 인간보다 못한 존재이거나 인간 이상의 존재이”(**P I. 1253a3**)기 때문이고 또한 “공동체 안에 살 수 없거나 자족적이기 위해서 공동체를 필요로 하지 않는 자는 폴리스의 한 부분이 아니고 동물이거나 신이” (**P I. 1253a27**)기 때문이다.

정치학은 공동체 안에 있는 인간의 바른 행위에 관한 그리고 그 행위의 이성에 합당한 목표들에 관한 학문이다. 그래서 인간의 행위는 목표가 없는 동작과는 반대로 항상 합리적 행위로 이해된다. 행위는 목표를 추구할 뿐만 아니라 의지의 결정에 의해서 규정된

18) **Lebewesen**은 보통 동물로 번역할 수 있으나, 여기서는 생물로 번역했다. 왜냐 하면 아리스토텔레스에 따를 때 인간은 동물들 중의 하나가 아니라, 일반 동물을 넘는 생물이기 때문이다. 또한 번역어 **Lebewesen**의 그리스어인 *zoon*은 생명과 관련된 단어이다.

다. 그래서 행위할 수 있는 능력은 인간 존재의 특수성이고 다른 어떠한 생물에게도 없는 것이다. 동물들은 이성과 의지를 결정할 수 있는 능력을 갖추지 못했기 때문에 행위할 수 없다. 또한 신은 완전하고 영원한 존재로서 선과 최선을 이미 소유하고 있어 그의 행위가 목표로 할 수 있을 만한 그런 목표가 없기 때문에 행위할 수 없다 (**NE X. 1178a9**).

모든 행위의 목표는 행위 가운데 추구되는, 그렇게 보이기만 하는 선이기도 하고 진정으로 그런 선이기도 하다. 우리는 선에 관해서 서로 계층적으로 배열해 볼 수 있는 두 종류로 나눌 수 있다, 즉 그 자체로 추구되고 그래서 그것에 도달하면 행위가 끝나게 되는 선이 있다. 그리고 다른 더 높은 선을 달성하기 위한 수단이 될 수 있기 때문에만 추구되는 다른 선도 있다. 그런데 이런 주장은 다른 추측을 시사한다, 즉 생각해 볼 수 있는 선들 가운데 인간의 행위에 최상의 선이 존재해야만 하는데, 이 선은 단지 그 자체로만을 위해서 추구되면서 결코 다른 더 상위의 선 때문에 추구되지는 않는다. 이 최상의 선을 아리스토텔레스는 ***eudaimonia*** 혹은 행복[19] 이라고, 즉 모든 인간들이 추구하는 목표라고 불렀다. 그러므로 정치학의 근본 질문은 정치적 생물이면서 동시에 이성을 지닌 생물인 인간을 위해서 행복이 무엇인가 하는 질문이다. 사람들은 물론 무엇이 최고의 선인가에 대해서 합의하지 않는다. 그러나 "생각이 있는 많은 사람들은" 좋은 삶과 좋은 행위의 일치로서의 행복에 대해

19) *Eudaimonia*는 보통 행복(Glückseligkeit)으로 번역하는데, 필자는 특이하게도 이 둘을 혹은(oder)로 묶어 놓았다. 여기서 등장하는 행복은 현대에서 보통 '나는 행복해!' 라고 말할 때의 행복한 느낌은 아니다. 그 이상의 지속적인 인간의 상태이다.

서 말하고 이것이 마치 인간의 삶이 도달할 수 있는 최상의 목표인 것처럼 행동한다 (**NE I. 1095a17**). 그런데 폴리스의 질서는 인간적 공동체 중에서 가장 포괄적인 것으로서 개인들 뿐만 아니라 폴리스를 구성하는 더 작은 공동체들을 포함하는 공동체이기 때문에 인간의 행복이 무엇인가에 대한 학문은 다만 정치학일 뿐이다. 인간을 위한 선과 폴리스를 위한 선이 동일한지 아니면 다른지는 어떻든 간에 "폴리스를 위한 선에 도달하고 유지하는 것이 더 낫고 더 완전하다. 왜냐하면 개인을 위한 선을 하는 것은 즐겁지만, 민족과 폴리스를 위한 선을 행하는 것은 더 고귀하고 더 신적이기 때문이다" (**NE I. 1094b8**).

"그런데 만약에 모든 행위들이 목표를 가진다면 이것은 행위의 선이다. 그리고 행위들이 많은 목표들을 가진다면 이것들이 선들이다" (**NE I. 1097a22**). 행복은 이제 두 가지 관점에서 우리가 추구하는 목표에 부과해야만 하는 요구들을 충족시킨다. 한 편에서 행복은 그것을 단지 그 자체를 위해서 추구할 수 있기 때문에 "완전한 목표"이다. 또 다른 한 편에서는 행복은 다른 어떠한 것을 더 첨가하지 않아도 인간을 만족시킬 수 있는 것이기 때문에 그 자체로 "자족적인" 목표이다. 그러나 우리가 인간의 행복이 원래 무엇으로 되어 있는지를 모르는 한에서는 행복이 완전성과 자족성을 충족시킨다는 주장으로부터 얻을 수 있는 것이 별로 없다. 이[행복이 무엇으로 되어 있는지]에 관해서 사람들은 서로 다르게 생각하는 듯하다. 인간이 도달할 수 있는 최고의 행복이 진리를 바라봄, ***theoria***에 있다고 하는 철학자들의 신념이 일반적인 견해들 가운데 가장 그럴 듯하긴 하지만, 이 의견을 지식으로 전환하기 위해서는 인간의 본성과 영혼의 질서에 관해서 분석적인 고찰을 먼저 해야만 한다.

Ⅱ. 인간 영혼의 질서

인간의 본성(*physis*)과 영혼(*psyche*)과 덕들(*aretai*)을 탐구해야만 한다. 그런데 광의의 의미에서의 덕들이란 아리스토텔레스의 언어 사용에 있어서 어떤 한 대상의 특정한 능력들과 속성들인데, 이것들은 그 대상을 인식의 다른 대상들로부터 구분하는 것이고 그것들에 의지해서 그 대상이 그의 독특한 과제 혹은 기능, 즉 그의 *ergon*을 성취할 수 있다. 그래서 좋은 사람의 덕이란 그가 인간으로서의 과제를 가능한 한 잘 수행할 능력이 있어서 그는 최소한 적절한 방법으로, 그렇지만 가능한 한 탁월한 방법으로 특별히 그의 인간으로서의 본성의 능력/잠재력(*dynamis*)을 실현한다는 데에 있다. 인간의 모든 기관은 본성상 그것에 고유한 기능을 가진다. 그래서 만약에 전체로서의 인간이 어떠한 기능도 없다면, 즉 그에게 고유한 *ergon*(기능)이 없다고 가정한다면 불합리할 것이다. 만약에 그러한 *ergon*이 있다면, 본성상 정치적 생물인 인간은 그 기능을 폴리스 공동체 안에서 이룩할 수 있다. 그렇게 해서 인간을 위한 선에 대한 질문은 인간의 자연스러운 과제에 대한 질문으로 변한다, 즉 단지 인간만이 완수할 수 있고 그래서 그 고유의 목표가 되어야만 하는 것에 대한 질문으로.

이 목표를 탐구하는 것은 인간이 영혼을 지닌(*empsychon*) 존재라는 사실 그리고 인간의 본성의 특이성을 이루는 것은 인간 영혼의 특이한 질서라는 사실로부터 다시금 시작해야만 한다. 그런데 인간의 영혼은 그것이 이성적 원리인 ***logos***(이성)에 따른다고 하는 사실을 통해서 영혼의 다른 유형 — 예컨대 식물의 영혼이나 동물의 영혼 (모든 살아 있는 것은 영혼을 가졌기 때문이다) — 과는 구별된다. 인간은 그의 동료인간들의 공동체에 의존되어 있기에 정치적인(***politikon***) 생물이요 그 영혼의 독특한 구조에서 이성을 지닌(***logon echon***) 생물이다.

그러나 인간의 영혼은 이성적 원리로만 된 것이 아니다. 인간은 그가 신체를 지닌 한에서 무생물적 물체로부터 식물들의 생명의 원리와 동물들의 지각능력을 지나 인간을 넘어서는 신의 이성에 이르기까지의 모든 존재단계들에 참여하고 있다. 그래서 그의 영혼 안에 이성적인 부분이 비이성적인 부분으로부터 구분될 수 있고 비이성적인 부분은 이성적 부분에 의해 조정되고 통제될 수 있는 부분과 이성의 관여를 벗어나는 부분으로 다시 세분될 수 있다. 간단하게 말해서 인간은 영혼의 한 부분으로 영양과 성장으로 방향 지어진 식물들의 능력들에, 또한 동물들의 지각능력에 참여한다. 인간 ***psyche***(영혼)의 두 번째 요소를 이루는 것은 비록 그 근원에 있어서는 이성적이지 않지만 교육과 습관을 통해서 이성의 통제를 따를 수 있는, 인간에게 고유한 격정과 욕구이다. 그리고 마지막으로 인간 영혼은 고유한 의미에서 이성적인 영혼의 부분을 지니는데, 이 부분은 바른 것을 인식하고 인간적인 행위를 결정할 능력이 있다. 그런데 영혼의 이 부분은 인간에게 있어서 고유한 인간성을 이룬다. 그리고 인간의 특이한 과제가 그의 본성에 상응하는 영혼의 행위에 있어야 한다면 그의 인식과 행위의 목표는 이성적 원리에 일치하는 영혼의 활동으로 묘사할 수 있다. "인간을 위한 선은 덕[20]에 걸맞은 영혼의 활동이고 만약에 여러 덕들이 있다면, 그것들 가운데 최선이고 가장 완전한 덕에 걸맞은 활동이다" (NE I.1098a16)

습관과 교육에 의해서 획득된 "칭찬할 만한 [습관화된] 태도들[21]" (NE I.1103a9)인 덕들 자체는 그것들이 속한 영혼의 부분들에 따라 두 그룹으로 분류될 수 있다. 습관에 의해서 획득된, 윤리적 덕들은(***ethikai aretai***) 격정과 욕구의 비이성적인 영혼의 부분이 이성의 통제를 따르는 한에 있어서의 덕이다. 이성적 부분의 가르침에 의해서 획득되었으며 칭찬할 만한 영혼 부분의 태도인 이성에 의해서 결정된, 지적인 덕들은(***dianoetikai aretai***) 진리로 이끄는 인식의 덕들이다. 윤리적 덕은 영혼의 격정적인 상태, 즉 애통이나 기쁨과 같은 ***pathos***도 아니고 영혼에 내재적인 능력 (***dynamis***)도 아니라 습관에 의해서 달성된 태도 (***hexis***), 즉 각각의 상황에서 그 상황에 적합한 결정에 도달하는 태도이다. 습관으로 도달된 태도들로서의 윤리적 덕들은 — 몇몇의 예외들도 있지만 — "마치 이성적인 사람이 하기라도 하는 것과 같이" (NE II.1107a2) 우리로 하여금 과도와 부족 사이에 있는 중용을 선택할 수 있게 해 주는 태도로 규정해 볼 수 있다. 그래서 용기란 만용과 비겁의 중용이고

20) 여기서 독일어로 Tugend(덕)으로 번역한 것은 또한 탁월성으로도 번역할 수 있는 그리스어 ***arete***이어서 인간의 덕이란 단순히 도덕적인 의미를 넘어서 인간 고유의 탁월성이라는 좀 더 보편적인 것을 의미하기도 한다.

21) 그리스어 ***hexis***의 번역어인 독일어 Verhaltensweise를 한국어로 번역하려고 '태도'라는 단어를 선택하긴 했지만, 썩 좋은 낱말은 아닌 것 같다. 왜냐하면 태도라는 말이 순간적인 태도를 의미하지 아리스토텔레스의 용어 ***hexis***처럼 오랫동안 반복되어 몸에 붙은 태도를 의미하지 않아서 구차스럽지만 [습관화된]을 추가했다. 그러나 매끄럽기 위해서 앞으로는 그냥 '태도'로 번역할 것이다.

너그러움이란 인색과 낭비의 중용이고 자부심이란 자만과 소심의 중용이다.

윤리적 덕들은 영혼의 이성적 부분의 인식적 덕들에 의해서 겹쳐지고 그 실체 안에서 규정된다. 즉 인식(*episteme*), 기술(*techne*), 실천지(*phronesis*) 혹은 절제(*sophrosyne*), 이성(*nous*)과 지혜(*sophia*)이다. 아리스토텔레스는 인식이라는 말로 최초의 원리들, 즉 *archei*로부터 필연적이고 불변하게 추론되는, 증명하는 인식의 태도(Habitus)를 말한다. 기술과 실천지가 인식과 다른 점은 그 대상이 필연적이지 않고, "이렇게나 혹은 다른 식으로 될 수 있는 것" (NE VI. 1140a1)이라는 점이다. 이것들은 만들거나 행위하는 우발적인 영역, 즉 해당 상황에 달려 있는 영역에 관련된다. 그리고 기술이 일차적으로 대상들을 만드는 것에 관련된다면, 즉 기술 외부에 있는 생산물을 만든다면, 실천지는 "사람에게 좋은 것과 나쁜 것인 그런 사물들에 관련된 이성적인 행위의 확실한 태도"이다 (NE VI. 1140b5). 실천지나 인식과는 달리 이성의 대상은 최초의 원리들이며, 그로부터 인식이 귀결을 이끌어 낼 수 있다. "완전한 인식" (NE VI. 1141a18)으로서의 지혜는 이성과 인식의 통일, 즉 최초의 원리들과 그것들로부터 귀결되는 지식들의 결합으로 이루어져 있다. 지혜는 "그 본성상 가장 고귀한 사물들의 지식과 이해" (NE VI. 1141b3)에 관련된다.

우리는 그의 본성을 완전히 계발한 인간의 행복이 덕에 따른 영혼의 활동으로 이루어진다는 것을 알고 있으며 덕들이 무엇인가에 관해서 얼마간 살펴보았다. 그러나 인간의 덕들 가운데 가장 완전한 덕에 대한 물음에는 아직 충분히 대답하지 못했다. 『니코마코스 윤리학』의 마지막 장이 이 질문에 할애되어 있다. 인간의 삶을 좋은 삶으로 만드는 활동들은 무엇보다도 한 요구에 부응해야만 한다. 즉 그것들은 행위 이외의 목표 때문에가 아니라 그 자체 때문에 추구할 만한 가치가 있어야만 한다. 세 종류의 활동이 공통적으로 꼽힌다. 즉 "그 자체로 아름답고 추구할 만한 가치가 있는", 덕스러운 행위와 "다른 목적에 수단으로서 추구하지는 않는, 향유에 기여하는 대화들" (**NE X. 1141b8**)과 진리에 대한 관상, 즉 ***theoria***이다. 관상 속에서 사색가는 진리와 같은 의견이고 신의 삶에 그만큼 가까이 다가선다. 이론적인 삶은 "그 안에 인간에게 가능한 한의 자족, 여유, 노고로부터의 해방과 행복에 속하는 모든 것들이 있는 그런 것, 그리고 생애 전체에 걸쳐서 그런 것이다." (**NE X. 1177b21**) 그러나 이러한 삶은 인간에게 오랫동안 가능한 삶보다 더 상위의 삶이고 충분하게는 단지 신들에게나 어울리고, 육체와 영혼을 함께 가진 존재로서의 인간에게는 그렇지 않다. 인간은 신적인 것에 단지 접근해갈 수 있을 뿐이고 도달할 수는 없다. 인간의 영혼이 다른 것과 함께 인간의 불완전한 본성의 한계 너머에까지 미치는 요소를 가지고 있지만, "그것이 이성인지 아니면, 자연이 주인과 인도자가 되도록 정하고 또한 고귀하고 신적인 것을 유념하도록 정한, 다른 어떤 것인지 간에" (**NE X. 1177a13**), 그러나 인간 본성을 최상으로 그리고 지속 가능하도록 발현시키기 위해서는 대부분의 사람들은 항상 (그리고 소수의 사람들도 역시 대부분) 정치적 삶 가운데서 선하고 덕스럽게 행동하며 그래서 다른 동료인간들과 공동체를 이루고 살아가야만 한다.

Ⅲ. 정치적 공동체와 그 질서

탐구의 목표는 단순히 좋은 삶, 인간 본성에 맞는 삶의 분석과 기술뿐만 아니라 그러한 삶을 보장해 주고 보호해 주기 위해서 필요한 정치적 제도들의 분석과 기술이기도 하다. 행위의 이론은 인간의 본성에 알맞은 행위의 목표들을 서술할 수 있다. 그러나 이 이론이 그 대상, 좋은 행위와 동일한 것은 아니다. 이론은 인간의 행위가 어디로 향해야만 할지를 확정할 수 있다. 그러나 그 청중이나 독자를 다른 추가적 보조수단 없이 바른 행동을 하게 만들 수는 없다. "이 연구는 다른 연구들처럼 이론 그 자체를 위해서 하는 것은 아니다. 왜냐 하면 우리가 심사숙고하는 것은 덕이 무엇인가를 알기 위해서가 아니라, 덕스럽게 되기 위해서이기 때문이다. 그렇지 않다면 우리의 연구는 이익이 없을 것이니까" (NE II. 1103b26). 연구의 첫 부분에서 인간의 행위와 그 목표들에 대한 철학적으로 정초된 학문으로 규정되는 정치학은 이제부터 그 공동체에 속한 인간을 바른 행위를 하도록 유도하는 인간 공동체의 바른 질서에 대한 학문으로 새롭게 규정되어야만 한다. 이런 의미에서 정치학은 법률과 관련된 학문, 즉 그 도움으로 바른 질서를 인식할 뿐 아니라, 실현될 수도 있는 그런 법제정자를 위한 입문이다.

이성적 행위를 할 수 있는 개별자로서의 인간의 이론으로부터 공동체적 존재로서의 인간에 관한 이론으로의 이행은 『니코마코스 윤리학』의 제8권과 9권을 차지하는 우정(*philia*)에 관한 논문에서 철학적 근거를 발견한다. 정치적 공동체는 공동체의 여러 형태들 중의 하나이다. 인간 공동체의 실체, 즉 인간을 다른 사람과 함께 하나의 공동체로 묶는 것을 가능하게 만들어 주는 것은 우정이란 덕이다. 인간이 "그 본성상 정치적인", 즉 다른 사람들과 함께 공동체 안에서 살게 되어 있는 존재라면 우정의 능력은 그 본성에 놓여 있다.

우정은 인간존재의 보편적인 덕이지만, 구체적인 개별적 경우에 서로 다른 형태로 나타난다. 우리가 관찰해 볼 수 있는 것처럼 이 형태들은 이것들이 추구하는 목표들에 따라서 세 가지 근본 유형으로 요약해 볼 수 있다. 이익을 위한 우정은 친구를 이용하고 그를 자신의 목표 달성을 위한 도구로서 사용하는 한, 그것은 우정의 불완전한 형태이다. 그 외에도 이러한 관계의 친구들이 유익하다고 생각하는 것은 개개의 구체적인 상황에서 빨리 변할 수도 있기 때문에, 그 관계는 대부분 오래 가지 않는다. 이런 식의 불완전한 형태의 우정은 친구들 중의 누군가의 아주 나쁜 악덕에 의해서 쉽사리 깨져 버리겠지만, 부덕한 사람들일지라도 삶의 여러 상황 가운데에서는 서로가 서로에게 이익이 될 수 있기 때문에 이런 우정이 인간들 속에서 별로 바람직하지 못한 방식으로 지속될 수도 있다. 여흥을 위한 우정도 이와 마찬가지로 덧없이 지나가 버린다. 그리고 단지 직접적 목적을 위한 결합과 같이 친구들 간의 약간의 덕만이 필요하지만 여흥이란 것이 지속적이지 못하고 바뀌기 쉽다. 그렇지만 이 형태는 이익을 위한 우정과 혼동되어서는 안 되고, 우리는 여흥을 순수한 이익보다는 그 자체로 추구할 만한 목표로 평가할 수 있다. 왜냐 하면 개인에게 이로운 것의 가치는 그 자신 밖에 놓여 있으나 그에게 유쾌하고 쾌락을 불러일으키는 것의 가치는 쾌락의 감정 자체에 내재해 있기 때문이다. 공통의 여흥을 위한 우정은 이익을 위한 우정에 비해서 더 많이 관대하고 삶을 영위하는 데 있어서 더 많이 공유하기 때문에 전자를 후자보다 윤리적으로 더 높이 평가해야만 한다. 그러나 이 두 유형의 우정은 그 자체로 추구할 가치가 있는 목표로 생각할 수는 없고 기껏해야 완전한 형태의 우정에 불완전하게 접근한 형태들일 뿐이다.

덕스러운 사람들 사이에서 선을 공동으로 추구하기 위해서 생기는 최상의 형태의 우정으로부터 마침내 완전한 삶의 공동체가 생긴다. 원래적 의미에서 친구란 자신의 친구를 위해서 선을 원하고 행동하고 동시에 친구에게 그가 그 자신을 위해서 잘 살고 행동하기를 기대하는 사람이다. 다른 사람과의 이렇게 완전한 우정은 합리적인 자기 사랑(*philautia*), 즉 덕스럽고 선한 사람이 자신에 대해서 합리적인 방식으로 느끼는 우정의 근거 위에서만 가능하다. 영혼의 이성적인 부분의 명령에 따라서 사는, 덕스러운 사람은 "자기 자신과 하나가 되고 전체 영혼으로 똑같은 것을 욕구한다. 그리고 그 때문에 그는 선과 선으로 여겨지는 것을 스스로에게 원하고 그를 실천한다." (NE IX.1166a12) 그가 자신과 조화 속에서 살기 때문에 그는 친구에게 덕스러운 삶이라고 하는 동일한 행복을 바랄 능력이 있다. 그리고 이것은 "최고의 우정은 사람이 자기 자신에게 느끼는 사랑과 동일하다고 하는 주장에 일치한다." (NE IX.1166b1)

완전한 우정의 원천은 자신의 영혼의 질서이다. 사람들이 그 스스로와 그리고 동료시민들과 조화롭게 산다면 특별히 정치적인 형태의 우정, 일치(*homonoia*), 자유롭고 동등한 사람들 사이의 우정이 생기는데, 이 우정으로부터 정치적 공동체의 실체가 생긴다. "시민들이 그들에게 유익한 것에 대해서 같은 의견이고 이러한 의도를 추구하고 공동으로 낸 결의를 실행하기도 한다면," 일치가 폴리스를 지배한다. (**NE IX.1167a25**) 행위로 옮겨진 정치적 우정으로서 일치의 예들이 선거를 통해서 정치적 관리를 선출하거나 외부와 동맹을 체결하거나 공동의 결의를 통해서 폴리스의 지배권을 특정한 사람에게 이양하는 등의 공동의 의지이다. 이러한 형태의 정치적 우정이 덕스러운 사람들 사이에 있는 우정으로서 가능한지 그리고 필연적인지 하는 점은 덕스러워서 행복하게 사는 사람이 친구가 필요한가 하는 질문에 달려 있다. 자기 자신의 영혼의 이성에 걸맞은 질서에 따라 사는 완전히 덕스러운 사람은 인간이 추구할 수 있는 모든 것을 지닌 것 같고 또한 그를 통해서 인간이 도달할 수 있는 완전성에 있어서 최고의 것인 자족에 도달한 것처럼 보인다. 그런데 왜 그는 우정과 같은 외적인 선을 추가로 필요로 해야만 하는가?

한 친구란 다른 친구에게 마치 두 번째의 '나'와 같다. 그리고 한 친구가 자기 자신을 위해서 추구하는 모든 것들을 두 번째의 나(다른 친구)에게도 원한다. 덕의 본질에는 다른 사람들에게 선한 것을 행하려는 소망도 또한 속해 있다. 그 때문에 덕스러운 사람은 그가 선한 것을 할 수 있는 대상으로 친구들을 필요로 한다. 인간의 삶이란 감각과 인식에 의해서 규정되어 있다. 그런데 감각과 인식과 같은 능력들의 본성은 그 목표에 의해서 규정되어 있으며, 그 때문에 그 본성은 순수한 가능성이 아니라, 그 실현에 놓여 있다. 사람이 단지 실제로 감각하고 인식하고 느끼고 사고하는 한에서만 그는 인간 고유의 삶을 영위한다. 만약에 일반적으로 인정되는 인간은 살기를 원한다고 하는 주장이 진실이어야 한다면, 그것은 인간이 느끼고 사고하기를 바란다는 것을 의미함에 틀림이 없다. 그런데 인간의 의식은 그 근본 구조에 있어서 반성적이다. 이 말은 만약 우리가 사고하고 느낀다면 우리는 동시에 우리가 사고하고 느낀다고 하는 사실을 항상 의식한다는 것을 의미한다. 그리고 이 점이 인간에게 전형적이듯이 — 우리가 의식하면서 산다면, 우리는 '우리가 살고 있다고 하는' 의식 속에서 그렇게 하고 있다. 이제 삶이 무언가 좋은 것이고 욕구할만한 것이라면, 산다고 하는 의식도 역시 좋고 욕구할 만하다. 친구가 덕스러운 사람에게 두 번째의 '나'라면 "그는 친구에 대해서 '이것이 바로 나'라고 하는 점을 함께 의식해야만 한다. 그리고 이것은 함께 사는 가운데 그리고 말하고 사고하는 공동체 안에서 일어난다. … 만약에 행복한 사람에게는 그 존재가 본성상 좋고 쾌적하기 때문에 바로 그 자체를 위해서 원할 만한 가치가 있다면, 그리고 동일한 것이 친구의 존재에도 타당하다면, 친구는 분명히 원할 만한 가치가 있는 것에 속한다. 그런데 그를 위해서 원할 만한 가치가 있는 것은, 만약에 그렇지 않다면 이러한 면에서 무언가 부족하기 때문에, 그는 그것도 역시 소유해야만 한다. 그러므로 행복한 사람은 덕스러운 친구를 필요로 한다." (NE IX. 1170b10)

정치적 생물로서 인간은 그의 자족을 단지 그의 영혼의 바른 질서 속에서 얻는 것이 아니라 다른 사람들과의 공동체 속에서 비로소 획득한다. 그러므로 아리스토텔레스를 위해서 사회 이론은 별 필요없이 인간에 관한 이론 곁에 추가적으로 있는 탐구 대상이 아니라 모든 철학적 인간학의 필수적인 부분이다. 이러한 의미에서 윤리학과 정치학은 분리된 탐구 영역들이 아니라 공통으로 학문적 인식의 통일된 대상이다.

그러나 인간의 영혼의 질서에 대한 분석으로부터 공동체의 정치적 질서에 대한 분석으로 넘어가게 되면 새로운 요소가 나온다. 폴리스의 질서는 그 시민들의 자발적인 동의에만 기초하는 것이 아니라 강제력을 갖춘 제도 같은 것들도 가진다. 어떻게 이 강제수단을 정초할 수 있는가? 경험은 좋고 올바른 행동인 것에 대한 이론적 지식은 좋은 행동을 하기 위해서 늘 충분하지는 않음을 가르쳐 준다. 인간의 사회적 태도를 그에 의해서 규정하는 그러한 윤리적 덕들은 인간 영혼의 자연스러운 능력들이 아니라 습관이 된 태도들이다. 그런데 이것은 그 덕들이 저절로 생기지 않고 습득할 수 있으며 습득되어야만 한다. 그리고 덕스럽게 교육시킬 가능성은, 그 속에서 성격 형성 과정이 일어나는, 그 공동체의 바른 질서에 달려 있다. 논거와 설득은 좋은 행동을 실천하게 만들기 위해서 늘 충분하지는 않다. 왜냐하면 인간은 그의 합리성에 의해서 결정되기만 하는 것이 아니기 때문이다. 인간에게 자연에 의해서 규정된 삶의 공동체로서 폴리스는 합리적이고 행복한 삶을 영위하기 위해서 아마도 정치적 제도가 전혀 필요가 없을 그런 덕스러운 사람들의 공동체이기만 할 수는 없다. 폴리스는 모든 시민들의 폴리스이기 때문에 폴리스는 그 제도적 질서에 있어서 완전히 이성의 지배하에서 있지 못하고 여러 가지 점에서 비합리적이고 단지 불충분하게 통제되는 격정에 의해서 지배되는 사람조차 받아들여서 덕으로 인도할 수 있는 능력이 있어야 한다. 경험적 지혜가 가르치는 것처럼 인간의 격정은 설득보다는 강제에 굴복한다. 좋은 시민이 되기 위해서 인간은 좋은 법률이 필요하다.

Ⅳ. 폴리스의 목표로서 좋은 삶

"우리는 먼저 우리의 선배들이 개별적으로 이것 저것 올바로 말한 것이 무엇인지에 대해서 탐구해야만 한다. 그 다음에 우리는 우리가 모은 헌법들의 도움으로 '무엇이 폴리스를 지켰으며' 그리고 '개별적인 헌법을 지킨 것은 무엇인가', 그리고 '파괴한 것이 무엇인가', '어떠한 근거로 하나의 정체(政體)는 좋고 다른 것은 나쁜가' 하는 점을 검토해야만 한다. 이것이 탐구되었으면 우리는 '어떠한 헌법이 최상인가' 그리고 '각각의 개별적인 헌법이 어떻게 질서를 가져야 할까' 그리고 '어떠한 법률과 관습을 가지게 되는가'를 인식할 수 있다." (**NE X.1181b15**)

자연스럽고 질서 잡힌 공동체로서 폴리스는 복합체라는 종류에 속한다. 그러므로 그 본성의 탐구는 복합된 전체를 복합되지 않은 개별 부분들로 나누는 것으로부터 출발해야만 한다. 인간의 공동생활의 첫 번째 단위는 가족인데, 여기에서는 "본성상 다스리는 자"와 "본성상 다스림을 받는 자"의 관계가 남자와 여자, 부모와 자식, 주인과 노예의 관계를 규정한다. 여기서 드러나는 지배의 형태들은 자유로운 시민들의 동의에 의거하는 것이 아니라 가장의 일인통치에 의거하기 때문에 그 본질상 정치적이 아니라 전제적이라고 아리스토텔레스는 명시적으로 언급한다. 순수하게 삶을 유지하는데 필요한 것을 넘어서는 욕구들을 충족시키기 위해서 많은 가족들이 함께 결합하여 마을이라는 분업화된 공동체가 생겨난다. 그리고 많은 마을공동체가 함께 결합함으로써 완전한 공동체인, 질적으로 새로운, 폴리스라고 하는 형성물이 생겨나는데, 이 공동체는 그 시민들에게 그들이 필요로 하는 모든 것을 제공하기 때문에 자족함(Selbstgenügsamkeit) 혹은 자족(Autarkie)이라고 하는 목표에 도달할 수 있다. 이러한 의미에서 폴리스는 단지 "삶을 위해서"뿐 아니라 "좋은 삶을 위해서" 존립하는 공동체라고 서술될 수 있다. 인간은 이 속에서야 비로소 시민으로서 그 본성을 완전히 계발할 수 있기 때문에 "폴리스는 자연에 의해서 존재하는 사물에 속하고 인간은 본성상 정치적 생물이다"라는 주장은 더 말할 나위 없이 탁견이다. (P I, 1253a1)

"정치적인"(*politikos*)은 여기서 "무리를 이루는"(*agelaios*)과는 다른 것이다. 단지 어떠한 식으로든지 간에 공동체를 이루고 살 수 있는 능력만이 인간을 이루는 것은 아니다. 인간은 이성적 생물이라는 사실이 무리를 이루는 생물들, 예컨대 소나 개미나 벌로부터 그를 구별 짓게 만든다. 단순히 다른 사람과 함께 사는 것이 인간을 정치적 생물로 만드는 것은 아니고, 모든 인간들에게 공통적인 이성의 근거 위에 공동체의 형태를 형성하는 능력이 인간을 그렇게 만든다. 언어의 도움으로 인간은 "이로움과 해로움, 정의와 불의를 나타낼 수 있다". 그리고 그의 이성을 근거로 해서 그는 "선과 악 또한 옳음과 그름을 인식할" 수 있다 (P I, 1253a14). 폴리스 공동체는 단순히 공동의 이익만을 통해서가 아니라, 이와 꼭 마찬가지로 윤리적 인식의 공통성을 통해서도 구성된다.

Ⅴ. 폴리스의 외적 질서로서 정체(政體)

우정이 폴리스의 실체라면 정의는 그 형식이다. 그런데 이 형식이 외부적으로는 정체 속에서 드러난다. 그리고 경험이 가르쳐 주듯이 정체는 여러 형태가 있다. 그러므로 최상의 정체가 있는가, 있다면 무엇인가라는 질문이 나올 수밖에 없다. 그런데 폴리스는 "그 폴리스에 사는 사람들의 질서"에 다름 아니기 때문에 (**P III.1274b35**) 최상의 정체는 그 시민들의 덕이 최대한 계발될 가능성을 제공하는 정체일 수밖에 없다. 우리는 "좋은 인간의 덕과 좋은 시민의 덕이 동일한가 아닌가"하는 질문을 받는다(**P III.1276b17**). 그런데 무엇이 좋은 시민의 덕인가? 시민들의 공통되는 목표는 공동체의 번영이고 그래서 좋은 시민의 덕은 그가 살고 있는 폴리스의 정체에 달려 있다. 그런데 전체로서 폴리스의 번영을 지키기 위해서 그 시민들에게 다양한 덕들을 요구하는 다양한 정체들이 존재하기 때문에 좋은 시민의 덕은 —좋은 인간의 덕과는 반대로— 모든 시간과 모든 장소에 동일한 것이 아니다.

더 나아가서 폴리스는 결코 동질적인(**homogen**) 공동체가 아니라 다양한 종류의 요소들로 구성된 전체이다. 이 말은 개별적 시민이 폴리스의 번영을 위해서 해야 하는 기여가 시민들 각 사람에게 동일하지 않다는 뜻이다. 다양한 종류의 과제를 최상으로 달성하기 위해서는 다양한 덕들을 지니는 것이 필요하다. 시민의 덕과 인간 일반으로서의 덕이 일치하는 것은 아리스토텔레스에게 단지 하나의 예에서만 가능하다. 이 예는 그 동료시민들을, 전제적으로가 아니라, 정치적으로 다스릴 수 있는 능력을 지닌 정치가(***politikos***)의 인격 안에서 찾을 수 있다. 정치적으로 다스리는 것은 전제군주가 부하와 노예를 다스리는 것과는 달리 자유롭고 동등한 사람들을 다스리는 것이다. 그리고 그런 능력을 지닌 사람은 단지 잘 다스릴 수 있기만 한 게 아니라 또한 다스림을 잘 받을 수 있기도 한 사람뿐이다. 좋은 정치가는 그 동료시민들의 주인이 아니기 때문에 그 자신 스스로도 좋은 시민이어야만 한다. 다스릴 수 있는 능력과 다스림을 받을 수 있는 능력, 이 모두에는 동일한 덕이 근저에 놓여 있다. 즉 행동의 실천적 지혜(***phronesis***)와 삶의 영위에 있어서 잘 숙고함(***sophrosyne***)이다. 이것은 경험 많고 원숙한 사람의 덕이다.

좋은 폴리스가 그 속에서 좋은 사람의 덕과 좋은 시민의 덕이 일치하는 유일한 공동체라면 공동체의 목표에 대한 질문에 대답하기 위해서 최상의 폴리스에 대한 질문은 결정적이다. 이 질문은 "아리스토텔레스의 정체(政體) 이론으로서" 서양의 정치이론과 통치이론의 지속적인 핵심이 된다고 하는 주장의 기초를 이룬다. 아리스토텔레스에 따르자면 우리는 정체들을 두 가지 관점에서 분류할 수 있다. 한 편에서 우리는 정체가 봉사해야 하고 정체가 수호해야 하는 목표가 무엇인가 하고 물을 수 있다. 다른 편에서 우리는 그 정체에서 누가 권력을 쥐는가 하고 물을 수 있다. 한 사람, 소수, 많은 사람. 공동체의 진정한 목표는 인간의 좋은 삶이고 이것이 그 시민들의 공통의 이익에 있기 때문에 우리는 그 시민들의 공통의 이익에 봉사하는 "올바른 정체들"(***orthai politeiai***)과 그때 그때의 통치자들의 이익에만 봉사하는 "그른 정체들"(***parekbaseis***)로 나눌 수 있다. 우리가 이 두 기준을 동시에 적용해 보면 세 개의 바른 정체의 고전이 되어 버린 목록, 즉 왕정, 귀족정, 입헌민주정

(Politie)[22]과 그 세 "아류(Verfehlungen)"인 참주정과 과두정치와 민주주의라고 하는 지배형태에 도달하게 된다.

도식적인 구분은 탐구가 진행됨에 따라 몇몇의 변형을 거친다. 그래서 민주주의와 과두정치 사이의 고유한 구분이 단지 권력에 참여하는 시민들의 수에만 근거하고 이 시민들이 누구인지에는 근거하지 않는다는 주장이 너무 단순하다는 것이 드러난다. 실제로 과두정은 그 속에서 소수가 다스린다고 하는 것보다는 이 소수가 부자라고 하는 점에서 식별될 수 있다. 민주주의도 단지 다수의 지배형태이라기보다는, 근본적으로는 그 속에서 지배력을 행사하는 사람들이 가난한 사람들이라고 하는 사실로 특징지어진다. 비록 정상적인 사회에서 가난한 사람이 부자보다 더 많기는 하지만, 만약에 가난한 사람이 소수이고 부자가 다수라고 할지라도 가난한 사람들만이 다스린다면 이는 민주적 지배이다.

우리가 만약에 수를 기준으로 해서(zahlenmäßig) 폴리스를 구성하는 것이 아니라, 폴리스에 생명력을 부여하는 계층들을 고찰한다면 다시금 다른 상이 생겨난다. 우리는 어떤 계층이 다스려야 하는가를 물어야만 한다. 아리스토텔레스는 농부, 수공업자, 전사, 상인, 일용직 노동자, 사제와 기타 이와 비슷한 그룹들을 폴리스의 "필수적인 부분들"이라고 부른다. 바로 '동일한 시민 한 개인이 이 과제들 중 많은 과제들을 겸해서 수행할 수 있다고 하는' 사실, 그런데 '논리적으로만 생각해 보아도 아무도 부유하면서 동시에 가난할 수는 없다고 하는' 사실이 부자와 가난한 사람을 각 폴리스의

22) 이를 민주정으로 이해하기도 하는데 엄밀하게 보자면 민주정이라기보다는 민주정과 귀족정의 혼합형태이다.

"주요 부분들"로 만들어 준다. 그리고 그 사실은 실제로 존재하는 정체(政體)들의 혼란스러운 다양성을 —정체들을 전에 6개로 구분했던 것을 무시하고— 민주주의와 과두정의 두 기본유형으로 나눌 수 있게 해준다. 그와는 반대로 제도들의 지속성과 제도들을 폭력적으로 전복시키려는 것에 대항하는 능력에 대한 질문이 문제시되는 곳에서는 민주정과 과두정의 요소들을 혼합한 형태가 가장 안정적인 것으로 드러난다. 아리스토텔레스가 단지 암시만 했을 뿐인 이 사상은 로마와 고대의 그리고 중세의 지배체제에 대한 사고에서 "혼합 정체라는 이론"으로서 항상 다시금 언급되고, 계속 발전된 전통적인 동기가 된다.

"세 개의 올바른 정체(政體)가 있기 때문에 그리고 그 중에서 최상의 사람들에 의해서 다스려지는 정체가 필연적으로 최상이어서 … 일부의 사람들은 다스림을 받고 다른 사람들은 바람직한 삶을 고려하여 다스리기 때문에 —우리가 논문 처음에 보여주었던 것처럼— 좋은 사람의 덕과 최상의 폴리스에 사는 좋은 시민의 덕은 필연적으로 같기에, 같은 방식과 같은 것에 의해서 사람은 덕스러워지고 또한 폴리스도 같은 방식과 같은 것에 의해서 귀족정이나 왕정의 모형에 따라서 이루어진다는 점이 분명하다. 그래서 좋은 사람을 형성하는 교육과 습관이 좋은 정치가 혹은 좋은 왕을 형성하는 것과 같은 것이 된다."(P III.1228a32)

Ⅵ. "최상의 정체(政體)"

『정치학』의 7권과 8권에서 전개되다시피 최상의 폴리스의 모범은 3권과 4권에 나온 정체의 형태들에 대한 경험적 탐구 결과에 근거해 있다. 우리가 무엇이 정치적 공동체를 위해서 가능한 최상의 정체인지를 알기 원한다면 우리는 인간을 위해서 최선의 삶이 무엇인지 알아야만 한다. 『니코마코스 윤리학』의 10권은 이 질문을 다루고 있다. 그 속에서 합리성과 단결의 추구로 특징지어질 수 있는, 인간의 본성이 완전히 계발될 수 있는 폴리스가 최상의 폴리스일 수밖에 없다. 글의 처음에서 이미 인간 능력들의 총괄개념으로서의 인간 본성에 관해서 그리고 이 능력들이 어떻게 해야 정치적 행동으로 될 수 있는지에 관해서 본질적인 점을 언급했었다. 아리스토텔레스는 『정치학』의 7권 서론에서 그 가장 중요한 점을 다시 한 번 요약한다. 그런데 여기서 다루는 주요 주제들은 행동이 추구하는 재화, 삶의 목표로서의 행복, '욕구와 격정과 이성이 바른 질서를 유지하는', 영혼의 부분들과 완전한 삶의 자족을 이루는 것이다.

세 종류의 재화는 인간이 그것을 소유하려고 노력할 만한 것이고 또한 그의 행복에 기여하는 것이다. 즉 권력과 부와 같이 외적인 재화와 건강이나 아름다움과 같은 육체의 재화 그리고 용기, 절제, 정의, 지혜와 같은 영혼의 재화가 그것들이다. 그런데 인간 고유의 행복은 우선적으로 영혼의 재화인 덕들을 소유함으로 확보된다. 외적인 재화들은 단지 그것들이 인간 고유의 목표를 획득하는 데에 필요한 수단으로 사용될 수 있는 한에서만 중요하다. 그리고 영혼의 진정한 재화들은 개인을 위해서나 공동체를 위해서나 동일한 방식으로 좋고 행복한 삶의 원인이요 필수적인 전제들이다. "개인 자신을 위해서나 폴리스 전체로서나 최선의 삶은 덕스러운 삶이다.

이때에 당연히 그를 통해서 덕스러운 행위들을 실천할 수 있을 만큼의 외부적인 보조수단들도 또한 갖춰져야만 한다"(**P VII.1223b40**).

탐구의 결말은 "최상의 폴리스"와 그를 건설하기 위한 전제를 범례적으로 묘사하는 것으로 마친다. 이를 실현하는 것을 방해하는 외적인 상황에서는 개인의 좋은 삶도 폴리스의 좋은 삶도 실현될 수 없다. 공동체에 대해서 우리가 생각할 수 있는 최상의 형태를 묘사하려면 그 실현을 위해서 생각할 수 있는 최상의 조건들도 함께 묘사할 수 있어야만 하고, "많은 것들을 요청으로서 전제해야"만 하고, "거기에 어떠한 불가능한 것도 있어서는 안 된다"(**P VII.1325b39**). 그래서 시민들의 수는 자족을 보장할 수 있기에 충분히 많아야 하지만, 그렇다고 해서 전체로서 공동체를 조망할 수 없을 정도로 커져서도 안 된다. 왜냐하면 법의 질서는 너무 많은 사람들에게 확대될 수 없기 때문이다. 페르시아 제국과 같이 너무 커져 버린 제국들은 자유롭고 정치적일 수 없고, 위대한 왕과 같은 무제약적인 통치자에 의해서 전제적으로 통치될 수밖에 없다. 그리고 만약에 선거에 출마한 경쟁자들의 공적과 능력에 대해서 시민 각자가 알지 못한다면 직책을 가장 능력 있는 사람에게 위임한다는 것이 더 이상 보장되지 않는다.

최상의 폴리스의 영토는 전체적으로 조망할 수 있어야 하지만, 또한 폴리스가 생존하기 위해서 필요한 모든 것들을 자급자족적인 공동체에 제공할 수 있기 위해서는 충분히 다양해야만 한다. 도시가 주변지역을 위한 시장의 역할을 하기 위해서 쉽게 접근할 수 있어야 하지만 동시에 군사적으로 방어하기 쉬워야만 한다. 도시는 항구에 쉽게 접근할 수 있어야 하지만 그러나 외국인들과 지속적으로 접촉하는 것은 공동체의 내적인 통일성을 위태롭게 할 수도 있기 때문에 항구와 너무 가까워서도 안 된다.

생각할 수 있는 최상의 폴리스의 시민들의 구성에 대한 질문에 대답하기 위해서는 구성되어 있는 전체와 그 개별적 부분들 사이에 있는 관계에 대한 규정을 알아야 한다. 폴리스와 같이 복합적으로 구성된 구조에 있어서는 그 실존에 필수적인 모든 것이 바로 전체의 본질적 구성요소라는 생각으로부터 시작할 수 없다. 마치 인간이 살기 위해서는, 비록 그 자신의 부분은 아니지만, 외적인 재화들을 필요로 하듯이 폴리스도 외적인 소유에 의존되어 있다. 그러나 이 소유는 "폴리스의 부분이 아니다. 심지어 무생물뿐 아니라 많은 생물도 그 소유에 속한다고 할지라도 그렇다. 왜냐 하면 폴리스는 동등한 사람들의 공동체이고 그 목표는 가능한 최상과 최고의 삶이기 때문이다"(**P VII.1328a35**). 그런데 경험적 조사 결과가 보여주는 것처럼— 이 목표에는 모든 인간이 그들의 심리적 가능성에 있어서는 동일하지만 그를 실현시키는 데 있어서는 서로 차등이 있다고 하는 현실 때문에 모두 동일한 정도로 참여하지는 않는다. 개개의 폴리스는 여러 기능들, 예컨대 땅의 경작, 예술, 수공업, 국방, 공공의 제례(祭禮)의 관장, 정치적 자문과 결정 그리고 판결과 같은 기능들을 의지하지만, 이 모든 과제들을 반드시 완전한 시민이 맡아야만 하는 것은 아니다. 그것들 중의 몇몇은 완전한 시민은 아니지만, "함께 사는 사람들", 정치적 권리가 없는 이방인들(**Metöke**)이 맡을 수도 있다. 그렇지만 전쟁이나 정치적 관직이나 공동의 제례에서의 제사장의 직책과 같은 공동체의 본질에 결정적인 과제들은 시민들 스스로에게 남겨 놓아야 한다. 그리고 이 기능들은 삶과 성숙의 상이한 시기에 따라 가능한 한 각 시민들이 한 번씩 맡아야 한다.

이 폴리스의 질서를 세울 법제정자는 어디서 와야 하는가 하는 질문이 남아 있다. 우리는 최상의 폴리스가 바로, 이 폴리스의 법제정자가 될 수 있는, 완전한 정치가를 만들어 낼 수 있다고 하는 역설에 부닥친다. 그 대답은 젊은이를 굳건하고 성숙한 인간이자 덕스러운 시민으로 양육시키는, 그 단초만을 다루는 이론에 들어 있다. 텍스트는 『정치학』8권 중간, 폴리스의 미래의 시민들을 인문적으로[23] 교육시키는 것을 묘사하는 데에서 단절되어 있다. 그러나 이 교육 프로그램이 수행해야 할 목표들은 잘 알려져 있다. 『정치학』의 마지막 문장들은 『니코마코스 윤리학』의 처음 문장들로 되돌아간다.

-페터 베버-셰퍼 **Peter Weber-Schäfer**

---

23) **'musikalisch'** 라고 하는 이 단어의 원래 의미는 '음악적' 이지만, 여기서는 단순히 음악만이 아니라 문학도 같이 포함되어서 '인문적' 으로 번역하였다.

키케로
Cicero(기원전 106~43)

– 연대표 –

기원전 106년	(1월 3일) 아르피눔(Arpinum)에서 출생.
91/90~82년	로마에서 법률과 웅변술과 철학 교육, 짧은 군복무로 중단(90~89).
81~79년	변호사로서 첫 활동.
79~77년	교육을 위해서 그리스와 소아시아에서 체류.
75년	재무관(*Quaestor*) (시칠리에서)
69년	행정관(*Aedil*)
66년	법무관(*Praetor*); 정치적인 웅변가로서 활동 시작.
63년	집정관(*Consul*); 카틸리나(Catilina)의 반란 진압.
62~59년	집정관으로서의 태도에 대한 변명.
58년	(3월) 추방.
57년	(9월) 망명으로부터 복귀.
55~51년	저작 활동의 첫 번째 시기.
51~50년	킬리키엔(Kilikien)에서의 총독 활동.
49~48년	폼페이우스(Pompeius)와 카이사르(Caesar) 사이의 내전에서 폼페이우스의 편에 섬.
47년	카이사르에 의한 사면.
46~44년	저작활동의 두 번째 시기
44~43년	카이사르의 암살 후 안토니우스(Antonius)에 대항하는 싸움에서 선두에 섬.
43년	(11월 7일) 안토니우스의 사주로 추방되었다가 암살됨.

마르쿠스 툴리우스 키케로(Marcus Tullius Cicero)는 로마 공화국 시기에 정치적 사상가로 특징지을 수 있는 유일한 작가이다. 로마에서는 오랫동안 실제적 행동으로부터 추상화된 어떠한 이론도 발달되지 않았다. 정치적 사상은 세대를 넘어서 집적해 온 귀족정치에 대한 통치기술과 동일시될 수 있었다. 기원전 2세기에 승리자가 패배자로부터 외래문화를 수입하는 과정에서 그리스의 교육을 받아들이다가, 비로소 자신의 고유한 정치적 질서로부터 거리를 둘 수 있게 되었다. 바로 키케로가 이 전통으로 하여금 로마의 정치질서에 조직적으로 스며들게 만들었다. 그런데 우리는 고대 세계의 인물들 중에서 그에 대해서 제일 잘 안다. 그 이유는 약 800통의 전승된 편지, 58편의 연설, 19편의 개인적 편지 전부가 단지 그가 정치가로서 한 행동과 그의 정신세계에 대한 통찰력만을 제공하기 때문이다.

I

키케로는 이탈리아의 지방의 지배계층들로 구성된 기사 신분의 가족에서 출생했다. 그는 그 당대의 아주 명망 있는 법학자 Q. 무키우스 스케볼라 (아우구르)(Q. Mucius Scaevola [Augur])로부터 시민법과 종교법에 입문했으며 그의 첫 스승의 사후에 스승의 친척인 Q. 무키우스 스케볼라 (폰티펙스)(Q. Mucius Scaevola [Pontifex])에게서 법학교육을 완성했다. 키케로는 당대의 뛰어난 웅변가들인 L. 리키누스 크라수스(L. Licinus Crassus) (집정관 95)와 M. 안토니우스(M. Antonius) (집정관 99)를 따라다니면서 법정토론자와 정치가가 가져야만 하는 지식들을 익혔다. 88년에 (폰투스의 미트리다테스[Mithridates von Pontus]에 의해서 아테네가 정복된 이후에) 아카데미[24]의 교장인 라리사의 필론(Philon von Larisa)이 로마에 왔다. 키케로는 그를 따랐으며 일생동안 그를 자신의 가장 중요한 철학적 스승으로 생각했다. 스토아철학은 후에 그의 집에 거주하게 된 디오도토스(Diodotos)에 의해서 소개되었다. 키케로의 교육은, 내전에 의해서 그렇게 되기도 했는데, 기이할 정도로 길게 이어졌다. 80년에 그는 독재관(獨裁官)(Dictator)[25] 술라의 지인이 반대편에 섰던 형사소송에서 변호인으로서 눈부신 성공을 거뒀다.

아테네로, 로도스로, 소아시아로 주도적인 웅변술교사와 철학자를 찾아서 나선 수업여행 후에 그는 법정웅변가로서 다시 활동했으며 63년에 집정관이 되기까지 이어진 관료의 길을 시작했다. 지방출신 새내기(*homo novus*)에게, 이제까지 한 번도 고위 공직자를 배출한 적이 없는 가문의 사람에게, 이것은 지난 30년 동안 이룩하지 못했던 성공이었다. 키케로가 이렇게 신분상승한 것은 명성과, 법정과 민회와 원로원에서 맺은 관계들에 힘입은 것이다.

그가 집정관에 재임한 기간은 카틸리나의 쿠데타 시도로 그림자가 드리웠었다. 위기의 정점에서 원로원은 로마에서 체포된 반란자 다섯을 처형하기로 결정했다. 키케로는 조국의 구원자로 칭송을 받을 수 있었다. 바로 그 다음에 선동이 시작되었고 정당한 재판이라

24) 플라톤이 만들었던 학교. 아테네가 멸망하고도 아주 오랫동안 그 명성을 유지했다.
25) 독재관은 국가 비상시기에만 부여되는 임시직이었다. 보통 집정관 중에서 6개월 동안 맡게 되는데, 술라나 카이사르는 종신 독재관에 오른다.

는 시민의 권리를 위반했다는 말이 돌았다. 이것은 결국 키케로를 추방하게 만들고 이 추방은 1년 반 후에야 비로소 끝이 났다. 이 이후에 폼페이우스와 카이사르의 권력독점으로 그의 정치적 영향력은 제한되었다. 이전 시기에 존재했었던 집정관에게 지방통수권을 맡기는 제도의 "회복"이라는 결과를 낳은 법개정에 근거해서 키케로는 51~50년에 킬리키엔의 총독직을 맡아야만 했다. 49년에 터진 폼페이우스와 카이사르 사이의 내전에서 그는 폼페이우스의 편에 섰다. 승리자 카이사르는 그를 사면했다. 카이사르의 일인통치하에서 그와 같은 신념을 지닌 사람에게는 정치적 활동이 거의 불가능했다. 독재관(獨裁官)이 암살된 후에 키케로는 전통적 질서를 회복할 것으로 믿었던, 원로원 위원들의 대표자가 되었다. 그는 안투니우스와 싸웠으며 카이사르의 후계자인 옥타비아누스(후에 아우구스투스 황제)를 원로원 측으로 끌어들일 수 있다고 믿었다. 그러나 43년 말에 안토니우스와 옥타비아누스 사이에 동맹이 발생했다. 키케로도 역시 정적들의 처형과 그들의 재산 몰수를 위한 추방의 희생자로 전락했다.

II

키케로는 자신을 정치에 적격인 사람으로 항상 생각했었다. 그의 저술들은 정치적 상황이 자신의 실천적 활동을 가로막던 시기, 즉 55~51년과 46~44년에 씌어졌다(『예언적 능력에 관하여』2, 6 f.; 『신들의 본성에 관하여』1, 7). 그리스적 전통의 중계자로서 그의 독특한 업적은 라틴어 전문용어들을 발전시킨 것이다. 그를 통해서 철학적인 문제들을 진지하게 토론할 수 있었다. 그에게는 로마의 청중들에게 가능한 한 완전한 전모를 제공하는 것이 중요했다. 짧은 동안에 생겨난 풍부한 저술 수확은 철학적 질문들을 전생애 동안 탐구하지 않았더라면 생각할 수 없는 것이었다(『신들의 본성에 관하여』 1, 6). 키케로가 여러 학파들의 입장들을 대조시킨 것은 헬레니즘기의 철학자들의 저술들이 완전히 사라졌을 때에 후대를 위해서 아주 가치 있는 것이었다. 그 스스로는 (그의 스승 라리사의 필론에 의해서 대표되었던 것과 마찬가지의) 회의주의적인 아카데미의 입장에 가장 가까웠는데, 이 입장은 진리의 확실한 인식을 불가능하게 여겼었다. 키케로는 자신의 입장을 제시하기 위해서 대화라는 형태를 취했는데, 이 형태는 대화 상대자들로 하여금, 계속되는 대화를 통해서 그들 각각의 학파의 의견들을 반영하면서, 자신의 견해를 발표할 수 있는 기회를 마련해 주었다.

키케로는 그의 저술활동 두 번째 시기에, 즉 카이사르의 독재가 그를 압박했던 시기에 비로소 철학백과사전을 만든다는 계획을 실행했다. 그가 국가에서 자유롭게 활동할 수 없다는 것을 알았을 때, 그는 처음으로 좁은 의미에서의 정치 이론에 종사했다. 55년 말에 그는 이상적인 웅변가에 대한 저술을 공표했다 (『웅변가에 대하여』*De oraore*). 대화편의 가상적 시간대는 91년이다. 젊은 키케로의 스승들인 Q. 무키우스 스케볼라 (아우구르), L. 리키니우스 크라수스와 M. 안토니우스가 대화 상대자들이다. 웅변술과 철학은 하나가 되어야 한다. 정치가는 국가에 봉사할 수 있기 위해서 철학과 법과 역사에 대한 철저한 지식이 필요하다. 그리스적 교육은 국가와 법의 고유한 전통들에 대한 지식과 결합되어야 한다.

Ⅲ

키케로는 국가에 대한 작품(『국가에 대하여』[26] *De re publica* [rep.로 축약])과 법률들에 대한 작품(『법률에 대해서』*De legibus* [leg.로 축약])의 두 작품 속에서 그리스적 이론과 로마의 국가에 대한 지혜를 결합시켰다. 54년 말에 그는 "국가의 최선의 상태와 최선의 시민들에 관한" 9권의 책에 관해서 언급했다 (『형제 크빈투스에게 쓴 편지들』*Epistulae ad Quintum fratrem* 3, 5, 1). 대화편 두 권으로 분할한 것은 후에 되었다. 『국가에 대하여』는 51년 초에 공중에 알려졌으며 『법률에 대해서』는, 아마도 지방 통수권을 쥐었을 때(51년 5월)까지 작업해 놓은 그 형태대로, 그의 사후에 출판되었다. 그 두 작품들은 44년에 나온, 윤리적으로 적절한 행동에 관한 글(『의무론』*De officiis* [off.로 축약])로 보충되었다. 키케로는 스토아 학파의 모범으로부터 자극을 받아서 윤리적으로 정당화된 행동과 이해타산에 이끌린 행동의 결합에 대한 그 자신의 이론을 발전시켰으며, 『의무론』에서 로마 공화국의 역사와 현재로부터 나온 많은 선례들을 예로 들어서 설명했다.

『국가에 대하여』는 대화를 꾸며내었는데, 이 대화는 129년에 카르타고의 정복자인 스키피오 에밀리아누스(Scipio Aemilianus)를 친구들의 무리로 끌어들인다. 대화는 스키피오가 죽기 직전에 이루어지기 때문에 대화편에서 그가 한 말은 그의 유언으로 보인다. 스키피오 에밀리아누스가 비록 역사가 폴리비오스(Polybios)와 철학자

26) *De re publica*는 보통 『공화정에 대하여』로 번역하나 원래의 뜻과 여기서의 문맥을 고려하여 이렇게 번역한다.

파나이티오스(Panaitios)와 친구였기는 하지만, 그와 그의 친구들을 지성인으로 특징지어서 묘사한 것은 대체적으로 허구이다.

『국가에 대하여』의 두 권 각각에는 최상의 국가와 그 법적이고 윤리적인 토대들 그리고 최상의 정치가를 다룬다. 그런데 몇몇이 빠진 채로 전승되어 오는 것이 해석을 어렵게 만든다. 그 작품이 비록 고대 후기까지 많이 읽혀졌지만 전체로서는 망실되었다. 사람들은 단지 락탄츠(Laktanz) (『거룩한 조직들』*Divinae institutiones*, 300년경)와 아우구스티니스 (『신의 도시에 관해서』*De civitate dei*, 410년 이후)의 상세한 인용문들과 비평들 그리고 고대의 문법가들의 짧은 인용문들만을 알고 있다. 그 이외에도 『스키피오의 꿈』(*somnium Scipionis*)의 영혼의 불사를 다루는 마지막 부분이 마크로비우스의 주석(430년경)과 함께 전해져 내려온다. 바티칸 도서관에서 1822년에 재록(再錄) 문서(Palimpsest)[27]를 발견하고 나서야 비로소 1-3권의 더 긴 부분들, 원본의 사분의 일 가량에 다시 접근할 수 있게 되었다.

『법률에 대해서』는 키케로의 시대를 배경으로 하고 있다. 그 스스로가 그의 형제 크빈투스(Quintus) 그리고 친구 아티쿠스(Atticus)와 대화를 이끈다. 그것은 3권 중간까지의 연결된 텍스트를 포함하고 있다. 그리고 이 텍스트는 법철학을 논의하고 로마의 종교법과 헌법에 대해서 상세히 조망한다. 키케로는 이 두 작품을 플라톤의 『국가』와 『법률』의 가상적인 경쟁상대로 삼으려 했다(leg. 1, 15 그리고 2, 14). 그런데 플라톤과는 달리 절대적으로

27) 원래의 글자가 지워지고, 그 위에 다른 것을 새로 쓴 문서

좋은, 그러나 실현하기는 불가능해 보이는 질서와 일정한 상황에서는 이룰 수 있는 차선의 질서의 구분을 문제 삼지 않는다. 그보다는 오히려 로마의 국가 질서의 여러 측면들을 원리에서뿐 아니라 개별 규칙들에서도 최선의 체계라고 논의했다. 로마인들의 정치적 경험이 모든 이론과 사고실험들보다 더 가치가 있다(*rep*. 1, 1–3; 1 13; 2, 21; 2, 52)

Ⅳ

『국가에 대하여』는 국가의 정의로 시작하는데, 이 정의는 어원에 근거하여 *res publica*(공공의 일[28])을 *res populi*(국민의 일)과 동일시한다. 국민(*populus*)은 임의적인 군중(*coetus*)이 아니라, 법(*iuris consensus*)에 대한 동의와 유익의 공통성(*nitilitatis communio*)에 근거해서 결합된 사람들만이 국민이다. 사회를 이루는 근본적인 동기는 인간들의 연약성(*imbecillitas*)에 있는 것이 아니라, 그들에 내재하는 자연스러운 공동체로의 충동에 있다(*rep*. 1, 39). 연약성이라는 동기는 플라톤에게서 기원하고 공동체로의 충동은 아리스토텔레스에게서 기원한다. 헬레니즘 시기에 첫 번째 이론은 에피쿠로스 학파와 예컨대 폴리비오스에 의해서 그리고 두 번째 이론은 스토아 학파 사람들에 의해서 대변되었다. 키케로는 여기서 아리스토텔레스적이고 스토아적인 전통을 우선시하고 이 전통에 법률공동체라는 사상을 보충하는데, 이 사상은 국가 질서를

---

28) 보통 공화국이나 국가로 번역하는 *res publica*의 단어적 의미는 공공의(*publica*) 일(*res*)이다.

세우는 것보다 법의 원리들에 대해서 타협하는 것이 먼저라는 사상을 함축하고 있다. 그에 더해서 『의무론』(2, 73)에서는 사유재산의 확보를 국가 수립의 목적이라고 칭한다.

정의로부터 곧 바로 국가 질서의 서로 다른 형태들에 대한 판단의 기준이 따라 나온다. 5세기 후반 이래로 일인통치와 사회적 엘리트들의 통치와 백성 전체의 통치를 구분해 왔다. 동시에 통치가 공공복리를 염두에 두는가 아니면 단지 지배자들의 이해타산을 염두에 두는가에 따라서 각각 행복한 변형들과 타락한 변형들이 구분되었다. 키케로에게는 일인통치(*regnum*)와 귀족정치(*civitas optimatium*)와 민주정치(*civitas popularis*)는 제한적으로 받아들일 만한 형태들이고 이들은 국가의 정의(定義) 속에 함축된 정의(正義)의 원리에 부분적으로 상응한다(*rep*. 1, 42). 일인통치에는 신하들에 대한 보살핌(*caritas*)이 중요하고 귀족정치에는 최선자들의 통찰력과 현명한 자문(*consilium*)이 중요하고 민주정치에는 백성의 자유(*libertas*)가 중요하다(*rep*. 1, 55). 그런데 이것은 각각한 원리를 선호하는 것을 의미하므로 일인통치에서는 다른 모든 사람이 자문에 참여하는 것이 배제되었으며 귀족정치에서는 대중에게 자유가 충분히 허락되지 않는다. 그리고 민주정치에서는 모든 사람이 한 가지로 동일한 권리를 가져서 각각의 가치(*gradus dignitatis*)에 따른 차등화가 전혀 허용되지 않는다(*rep*. 1, 43). 모든 형태에 권력남용에 대한 충분한 안전장치가 없다. 그러므로 그들에게는 타락된 변형들로 변모시킬 수 있는 불안정한 경향이 있다(*rep*. 1, 44). 나쁜 형태들—참주정치와 좁은 과두정치와 제어되지 않은 대중의 통치—에는 법률공동체가 존재하지 않는다. 그러므로 그것들 각각은 전혀 국가라 할 수 없다(*rep*. 3, 43-45).

일인통치가 통일된 지도력을 보장하기 때문에 상대적으로 최상의 질서로 볼 수는 있지만(*rep*. 1, 54-63) 그것은 참주정치로 변할 수 있다(*rep*. 1, 65). 세 개의 합법적인 형태들의 혼합만이 정의롭고 안정될 수 있다(*rep*. 1, 45; 1, 69). 혼합정체라는 착상은 전통의 유산이다. 4세기의 이론에서 혼합정치는 스파르타의 헌법의 선례로 소급시켜지는데 그 안정성은 왕들[29)]과 원로원과 에포르들(Ephoren)[30)]과 민회의 기구들 간의 상호 통제로부터 나왔다. 광범위한 혼합정체의 모델은 167년 이후에 오랫동안 로마에서 살았던 폴리비오스의 역사 저작의 6권에서 발견된다. 그는 권력 남용의 결과로서 자연법칙에 의해 이뤄지는 “정체(政體)들의 순환”으로부터 벗어날 기회를 혼합정체에서 발견하였다. 스파르타에서 상호간의 견제와 협동의 메커니즘 체제는 위대한 법제정자인 뤼쿠르고스(Lykurg)의 작품이었던 반면에 로마에서는 집정관과 원로원과 민회와 호민관의 권력분할은 많은 세대들의 경험과 갈등의 결과였다. 로마는 이 질서 덕택에 압도적인 외부적 성공을 얻었다.

키케로는 이 착상을 수정했다. 정체(政體)들의 변혁은 다양한 방향으로 이루어질 수 있기 때문에 정체들의 순환은 그에게 이미 결정된 진행과정으로 나타나지 않는다(*rep*. 1, 45; 1, 68). 혼합정체는 정치적 결정을 일인통치와 유사한 통치자와 귀족들과 시민대중에게 균형 있게 분배하는 것을 의미한다(*rep*. 1, 69). 이것이 비록 집정관과 원로원과 민회와 호민관의 기능들을 분리하는 것을 전제

29) 보통 2명의 왕을 두었다.
30) 에포르는 왕을 견제하기 위해서 둔 최고 관리였다.

로 하지만, 역점은 상호적인 견제 기능에 놓여 있는 것이 아니라, 이러한 조정으로부터 나오는 사회적인 통합 작용에 놓여 있다. 이 점이 『국가에 대하여』2권에 있는 로마의 정체의 생성을 서술하는 가운데 분명해진다. 100인 위원회들(Centuriatcomitien)—여기서 개인의 투표에 그 재산 상태에 따라서 심한 차등이 두어졌는데—이라는 형태로 민회를 설치한 것은, 한 편으로 아무도 투표권에서 완전히 배제되지 않는다는 의미이고, 다른 한 편으로는 적절한 차등이 따른다는 점을 의미한다(*rep*. 2, 39 이하). 백성의 자유에 대한 요구가 그로써 충분하지는 않다. 또한 '도전의 권리(Provokationsrecht)', 즉 백성에 의해서 합법적이라고 인정된 재판에서 정상적인 절차에 따라 재판을 받을 권리를 가지고 집정관의 자의(적 행동으)로부터 보호받는 것과 민정 호민관[31]이라는 형태로 이해관계를 대변하는 것도 역시 자유에 대한 요구 속에 포함된다(*rep*. 2, 53-55). 그리고 사람들은 키케로가 카틸리나 무리들을 처형할 때 이 정당한 재판절차의 권리가 침해되었다고 비난했다. 만약에 이전의 공화국에서 귀족들이 자발적으로 이런 것들을 인정했었더라면 계층간의 투쟁은 피할 수 있었을 것이다(*rep*. 2, 57-59). 민정 호민관제도의 긍정적인 평가는 『법률에 대해서』에서 더 분명하다. 여기서 키케로는 호민관들을 실명으로 설명하며, 과거와 현재의 호민관들의 파괴적 음모를 제시하는, 자기 형제의 반대에 대항해서 호민관들을 변호한다. 키케로가 비록 스파르타의 왕에 대항하는 에포르의 위치에 유비시켜서 호민관제도를 집정관에 대해서 대항 집정관의 일종으로

---

31) 엄밀히 말하자면 호민관은 두 종류이다. 하나는 여기 나오는 '민정 호민관(*tribunus plebis*)'이고 다른 하나는 군사적인 일을 처리하는 '군사 호민관(*tribunes militium*)'이다.

제시하지만(*leg*. 3, 16 그리고 *rep*. 2, 58 참고), 그에게 있어서 이 제도의 고유한 작용은, 그런 것이 없었다면 통제될 수 없었을, 백성의 폭력적인 폭발을 억제한다고 하는 평화적 기능에 있다(*leg*. 3, 23). 그것은 백성을 앞날을 내다볼 줄 아는 귀족들이 이끄는 질서에 편입시킬 수 있게 해주는 제도적 장치요 백성의 자유의 상징적 대표물을 의미한다(*leg*. 3, 24 이하).

V

정의(正義)의 문제는 『국가에 대하여』3권과 4권에서 다룬다. 대화적 상황은 155년 당시의 아카데미 교장인 카르네아데스(Karneades)가 등장하는 것을 생생하게 그려준다. 아테네가 파견한 사신의 일원으로서 그는 정치에서 정의를 실현할 가능성에 대해서 하루는 찬성 발언을 하고 다른 날에는 반대 발언을 함으로써 그가 로마에 체류하게 된 것을 회의주의적 논증방식을 실례를 들어 설명할 기회로 이용한다(*rep*. 3, 9 [락탄츠]). 대화 상대자들 중의 하나인 푸리우스(Furius)는 불의에 대해서 찬성 연설을 하지만, 다른 상대자인 라엘리우스(Laelius)에게 반박당한다. 정의에 반대하는 논증은 국가들 사이에 있는 법적 규범의 상이성과 한 국가 내에서의 법의 변동이 보여주듯이 법의 상대성으로부터 출발한다(*rep*. 3, 21 [락탄츠]). 법률을 지킴은 법의 정의로움을 인정하는 데에 근거한 것이 아니라 그것의 실제적인 관철력에 근거한다(*rep*. 3, 18). 논증은 플라톤이 5세기 후반의 몇몇의 소피스트들에게 돌리는 것과 같은 강자의 권리라는 이론을 받아들인다. 반대 연설은, 자연과 이성에 기초하였으며 모든 시대와 모든 백성들에게 통용되는, 진정한 법률로 소급된다(*rep*. 3, 33).

아마도 스토아의 전통에 연결되어 있을 터인 키케로의 자연법 착상은 초실재적인 자연법과 실정법 사이의 긴장관계에서 출발하지 않고, 이 둘의 불가분성을 가정한다(*leg*. 1, 35). 만약에 실증적인 규범들이 자연과 이성에 일치한다면 그 때에야 비로소 그것들은 "법률"일 수 있다. 이 기준을 충족시키지 못하는 법률의 실제적 타당성에 대한 질문은 당연히 미결로 남아 있다(*leg*. 1, 44; 2, 13f).

정의에 대한 토론은 로마의 세계지배에 대한 합법성이라는 문제를 건드린다. 카르네아데스는 이를 순수한 힘의 확대에 의한 결과로 여긴다(*rep*. 2, 20f.[락탄츠]; 3, 36[아우구스티누스]). 그는 단지 정의로운 전쟁만을 수행했다고 하는 로마의 자의식에 반대한다. 정의로운 전쟁(***bellum iustum***)은 종교적 법률의 형식 규칙들을 준수하여 소유권이나 사신의 권리의 침해, 로마의 동맹들에 대한 부당한 공격들같이 일방적으로 권리가 있다는 주장을 최후통첩의 형식으로 적대 국가에 전달할 것을 요구한다. 로마의 문제를 정당화하기 위해 생긴 단편들은 —로마는 동맹들을 지키다 보니까 전세계를 정복했다(*rep*. 3, 35) 내지 그들의 복지를 위해서 다스림을 받아야만 하는 백성들이 있다(*rep*. 3, 36 [아우구스티누스])는— 철면피하게 들린다. 그런 다음에 키케로는 『의무론』1, 34-40에서 로마의 정의의 전쟁 이론과 질료적 정의의 원리와의 일치를 강조했으며 전쟁을 수행할 합법성을 법질서를 다시 세운다는 목표에 결합시켰으며 또한 적을 지나치게 다루는 것을 금지할 것을 요청했다.

Ⅵ

사람들은 『국가에 대하여』에서 공화정의 외양을 걸친 일인통치자인 프린키파트의 정신적인 선취를 여러 가지로 발견하려고 한다. 그리고 키케로는 이 일인통치자 안에서 (아마도 폼페이우스, 아마도 심지어 자기 자신을 생각하고서) 위기의 해결책을 보았다. 위기 상황에서 구원해 줄 수 있는 '국가의 통치자(***rector/gubernator rei publicae/civitatis***)'에 대해서 여러 가지로 언급한다(***rep***. 2, 51; 5, 6; 6, 13). 키케로가 이전의 저작들에서 이 개념으로 공공의 복지를 위해서 활동하는 정치가를 가리키기 때문에 그리고 이 역할을 전적으로 여러 사람들에게 동시에 돌리기 때문에(『웅변가에 대하여』 1, 211; 『세스티오를 위하여』98) 유사(quasi)-일인통치적 해결로 결론 지을 필요는 없다. 그는 『스키피오의 꿈』에서 국가를 새롭게 구성하기 위해서 스키피오 아에밀리아누스에게 독재관의 역할을 예견한다(***rep***. 6, 12). 이는 티베리우스 그라쿠스(Tiberius Gracchus)를 통해서 생겨난 위기에 관련되어 있으며(***rep***. 1, 31) 스키피오의 죽음이 그 역할을 맡지 못하게 했다는 사실을 알면서 생겨났다. 국가를 세우는 독재관—일반적이고 짧은 임기 동안 군사력을 거머쥔 독재관과는 달리(***rep***. 1, 63)—이 어떠한 전권을 가져야만 할지는 불확실하게 남아 있다. 독자적으로 법률을 제정할 수 있는 권한과 함께 기간에 구애받지 않는 독재관의 직책을 지녔던 술라의 예를 생각한 것인가 하는 점은 의심할 만하다(『한계론』3, 75 참고). 『법률론』에서 키케로가 비록 명시적으로 국내 정치적 위기에 투입할 계획이지만 그는 단지 전통적인 독재관제도만을 언급한다.

이 작품 3권은 공화정적인 헌법 제도를 해설한다. 현재의 상태와는 현저한 차이점들이 있는데, 이것들은 원로원의 축소와 감찰관(*censor*)의 광범위한 전권과 무엇보다도 원로원 결의의 절대적 구속력(*leg*. 3, 28)과 함께 원로원체제를 강화하게 된다. 여기에 구체적으로 개혁을 제안한다. 그런데 평민 호민관을 고수하는 것이 보여 주듯이 항상 위기를 자아냈던 헌법 내의 구조적 모순들을 제거하기 위한 조처들은 없다. 고위 관리에게 백성의 복리는 최고의 법이어야만 한다(*leg*. 3, 8)는 공식으로는 위기 상황의 긴급조치와 도전의 권리(Provokationsrecht) 사이의 긴장관계 역시 제거될 수 없었다. 이러한 문제점들을 해결하려고 했더라면 정치적 질서를 완전히 새롭게 구성하게 되었을 것이나, 이것은 이 시기에 생각해낼 수 없는 일이었다.

Ⅶ

키케로의 작품들이 백과사전적이며 그리고 고대 이래로 그것들을 무엇보다도 '말로 한 예술작품'으로 평가해 온 것이 키케로 수용의 갈래들을 제한적으로만 확인할 수 있게 해주기 때문에, 정치사상사의 진행에 그가 미친 영향을 평가하기가 쉽지 않다. 누구보다도 아우구스티누스는 『신의 국가에 대하여』에서 『국가에 대하여』와 씨름했다. 아우구스티누스에 따르자면 로마 제국에는 —신이 없는 모든 공동체와 마찬가지로— 진정한 정의가 결여되어 있기 때문에 로마제국 역시 키케로의 국가의 정의(定義)를 충족시키지 못한다. 로마제국이 평화와 질서의 최소한을 보장하는 한에서는 하나의 국가이다. 그래서 국가를 신이 원하는 임시변통의 질서라고 여기는 기독교적 이론이 세워졌다. 키케로의 “정의로운 전쟁” 이론 역시 아우구스티누스를 통해서 교회의 이론 속에 받아들여지고 서양의 전 역사에 영향을 발전시켰다. 아우구스티누스와 토마스 아퀴나스와 근세 초기의 자연권과 비교해서 연속성이 강조될 뿐 아니라 근본적인 차이도 부각될 수 있기 때문에 키케로의 자연권 사상의 의미는 판단하기 어렵다.

『국가에 대하여』의 본문은 중세 이후로 더 이상 알려지지 않았고 『법률에 대해서』는 비록 전승되어 오기는 했지만 정치사상에서 거의 받아들여지지 않았다. 웅변술이 모든 교육과 정치행위의 기본이었기에 장기적인 영향은 웅변술에 관한 저작들로부터 시작했다. 13세기 후반에 아리스토텔레스의 수용이 시작되기 이전에는, 키케로가 웅변술과 철학을 결합시킨 것에 기초한 여러 갈래의 전통이 있었다. 『의무론』도 잘 알려졌다. 중세와 근세 초기의 군주의 귀감서라는 문학 장르 전체를 통해서 이 작품에 몰두했다.

키케로는 사상의 독자성과 그의 직접적 수용에 의해서라기보다는, 그보다 앞서 있던 전통—이 전통은 그 다음에 이교도들이 교육 속에서 수용한 것을 넘어서 기독교적인 이론으로 지속적으로 작용했다—의 중개자로서의 그의 역할에 때문에 “거장”이라는 지위를 누릴 수 있었다.

–빌프리트 니펠 **Wilfried Nippel**

아우구스티누스
Augustin(기원전 354~430)

– 연대표 –

354년	11월 13일 로마의 지방 도시 타가스테(Thagaste)(누미디엔[**Numidien**], 오늘날의 알제리의 수크 아라스[**Souk Arhas**])에서 이교도인 파트리키우스(**Patricius**)와 기독교인인 모니카(**Monica**) 사이에서 출생.
371년	타가스테에서 초등학교를 그리고 마다우라(**Madaura**)에서 문법학교를 마친 후에 웅변술을 배우러 카르타고로 가다. 거기서 알려지지 않은 여자와 내연의 관계를 가져 아들 아데오다투스(**Adeodatus**)(373년에 출생)를 얻었다.
375~383년	타가스테에서 문법과 웅변술을 가르침. 후에는 카르타고와 로마에서 웅변술을 가르침.
384년	마니교의 친구들이 변호하고 이교적인 지방장관 쉼마쿠스의 원조로 밀라노에서 웅변술의 교사의 자리를 얻음. 거기서 그는 주교 암브로시우스(**Ambrosius**)를 알게 되고 그의 설교가 그를 기독교에로 이끈다.
386년	플라톤의 저서를 읽음. 회심의 체험. 카시아쿰(**Cassiacum**)에 머무름(『독백록』***Solioquia***).
387년	밀라노로 되돌아감. 세례를 받음, 오스티아(**Ostia**)의 신비적 체험, 모니카의 죽음
388년	로마로부터 카르타고와 타가스테로 귀향.
390년	아데오다투스의 죽음

391년	수도원을 세우기 위해 히포 레기우스(Hippo-Regius)로, 성직자로 서품.
395년 혹은 이후	발레리우스(Valerius)의 후계자로 히포의 주교
396년	『기독교 교리론』*De doctrina christina* (426년에 완성)
397년	『고백록』*Confessiones*
398~412년	아프리카에서 두나투스주의(Donatismus)와의 투쟁.
399년	『삼위일체론』*De Tinitate*
410~425년	(410년 알라릭[Alarich]의 영도 하에 고트족의 로마 정복 이후) 『신국론』(22권), 바로(Varro)의 로마적 종교개념과 씨름.
410~419년	펠라기우스(Pelagius)와 아에클라눔의 율리안(Julian von Aeclanum)과 신학적 논쟁. 펠라기우스주의자들의 낙관주의적인 인간론과 덕론 비판; 인간 본성의 보편적인 타락이라는 아우구스티누스적 이론의 정립.
426년	『재고록』*Retractiones*(자신의 전체 저작에 대한 아우구스티누스 자신의 폭넓은 비판적 논평)
430년	반달족에 의해 포위된 히포에서 사망.

I

출신으로 보아서 아마도 바르바리인(**Berber**)인 아우렐리우스 아우구스티누스(**Aurelius Augustinus**)는 교육과정과 지적 형성에 따라서는, 아풀레이우스(**Apuleius**), 테르툴리안(**Tertullian**), 키프리안(**Cyprian**) 같은 후기 로마의 작품들을 쓴 위대한 아프리카인들과 마찬가지로, 전적으로 라틴 문화에 속했다. 지방도시의 시의원(***curiales***) 계층의 소지주인 그의 아버지는 그의 재질 때문에 개인적 지원으로 그를 웅변가의 길을 걷게 했고 이 길은 당시에 국가 공무원이 되는, 사람들이 선호하는 길이었다.

어린 청년기로부터 그의 내면 속에서 지속된 철학적인 열정은, 즉 진리에 대한 불안하고 격렬한 추구는 웅변가로 그리고 정치적으로 지닌 야망보다 더 강했으며, 그의 생애에 행복과 동시에 고통이었다. 왜냐 하면 아우구스티누스는 고대 후기의 풍습을 따라서 향락을 추구하고 명성을 욕구하는 삶의 태도에 몰두했는데, 이것은 그의 사고가 진척되면 될수록 '철학적 삶'이라는 이상에 대한 모순으로 여겨질 수밖에 없었다.

그는 오랫동안 당대의 다양한 정신적 조류들 사이에서 흔들렸다. 어려서 교리문답반에 들어갔으나 세례는 받지 않았던 그는 젊은 남자로서 우선 9년 동안 그노시스 운동의 한 분파인 마니교란 종파에 전념했다. 그 다음 밀라노 시기에 플로틴과 포르피리우스(**Porphyrius**)의 신플라톤주의가 그를 사유의 순수한 흔적으로 이끌었다. 그는 신플라톤주의를 한 아프리카 웅변가이자 후에 개종한 마리우스 빅토리누스(**Marius Victorinus**)의 라틴어 번역판에 주로 의존하여 받아들였다. 왜냐하면 후기 라틴인으로서 그는 그리스어를 단지 제한된 범위에서만 할 줄 알았기 때문이었다. 마니교의 그리고 신플라톤주의의 영향력 이외에 또한 그의 어머니에 의해서 심겨진, 어린 시절의 기독교 신앙도 역시 그 속에서 아주 꺼지지는 않았다. 아우구스티누스가 밀라노에서 주교 암브로시우스라는 영향력 있는 인물과 조우했을 때 신앙의 불꽃은 다시 타올랐다. 이것은 386년 8월에 밀라노의 정원에서 그 유명한 회심의 경험이 생긴 상황이다. 아우구스티누스가 진리에 도달하려고 이제까지 했던 노력들이 쓸모없다는 점을 쓰디 쓴 자기 성찰 속에서 어떻게 깨닫게 되었는지 『고백록』은 묘사하고 있다.

"그런데 나는 무화과 나무 아래에 꿇어 앉았다. … '그리고 당신, 오 주여, 얼마나 오래, 얼마나 오래, 주여, 격렬하게 화를 내시겠습니까? 우리의 옛 허물을 생각지 마시 옵소서.' 왜냐 하면 나는 허물이 나를 붙잡고 있는 것을 느꼈기 때문이다. 그리고 나는 큰 탄식으로 외쳤다: '얼마나 오래, 얼마나 오래, 내일, 항상 다시 내일이라고 할 것인가? 왜 지금은 아닌가, 왜 이 시간이 나의 치욕의 끝이 아닌가?' 나는 이렇게 말했고 그 때문에 내 심정의 쓰디 쓴 회오 속에서 울었다. 그 때 갑자기 나는 옆집에서 한 음성을 들었다. 사내애인지 아니면 여자애인지, 노래하는 듯한 톤으로 말하고 계속 반복하는 소리를 들었다. '들어라 그리고 읽어라, 들어라 그리고 읽어라 …' 나는 책을 들고 펼쳐서 소리내지 않고 내 눈에 처음으로 들어온 부분을 읽었다. '진수성찬과 술자리에 빠지지 말고 침실과 음탕에 빠지지 말고 불화와 질투에 빠지지 말라. 그 대신에 주 예수 그리스도를 추구하라' (로마서 13,13 이하). 나는 더 이상 읽지 않았고 그리고 그럴 필요도 또한 없었다. 왜냐 하면 내가 그 문장을 마친 즉시 내 심장은 마치 가장 밝은 확신의 빛에 의한 것처럼 빛에 비춰었다. 그리고 절망의 모든 어두움은 달아났다”(*Conf*. VII,12).

그때로부터 아우구스티누스는 인식의 불 속에서 변화된 사람이다. 그는 무한한 노력과 우회로 끝에 드디어 그가 찾았던 것을 발견했다. “우리 심정은 당신 안에서 쉬기까지는 쉴 수가 없습니다”(*Conf*. I,1). 그의 영혼은 고요하다. 그는 결단했다. 386/87년 겨울 아직 세례 받기 전에 카시아쿰의 고독 속에서 저술한『독백록』(스스로 하는 대화)은 회심의 내면적 드라마를 다음의 문장으로 요약한다. “하나님과 영혼을 나는 알기 원한다. 더 이상은 없는가? 그렇다, 더 이상은 없다”(*Sol*. I,2). 신과 피조물 사이의 내적인 관계 이외에 모든 다른 것은 —주변, 가족, 직업, 정치— 우선 중요하지 않고, 비본질적이다.

아우구스티누스가 교회에 들어가고 난 이후의 40년 이상 동안 그는 그 지적인 인식으로부터 사회적이고 도덕적이고 교회적이고 정치적인 결론들을 끌어냈다. —그가 그의 아들과 그의 친구와 함께 받은 세례로부터 시작해서 성직자가 되고 감독이 되기까지; 회심하고 나서 첫 해의 수도사로서의 삶으로부터 주교와 교의학자로서 공공의 영역에서, 아프리카에서의 교회의 내란에서 영혼을 돌보고 교회 정치적으로 활동하기까지. 첫 번째 저술들과 그 신플라톤주의적인 정신세계의 이론적이고 철학적인 테마 선택으로부터 신학적 교의의 대작들과 시대에 대한 입장 표명에 이르기까지. 이 입장 표명은 —『신국론』의 책들처럼(413–427)— 교회와 정치적 세계에 대한 새로운 견해를 정초했다.

II

아우구스티누스는 기독교 복음을 본질적으로는 신플라톤주의의 정신세계라는 형태로 받아들였다. 이것이 아우구스티누스가 기독교적 실존을 '철학적 삶'이라고 하는 관념으로 이해했을 때 구체적으로 드러난다. 그런데 이 관념은 고대의, 무엇보다도 플라톤의 사고 속에서 거처를 발견했다.

신에게 굴복하는 것이 모든 인식의 전제라면, 그래서 아우구스티누스의 조명론에 따라서 인간 정신은 단지 그가 신적인 빛에 비춰지는 한에 있어서만 볼 수 있다면, 이 "존재에 참여하는 인식"(J. Ritter)은 삶 속에서도 역시 그 흔적을 남김에 틀림없다. 이 흔적은 우선적으로 '활동적인 현존(das tätige Dasein)에 대해서 인식을 우위로 보는 것과 사회를 멀리 하는 것으로 되어 있는' 철학적인 삶 속에서 드러난다. 플라톤의 이론에 따르자면 인간은 우선 세계로부터 퇴각하는 가운데, 그리고 참다운 것, 불변의 것, 신적인 것으로 고양하는 가운데 완성된다. 이러한 노력의 표현이 이론적인 삶이다. 아우구스티누스의 기독교적인 사고에서 이러한 형태의 실존에는 그 세계 내적이고 개인주의적인 특성이 빠져 있다. 그렇지만 이 실존 형태는 저 세상에서 어떻게 살게 될지를 규정한다. 그리고 또한 그 삶의 모습이 이 세상에서의 삶의 영위 방식을 규정하기 때문에 '철학적인 삶'은 기독교적인 공동체 내에서도 역시 계속적으로 영향력을 발휘한다. 인식하면서 신에게로 올라가는 것은 당연히 더 이상 개별적인 현자들의 일이 아니다. 그것은 교회의 삶의 질서들 속에 묻혀 있다; 그런데 그것은 단지 간접적이고 다른 것을 통해서만 세계의 형성에 작용한다. 실천적인 삶으로부터, 인간의 세계 내적이고 경제적이고 정치적인 활동으로부터, 거리를 두는 것은 여전히 결정적이다. 여기서도 역시 "신과 영혼을 인식함"(***Deum et animam scire***)의 법칙은 타당하다: 플라톤적인 '존재 중심주의' (**Wilhelm Dilthey**)와 신과 나 사이의 종교적인 관계의 이중적인 쇄도 아래에서 실천의 다른 영역은 거의 무로 가라앉는다.

아우구스티누스는 '향유하는 사물'과 '사용해야만 하는 사물'로 개념적으로 구분함으로써 세상의 재화를 최고의 재화보다 아래에 둔다. 이것은 『기독교 교리론』(***De doctrina christiana***)(***Dchr***.)에서 가장 분명하게 말해졌다: "향유하게 되어 있는 사물들은 우리를 복되게 만든다; 사용하게 되어 있는 사물들은 우리가 행복을 추구하는 것을 장려하고 또한 동시에 우리를 복되게 만드는 것에 도달해서 그것에 붙어 있기 위한 손잡이를 제공한다. 그것들을 향유하고 사용하는 우리는 그 둘 사이에 놓여 있다. 우리가 사용하도록 되어 있는 사물들을 향유하기 원한다면 우리의 삶의 진행은 멈춰지고 때때로 다음과 같이 방향 전환된다, 즉 우리가 가치가 적은 것을 사랑해서 향유하게 되어 있는 사물들을 못 얻게 되거나 혹은 단지 주춤거리면서 그것들을 얻는 것도 불가능하게 된다"(***Dchr***. I,3). 향유함과 사용함, ***frui***와 ***uti***는 성경적 언어 사용을 모범으로 해서 이해되어야만 한다. 그것은 사랑의 형태들이다, 즉 신약성서적인 사랑의 계명이 사회와 문화의 영역에 적용된 표현들이다. 그것들은 방향과 영혼이 주변의 사물들을 사용하는 한도를 제공한다. 그래서 아우구스티누스는 말한다: "향유함은 어떤 것을 그 자체 때문에 사랑하면서 다가감을 의미한다. 그런데 사용함은 삶에 필수적인 사물들을 사람이 사랑하는 것에 —그것이 사랑할 만한 가치가 있는 한에서만— 연관시킴을 의미한다"(*Dcbr*. I,4).

그래서 세계 내적인 재화들의 자체 가치는 폐지된다. 아우구스티누스는 기독교적인 사고로 입문시키지 않은 것 그리고 특히 성경 연구에 이용할 수 없는 모든 것을 고대의 교육의 전체 목록으로부터 배제한다. 이교적 지식을 그것이 성경 해석에 사용되는 한에서 백과사전식으로 선택하자는 제안(*Dcbr*. II,29-41)은 세계의 재화를 최고의 재화에 과격하게 굴복시키는 것의 최종 귀결일 뿐이다. 그 속에는 아우구스티누스가 고대 철학과 학문을 자기 것으로 하는 과정에서 받아들임과 동시에 차단함이 무엇인지가 예를 들어서 반복되어 드러난다. 즉 "진리의 재화를, 올바르지 않은 소유자"(*Dcbr*. II,41,42)인, 이교도로부터 인수함이고 그것의 고유의 가치를 새로운 기독교적인, 즉 신학적으로 규정된 문화에 봉사하도록 상대화함이 그것이다.

아우구스티누스가 기독교로 개종한 것이 비록 그가 웅변술로부터 벗어나고 철학에 헌신하는 가운데 이미 사전 교육이 이루어졌던 것이지만, 그의 개종은 고대 문화의 범위를 벗어났다. 왜냐 하면 아우구스티누스는 철학이 세계로부터 도피하는 것을 기독교적으로 세계를 평가절하하는 데에까지 더욱 추진했기 때문이다. 그런데 바로 이 평가절하가 다시 고대의 재화들을 지식과 사고의 기독교적인 우주에 적응시키는 것을 가능하게 했다. 고대의 문화가 철학이 지속적으로 저항하는 소리를 듣지 않았기 때문에, 철학은 그 독단적인 힘이 깨지자마자 거의 변형을 겪지 않고 기독교적인 세계상과 기독교 교육이라는 새로운 영역에서 수용될 수 있었다. 마치 신플라톤주의 역시 아우구스티누스에게 기독교로 향하는 인도자였던 것처럼 철학은 이제 기독교의 전 단계로 보였다. 철학이 —이제는 결국 기독교적인 철학이 된— 모든 세상적인 지식을 굴복시키고 난 후에 고대 문화는 세상적인 재화로서 기독교인들이 사용하게 되었다.

이것은 웅변술에도 적용된다. 아우구스티누스가 쓰기를 "나는 단어들을 비난하지 않는다, 그것이 아니라 단어들에 (도)취한 교사들이 우리에게 선사한 오류의 포도주를 비난한다"(*Conf*. I,16). 이렇게 학문과 교육은 가치중립적인 재화들로 천명되어서 그 가치는 제대로 된 사용이 결정한다. 그것들이 한번 악마의 속임수로부터 정화되면 그것들은 언제라도 (복음) 선포에 사용될 수 있다. 학문과 문화는 더 이상 그 자체를 위해서 있는 것이 아니라면, 기독교의 영역 내에 학문이, 문화가 존재한다.

사람은 이것으로부터 왜 신학에 의해서 규정된 중세 교육이 고대 문화의 모든 유물들을 탐욕스럽게 계속 이어갔는지를 이해할 수 있다. 초기 중세의 수도원들은 고대문화의 증거들을 지켰고 사멸하지 않도록 보호했다; 수도원들은 이미 고대 후기에 '자유 7학과(*septem artes*)'라는 골격으로 축약된 교육전통을 이어나갔다. 그런데 기독교 수도자들이 이교적인 웅변가들을 대신했다면 이것은 아우구스티누스가 '성경도 언어의 예술품이라는' 사실과 '이 근거로부터 단지 지혜로울 뿐 아니라 또한 말도 잘하는 것이 기독교인에게 어울린다'(*Conf*. IV,6)고 하는 사실을 발견했기 때문에 가능했다.

Ⅲ

아우구스티누스는 고대로부터의 전승에 대해서 이중적인 태도를 취했다, 즉 한 편으로는 비판적으로 상대화시키고 다른 한 편 보존하는 태도는 또한 정치적인 작업 속에, 그의 국가신학, 사회신학 그리고 역사신학에서도 드러난다. 여기에 그의 위대한 작업, 『신국론』이 전면으로 떠오른다. 이 작품은 기독교인에게는 경고하고 있고 이교도들에 대항해서는 지키고 변명한다.

1. 그것은 현실적인 계기에서 생겨났다. **410**년에 서고트족의 왕 알라릭이 로마를 정복하고 약탈했다. 이교도들이 기독교가 로마의 몰락에 책임이 있다고 비난하는 것에 대항해서 아우구스티누스는 열정적으로 기독교를 옹호했다. 그러나 그는 초기 기독교 변호론자들에게 관례적인 논거, 즉 기독교 황제들 아래에서는 모든 것이 더 나았다 혹은 최소한 더 나쁘지는 않았다는 논거는 거의 사용하지 않았다. 그보다는 오히려 이교도적인· 역사관을 원리적으로 공격했다. 특히 신들에게 제사 지내는 것(***cultus deoroum***)과 이 땅에서의 복락(***res bumanae rosperari***)을 결합시키는 근본주장을(***DcD***.[32] **I–V**) 공격했다. 많은 신들을 숭배하는 것은 현재나 과거에도 불행과 재앙에 대항해서 마술적이고 제사적으로 안전을 보장하는 것이 결코 못 된다. 로마 역사가 그것을 증명한다. 로마의 역사가들은, 도덕적이고 정치적인 타락에 대한 준엄한 비판가들은 신들에 대한 제사가 로마의 몰락을 저지할 수 없다는 점을 충분히 밝히지 않았는가? 그러나 아우구스티누스는 이교도들 중에서 사후에도 계속

---

32) *DcD*.는 『신국론』의 약어이다.

살아남기 때문에 신들에 드리는 제사를 유익하다 여기는 사람들도 또한 공격한다(*DcD*. VI–X). 왜냐하면 그들도 불사에 대한 인간적이고 국가적인 희망(로마의 영원성!)을 개인적인 업적으로 착각한 제사의식과 뒤섞는다. 결국 여기서 종교적인 것은 항상 단지 정치적인 자아확인에만 기여한다. 종교적인 것은 정말 인간과 국가 공동체의 우상화에 이른다.

아우구스티누스에게는 종교와 정치가 더 이상 하나가 아니기 때문에, 그 둘 사이의 바른 관계에 대한 논쟁이 로마의 위대한 스승인 바로와 그의 신비적이고 물리적이고 정치적인 세 가지 신학과 논쟁하는 가운데서 모범적으로 끝이 난다(*DcD*. VI,2–9).

여기서 한 편으로는 변질되고 환상적인 이교적인 대중종교의 극복과 단지 국가와만 관련되어 있고 초월적인 진리에는 닻을 내리지 못한 종교적인 일반적 관습에 대한 비판이 문제되고 있으며, 그런데 다른 한 편에서는 철학자들의, 대중적 경건성과는 거리가 먼, 그 결과에 있어서는 '무신론적'인, 학문적이고 신학적인 사색을 '삶과 연관된 종교'의 사회적이고 전통적인 맥락 안으로 도입하는 것이 문제가 된다. 단지 기독교만이 철학자들의 순수한 신(神)개념을 실제적이고 실천된 종교와 결합시킬 수 있다. 이것이 바로 고대 종교철학이, 그리고 바로도 역시 실패한 과제이다. 왜냐하면 단지 기독교의 신만이 —이 신은 엄격한 초월성 속에서 인간의 관할을 벗어나 있다— 성육신 속에서 인간의 본성을 받아들이고 한 국가를 세웠다. 그러나 이 신은 종교와 국가의 고대적 내재성을 벗어나 있다. 그는 역사 내적으로 행운을 보증해 주는 자이거나 구원을 가져오는 자가 결코 아니다. 그렇다고 해서 그가 세계 심판으로 이해된 세계역사에서 묵시록적으로 드러나지는 않는다. 기독교인이 취할 태도에 관한 결론이 쉽게 떠오른다. 즉 지상의 나라들이 소멸한다면 기독교인은 그를 위해서 눈물을 흘릴 필요가 없다. 왜냐 하면 기독교인은 또 다른, 더 높은 하늘의 나라를 기대하기 때문이다. 이렇게 『신국론』은 초월적인 종교를 (세속화된) 세계 내 존재와 국가와 정치로부터 날카롭게 가른다.

아우구스티누스의 이 주장은 다음과 같은 기독교인 자신에게도 해당된다, 즉 잘못된 문화낙관론에 사로잡힌 채 알라릭이 로마제국(*civitas Romana*)에 들어온 이후 기독교적인 국가(*civitas Christiana*)도 사라지는 것으로 여기는 기독교인에게도 해당된다. 이교도적인 비난과 비교해 볼 때 여기에는 심지어 더 큰 위험이 도사리고 있다. 왜냐 하면 오랫동안 로마의 기독교인들은 그 다수가 진정한 예배는 정치적인 문제도 역시 풀어준다고 하는 사고에 익숙해 왔기 때문이다. 그리고 그들은 이 견해를, 로마 속에서 신의 구원 계획의 도구를 보았고 아우구스투스 황제의 평화(*Pax Augusta*) 속에서 때가 찼을 때 구세주가 오는 것에 대한 준비를 보았던, 정치적인 신학으로 강화시켜 놓았었다.

아우구스티누스의 대답은 기독교적 사고를 정치적인 로마와의 결합으로부터 떼어놓는 것과 그로 인해서 어떠한 종류의 정치적이거나 문화적인 신학으로부터도 그 토대를 빼앗는 것이다. 『신국론』의 두 번째 부분(*DcD*. XI-XXII)은 신에 의해 선택된 사람들의 공동체로서의 신의 나라가, 지상을 순례하는 동안에는, 비록 성도들의 사회적 삶을 통해서 세계의 나라와 결합되어 있기는 하지만, 신의 나라는 지상의 나라에 의존하지 않는다는 점을 보여주려고 한다. 두 나라를 혼합시키는 신학에 대해서 아우구스티누스가 행한 —역사적으로 많은 영향을 미친— 거부와 기독교의 종말론적인 메시지의 아주 엄격한 복구는 기독교인들이 로마제국에 대하는 태도에다 정치적 종교에 대한 비판을 적용시킨 것에 다름 아니다.

2. 아우구스티누스는 비판적으로 검토해서 거절해 버린 국가(*civitas*)와 제의와 정치의 일치라는 원리에 대항해서 무엇을 내세우는가? 그것은 국가에 관한 세속적인 전승들을 과감하게 뒤집음으로써 획득했으며 동시에 성경적 자산과 섞여진, 신의 나라라고 하는 사상이다. 즉 피안에 건설된, 신에 의해 선택된 자들의 공동체로서의 신의 나라(*civitas Dei*)라는 사상이다. 신국에 대조해서 이 땅의 나라(*civitas terrena*)가 이 세계에 의무를 지닌 사람들의 공동체로서 서 있으며 또한 동시에 이 나라에서 그리고 이 나라와 함께, 인간이 신의 나라에 관여된 것이 아니라 이 땅에 관여되어 있는 한, 인간이 지상에서 하는 정치적인 활동 전체가 서 있다.

두 공동체를 이렇게 대조시키는 것을 역사적 사건의 과정을 설명하기 위한, 보편 역사적인 범례로 생각해서는 안 된다. 또한 종교철학적인 이원론("세계 역사 안에서의 신앙과 불신앙")으로 생각해서도 안 된다. '두 나라가 아우구스티누스에게 지상의 역사의 영역을 넘어선다'고 하는 사정이 벌써 그렇게 이해하는 것을 막는다. 신의 나라(하늘의 나라*coelestis*)와 이 땅의 나라(*Diaboli*)는 천사들과 악마들을 우주적으로 갈라놓는 것에 그 기원을 둔다. 두 천사의 나라들은 [신의 나라와 지상의 나라라는] 두 공동체가 이 땅에서 연출하는 드라마의 출발점이고 목표점이다. 지상의 나라가 최후 심판의 날에 신의 재판에서 궁극적으로 악마들의 사회로 추방되기까지는 이 나라가 지상으로 끌어내리는 힘 전체에 사로잡혀 있는 데 반해서, 신의 나라는 그 진정한 장소를 하늘에 가지기 때문에 조속히 고향으로 돌아가기를 희망하는 가운데 이 땅에서는 단지 나그네와 순례자로서 살아간다.

확실히 아우구스티누스가 두 시민권이 지상에서 활동하는 과정을 제시하면서 세계사와 거룩한 역사를 개별적 시대로 설명하기 때문에, '여기서 근본 공동체에 대한 종말론적인 궁극적 기대가 교회사의 시기라는 구조로 옮겨가고 있으며 그렇게 해서 세속화되고 있다고 하는' 의견이 생겨날 수 있다. 그러나 토마스 아퀴나스도 받아들인, 여섯 시대로의 구분과, 시작(*exortus*)과 진전(*procursus*, *excursus*)과 설정된 목표(*debiti fines*)에 대해서 논하는, 역사에 대한 통찰은 역사적 해석이라는 의미를 지닌 것이 아니라, 종교 교육적이고 종교적인 의미를 지닌다. 한때는 이 통찰이 고대의 지배적인 순환론에 대항해서 역사의 직선적 성격과 그로 인한 역사적 사건의 개방성과 인간의 책임성을 힘차게 주장했었다. 또 다른 경우에는 이 통찰이 세속적 사건들의 거룩한 역사적인 의미에 관해서 그리고 역사의 구체적 종말에 대한 모든 사변을 억제했었다. 최종적인 기독교적 시대의 길이가, 오래 된 기독교 저술가들과는 달리 아우구스티누스에게서는, 규정되지 않고 있다고 하는 사실은 특이하다. 이것은 아우구스티누스의 신학적인 역사 통찰에서 그 근거를 갖는다. 근본적으로 모든 역사는 그리스도가 인간이 되고 죽었다 살아남과 함께 종말을 고한다.

3. 락탄츠(Lactanz)나 유세비우스(Euseb)와 같은 오래 된 기독교 저술가들이 로마와 제국에 대해서 열광한 것과는 달리 아우구스티

누스는 국가를 비판적으로, 때때로 판사적인 준엄함으로 바라보았다. 국가는 결코 종교적 숭배를 요구할 수 없다. 국가는 애국심을 먼저 요구할 수 없다. 오히려 국가는 그의 봉사하고 돕는 기능을 가지고 자신을 인간에게 정당화하고 입증해야만 한다. 여기에 고대의 세계주의적인, 기독교로 전이된, 느낌이 들어 있다. "단지 권력자가 인간을 신성모독과 불의로 강요하지 않아도 인간은 죽게 마련인데 그가 어느 지배하에 살고 있는가 하는 점이 무슨 도움이 되는가"(***DcD***. **V, 17**)? 아우구스티누스가 비록 군복무는 거절하지 않지만 전쟁이 범죄자들에 대항해서 법을 수호하기 위해 치러지지 않는 한, 전쟁과 전쟁의 명성을 거절하며 또한 세계제국을 인간존재 질서의 최고 형태로 보지 않고, 영원한 종류의 나라의 하위로 상대화시킨 것은 놀라운 일이 아니다. "우선적인 것은 네게 아버지와 어머니이다; 부모 자신보다 더 높은 위치에 조국이 서야만 한다; 부모가 조국에 반대해서 명하는 것을 들어서는 안 된다. 혹은 조국이 신에 반대해서 명하는 것도 역시 들어서는 안 된다"(***Sermo*** **62**). 국가는 과격한 방식으로 법질서라는 목적으로부터 정당화되고 동시에 이 목적에 제한된다.

"정의가 없는 제국은 거대한 강도들의 집단과 무엇이 다른가? 강도들의 집단이 작은 제국과 다른 것이 아니라면! 왜냐 하면 그것들은 통치자의 의지에 따라서 인도되는 인간 집단이기 때문이다. 이 집단은 사회계약을 통해서 함께 묶여 있으며 미리 정한 법에 따라 전리품을 나눈다. 질 나쁜 인간이 등장함으로써 불량한 집단이 자라나서 영토를 소유하고 지점을 건설하고 국가들을 정복한다면 이 집단은 아주 공개적으로 제국이라는 이름을 가진다. … 그 때문에 알렉산더 대왕이 '어떻게 바다를 혼란스럽게 할 수 있느냐'고 물었을 때 해적이 그에게 한 대답은 예리하고 진실되다. 그 때에 해적은 솔직한 자부심에서 말했다: '그런데 당신은 어떻게 지구 전체를 혼란스럽게 할 수 있는가? 조그마한 배를 가지고 있는 나는 당연히 해적이라 불린다. 그런데 사람들은 거대한 함대를 거느린 당신을 승리의 총사령관이라고 부른다.'"(*DcD*. IV,4).

아우구스티누스는 자기 사랑이 국가의 기초이고 지상의 나라에서의 평화는 강한 집단의 평화라고 하는 사실에 대해서 결코 착각하지 않았다. 원죄를 지은 인간이라는 그의 인간학은 그에게 인간의 역사와 정치를 사실적 감각으로 보게 해준다. 그리고 이 사실적 감각은 그의 기독교적 적수인 펠라기우스의 자연에 대한 신뢰로부터 멀리 떨어진 것과 마찬가지로 키케로 같은 합리주의적인 낙관주의로부터도 또한 멀리 떨어져 있다. 아우구스티누스가 『신국론』에서 인간의 본성으로 서술한 것은 형이상학적으로 허물어질 수 없는 본성이 아니라 타락한 이후에 인간의 구체적인 상태이다. 원죄의 첫 숙명적인 결과인 형제 살해가 지상의 지배권의 시초와 결부되었다면, 그것은 모든 역사의 죄성의 근거에 대한 깊은 통찰력을 보여준다. 카인은 세계국가의 건설자이다 (*DcD*. XV,5)! 인간 역사의 시작에 대단한 도착(倒錯)(*perversio*), 즉 제물에 대한 전도(顚倒)가 서 있다. 왜냐 하면 "카인은 신에게 단지 자신의 것만을 드렸다, 그런데 자기 자신에게 그는 자신을 준 것이기 때문이다".

"그래서 신의 의지가 아니라 자신의 의지를 따르는, 바른 심정이 아니라 비뚤어진 심정을 따라 사는, 모든 사람은 그것을 한다. 그들은 그들이 더 나아지는 것이 아니라 그들의 타락된 소원을 채우기 위해서 신이 그들을 돕게 하도록 신에게 드리는 제물로 신을 살 수 있다고 믿는다. 이것이 세계 국가의 고유성이다, 즉 그 국가는 사랑하는 배려 때문이 아니라 지배욕에서 신이나 신들의 도움으로 승리하고 지상의 평화 속에서 지배하기 위해서 신들을 경배한다"(*DcD*. XV,7). 이와 함께 아우구스티누스는 그의 신학적 사고의 친숙한 길로 다시 되돌아 간다. "선한 사람은 신을 향유하기 위해서 세상을 사용한다. 그러나 악한 사람은 역으로 세상을 즐기기 위해서 신을 사용한다"(*DcD*. XV,7; Dchr. I). 지상의 나라와 신의 나라는 두 종류의 서로 반대되는 삶의 방식의 분열된 틈을 통해서 서로 갈라진다.

아우구스티누스의 정치적 현실주의는 냉소적으로 느껴질 수도 있다. 그럼에도 불구하고 아우구스티누스는 사랑을 공동체의 법률로서 유지하지 않았다. 이러한 의미에서, 지상의 나라도 역시 '일정 정도의 평화'를 소유할 수 있다(*DcD*. XIX,13,17)는 그의 말은 이해되어야만 한다. 당연히 이것은 타락이라는 조건 하에서의 평화이다. 사랑은, 제대로 된 사랑으로부터 퇴각하는 것을 통해서 실현된, 세계국가를 다스릴 수 없다. 그러나 순례자의 길을 가는 신의 시민이 세계국가와 결부되어 있는 것과 마찬가지로 사랑도 역시 효모 속에 있는 겨자씨의 방식에 따라서 세계국가 속에서 작용한다. 그리고 최소한 한 순간에는 신의 시민에 관한 책들 마지막에, 하나의 국가가 마치 교량을 통한 것처럼 평화를 통해서 다른 국가와 결합할 수 있는, 가능성이 떠오른다.

"믿음으로 살지 않는 사람들로 채워진 집은 이 시간적인 삶의 사물들과 유익들로 이루어진 지상의 평화를 얻기 위해서 노력한다.

그와는 반대로 믿음으로 살고 있는 사람들의 집은 미래에 영원한 것으로 축복될 재화들을 기대하며 마치 지나가는 나그네처럼 지상적이고 시간적인 사물들을 사용한다. … 그래서 이 사멸할 인생에 필수적인 사물들을 사용하는 것은 두 종류의 인간들이나 집들이나 가정들 모두에게 공통적이다. 그러나 사용의 목적은 이 둘에 있어서 특유하고 서로 다르다. 믿음으로 살지 않는 지상의 국가는 지상의 평화를 추구한다. 그리고 국민들 사이에서, 사멸할 인생에 속하는 사물들에 대한, 의지가 일치하기 위해서 명령하고 또한 그에 순종하는 데에 있어서 시민들의 일치를 그 평화 속에서 확보한다. 그런데 하늘의 나라도, 혹은 좀 더 정확하게는, 그 중에서 사멸할 세계 안에서 순례자로 거주하면서 믿음으로 사는 부분도 또한 —이런 방식의 평화를 필요로 하는 사멸성(死滅性)으로부터 벗어나지 않는 한— 이 평화를 사용한다. 신의 국가가 지상의 나라 곁에서 그의 순례자의 운명의, 즉 소위 사로잡힌, 삶을 영위하고 구원의 약속과 성령의 선물을 증거로서 받았지만 신의 국가는 세계 국가의 법—이 법을 이용하여 사멸할 인생을 유지하고 또한 유익한 모든 것들을 정리한다—에 순종하기를 주저하지 않는다. 사멸성 자체는 두 국가에 공통적이기 때문에 사멸성에 속하는 사물들에 관하여 동일한 방식으로 그 둘은 일치를 본다"(*DcD*. XIV,17,26)

아우구스티누스는 더 이상 진전하지는 않는다. 왜냐 하면 더 이상 진전했더라면 그의 책의 기본적인 구상, 즉 두 시민권이라는 이원론을 폐지시켰을 것이기 때문이다. 그의 입장 대신에, 그 안에서 지상의 선(***bonum terrenum***)으로서 세계국가도 역시 자연적 질서(***ordo naturalis***) 속에서 그 위치를 발견했을, 그러한 연속적 단계가 차지했을 수도 있었다. 그러나 이러한 해법은 기독교적인 플라톤주의자인 아우구스티누스에게는 멀다. 토마스가 비로소 두 나라라고 하는 정치적 이원론을 하나의 단계적인 질서로 바꾸었다.

아우구스티누스가 당대의 정치적 형태들의 기독교적 학습에 대해서 불신의 태도를 취한 것은 단지 사용함과 향유함이라는 신플라톤주의적 사상 때문만은 아니다. 왜냐 하면 이 사상은 신약성서의 사랑의 계명을 너무 좁은 속박 속으로 밀어 넣었기 때문이다. 더 깊은 근거는 확실히 그가 기독교의 정치적 지배를 믿지 않았다, 즉 그가 비록 기독교적인 황제는 가능하다고 생각했으나 기독교적인 국가는 가능하다고 생각하지 않았다는 점이다(*DcD*. V,21). “모든 기독교도들은 고통을 당한다 …. 인간이 분노하지 않는다면 악마가 분노한다. 그리고 황제가 기독교도가 되었다면 악마가 기독교도가 되었는가?”(*En Ps*.93)

4. 그래서 아우구스티누스에게서 기독교는, 콘스탄티누스 대제의 전환을 무시하고서, ‘이 시대의 고통’이라고 하는 그의 근본 사상으로 되돌아갔다. 그렇지만 위대한 교회의 스승의 영향력은 지배적인 교회의 시대에 감소하기보다는 오히려 늘어났다. 이 세상의 권력을 형이상학적으로 박탈하는 것은 —이것은 그의 작품 속에서 완성되었다— 정치적이고 종교적인 지배를 하나의 신정(神政)정치로 함께 모으려는 노력을 곧바로 촉발시킬 수밖에 없었다. 그러므로 중세에서 아우구스티누스를 계층적이고 정치적으로 오해하는 것은 깊은 근거를 지녔다. 만약에 현대 신학과 철학이 원래적인 아우구스티누스를 다시 발견했다면, 그리고 이것들이 그의 속에서 —부분적으로 16세기나 얀센주의 운동의 근대적인 아우구스티누스 수

용에 놀라울 정도로 근접해서— 고대 교회적인 종말론의 선포자, 고대의 '문명신학'의 극복자, 세상과 정치적인 것을 기독교적으로 상대화시키는 사상가를 발견한다면, 이것들은 중세의 아우구스티누스를 단순히 무시할 수는 없다. 왜냐 하면 바로 중세의 아우구스티누스 속에 『신국론』의 관심을 끄는 사상들의 많은 것들이 영향력 있게 작용하고 있었기 때문이다. 그런데 그가 심장을 움직이고 영들을 분별해내기를 한 번도 멈추지 않은 채 각각의 시대에 그의 본질 중에서 새로운 측면을 보여준다는 사실은 그의 위대성이다. 그리고 이것은 그가 세상에 선포했던 믿음의 메시지에 다름 아니다.

–한스 마이어 **Hans Maier**

토마스 아퀴나스
Thomas von Aquin(1224/25~1274)

– 연대표 –

1224/25년　나폴리 근처 로카세카(Roccasecca)에서 출생.

1230~1239년　몬테 카시노(Monte Cassino) 수도원에서 교육.

1239~1244년　나폴리에 있는 대학에서 수학.

1244년　가족의 뜻과는 반대로 도미니크 종단에 입회.

1244~1245년　가족에 의해서 로카세카에 감금됨.

1245~1248년　파리에 첫 번째 체류, 알베르투스 마그누스(Albertus Magnus)를 사사함.

1248~1252년　쾰른(Köln) 종단의 대학에서 알베르투스 마그누스에게 배우다.

1252~1259년　파리에서 신학의 *Magister actu regens*[33]; 명제집 강의(1252~56년), 『자유토론집』*Quodlibets* VII–XI, 『전례와 수도회를 업신여기는 자들을 반박하여』*Contra impugnantes*

1259년　발렌치아에서 도미니크 종단의 총회에 참석.

1259~1261년　나폴리의 종단 대학에; 『대이교도 대전』*Summa contra Gentiles*

1261~1265년　오르비에토(Orvieto)의 종단회의에 그리고 비테르보(Viterbo)의 교황청에.

1265~1268년　로마의 종단 대학에; 『신학대전』*Summa theologiae*의 제1부

1268~1272년　세 번째 파리 체류와 두 번째 *Magister actu*

---

33) 일종의 교수 직위

	regens; 『신학대전』의 제1부의 제2장; 『니코마코스 윤리학 주석』*Sententia libri Ethicorum*; 『정치학 주석』*Sententia libri Politicorum*
1272~1273년	나폴리 종단 대학의 교사; 『신학대전』의 제2부의 제2장과 제3부 질문 1-90; 1271~1273년에 또한 『왕국론 - 사이프러스의 왕과 관련하여』*De regno*
1273. 12. 6.	중대한 위기; 토마스는 모든 저술들을 중단한다.
1274. 3. 7.	토마스는 리옹의 공의회로 여행하는 도중에 포사노바(Fossanova)의 (라티움 남부) 시토 수도원에서 사망한다.

I

토마스 아퀴나스(Thomas von Aquin)는 시칠리아 왕국의 남작이라는 고위 귀족 가문에서 태어났다. 1225년에 태어나서 1274년에 죽은 그는 슈타우퍼황제(Stauferkaiser)[34]인 프리드리히 2세(Friedrich II.)(1250년 사망)와 교황 간의 격심한 투쟁을 그의 가까운 가족 내에서 쓰라리게 겪었다. 즉 프리드리히가 1247년에 파벌을 바꾸었다고 해서 그의 형제들 중의 하나를 처형했다. 토마스는 일찍부터(1244), 1224년에 비로소 세워진 나폴리 대학에서 공부하는 동안에 벌써, 그의 가족이 그에게 오래되고 명예로운 베네딕트 수도원 몬테 카시노에서 교회의 영예를 얻는 길을 가라고 정해 준 것을 따르지 않기로 결심했다. 그는 당시에 아직 역사가 짧은 도미니크 탁발종단에 입회했다. 그 이후로 그는 일생동안 도미니크 수도회원이었으며 파리, 쾰른, 오르비에토, 로마, 나폴리의 대학과 종단 대학에서 학생과 교수로서의 삶을 보냈다. 그는, 교황이 그에게 수여한, 나폴리의 대주교 자리를 거절했으며 더 이상 추기경으로 임명되지는 않았다. 그는 교황 그리고르 10세(Gregor X.)가 1274년에 리옹에서 소집한 공의회로 가는 길에 죽었다. 그가 비록 상당한 기간을 교황청에서 보내기는 했지만 그의 인생 여정은 학자의 것이었지, 관리나 정치가나 궁정인의 것은 아니었다. 탁발 수도자가 비록 신학을 자신의 모든 노력의 중심으로 생각하기는 했지만, 단순히 양만 보더라도 놀라울 정도로 많은 그의 저작들은 당시 학문의 거의 모든 분야를 포괄하고 있다. 그의 관심의 폭과 논거의

34) Staufer는 원래 슈타우퍼 성으로부터 유래해서 귀족에게 붙이다가 왕에게도 붙였다.

명석성과 조직적인 연관성에 대한 구조상의 상상력이 이미 당대인에게 인상적이었다. 사후에 그의 종단은 그의 저작들이 도미니크 수도자들에 대해서 권위를 지님을 인정했다. 교황 요한 22세(Johannes XXII.)는, 동시에 도미니크 종단과 경쟁하던 프란시스 종단을 겨냥해서 자극하려는 의도가 없었던 것은 아니지만, 1323년에 그를 성인으로 시성했다.

Ⅱ

토마스는 처음에는 정치적인 질문들을 따로 떼어서 종합적 연관 속에서 다루지는 않았다. 종단의 형제인 뭬어베케의 빌헬름(Wilhelm von Moerbeke)이 1265년경에, 그 때까지 서유럽에는 알려지지 않았던, 아리스토텔레스의 『정치학』을 그리스어로부터 라틴어로 번역했을 때 비로소 토마스는 바로 그 새로운 텍스트를 탐구했다. 그는 쾰른의 종단 대학에서 알베르투스 마그누스의 동료이자 제자로서 스승이 아리스토텔레스를 받아들이고 주석한 것을 아주 가까이서 따라갈 수 있었다. 아리스토텔레스의 저작에 대한 독자적인 주석은 그가 파리 대학에서 두 번째로 체류할 때 —그의 종단은 그를 격렬한 탁발종단의 다툼에서 종단의 이해관계를 옹호하도록 시키기 위해서 파리로 불렀다— 비로소 시작했다. 자연철학과 형이상학에 대한 주석(1268/9년) 이후에 1271년부터 1273년까지 『니코마코스 윤리학 주석』(*Sententia libri Ethicorum*)도 역시 나왔다. 그는 『정치학 주석』(*Sententia libri Politicorum*)을 —자연철학적 저작들, 『하늘과 땅에 대하여』, 『생성과 소멸에 관하여』, 『기상학』

에 대한 주석과 마찬가지로— 끝마칠 수 없었다. 『정치학』에 대한 토마스의 상세한 텍스트 해명은 제3권 6장에서 갑작스레 중단된다(15세기 말 이래로 인쇄물로 퍼진 주석은 토마스의 것이 아니라 자유 7학과의 교수 페트루스 데 알베르니아(Petrus de Alvernia)의 것이다). 여기서는 우선 아리스토텔레스를 해석하는 것이 문제가 된다면 토마스의 정치 이론은 오히려, 단편적으로 남아 있는, 『왕국론 – 사이프러스의 왕과 관련하여』(*De regno ad regem Cypri*)에서 찾아 볼 수 있다. 이 작품은 후에, 대략 1303년에 고해신부이고 제자인 루카의 톨로메오(Tolomeo von Lucca)에 의해서 계속되었다. 휘아킨테 도다이네(Hyacinthe Dondaine)에 의한 비판적 판본이 '단편적으로 남아 있는 텍스트에서 중요한 것은 대규모로 기획된 토마스 고유의 저작이 시작되었다는 점이라'는 견해를 공고히 했다. 우리가 저작 시기를 늦춰 잡는 크리스토프 플뤼엘러(Christoph Flüeler)를 따른다면 중단의 원인은 그의 생애 마지막 몇 달 간의 투병과 생의 위기일 것이다.

빌헬름 베르게스(Wilhelm Berges)가 1938년에 재구성한, 전체 기획의 의도를 토마스 자신이 2권 4장(이전에 일반적인 구분에 따르자면 1권 15장)에서 약술했다. 그런데 왕국의 "제도(*institutio*)"에 관한 첫 번째 부분에서 텍스트는, 헌법이론과 공직의 "제도"에 관한 언급들이 나오기도 전에, 즉 정주지(*civitas*)를 건설하는 것에 대해서 논하는 중에 벌써 중단된다. 두 번째 부분, 즉 통치이론(*gubernatio regni*)에서 제국의 통일성에 대한 배려, 국민의 윤리적 교육에 대한 배려, 광의의 의미에서의 생활수단에 대한 배려, 다시 말해서 신민들의 좋은 삶을 위한 조처들이 따라 나왔어야 했다. 또한 공동체를 유지하는 데에 필요한, 세 단계로 된 과제들: 국가의 연속성을 위해서 관직의 계승을 위한 안전 대책, 내부에서 정의(*iustitia*)를 위태롭게 하는 것에 대항해서 재판과 법 제정을 좋은 상태로 유지하기, 외부적인 적에 대항해서 나라의 안전과 방어. 그런 다음에는 결국, 더 나아지고(*promocio*) 진보하도록 국민을 후원하는, 정부의 배려에 대해서 이야기 해야만 했다. 왕은 "법률과 명령, 벌과 가르침을 통해서 그 신하들을 불의(*iniquitas*)로부터 지켜내고 윤리적으로 살도록 가르쳐야만 한다". 제대로 된 재판권(*iurisdictio*)이 문제인 것은 명백하다. 다시 말해서 —중세적 언어 사용에 맞춰서— 지배력의 행사의 바른 상태가 문제이다. 토마스는 당연히, 13세기에는 상대적으로 얼마 안 된, 법제정의 기능을 통해서 영주의 이런 전통적인 과제를 제도적으로 즉시 확대했다.

토마스는 이 모든 것을 실행하지 않고 내버려 두었으며 또한 그의 "계승자" 루카의 톨로메오는 고유의 순서를 따랐다. 그렇지만 이미 저술된 부분만으로도 그의 정치적 견해를 재구성하는 것이 가능하다. 그는 처음으로 여기 13세기에 아리스토텔레스의 『정치학』을 곧장 당대의 중세 세계에 체계적으로 적용한다.

Ⅲ

토마스는 그가 이례적인 것을 용감하게 착수한다는 사실을 알고 있었음이 명백하다. 사이프러스 왕에게 헌정하는 글에서 이미 그는 '자신의 저작으로 두 개의 까다로운 조건들을 충족시키기를 원한다' 고 말한다. 그 소책자는 "왕의 품위에 걸맞으면서 동시에 자신의 직업과 직책에 걸맞"아야만 한다, 그러므로 책의 수신자와 책의 저자 모두를 명예롭게 해야만 한다. 토마스는 이 계획을 가지고, 일견 전통으로부터 단절되지 않으면서, 군주의 귀감서라고 하는 전통적인 텍스트장르를 선택한다. 그러나 실제로 토마스는 어떤 새로운 것을 성취한다. 그는 자신의 설명을 ―영국 사람인 솔즈베리의 존(Johannes von Salisury)이 12세기에 그의 책 『정치론(*Policraticus*)』[35]에서 그리고 토마스가 파리에서 저작을 집필하기 직전에 도미니크 수도사 보베의 빈센트(Vinzenz von Beauvais)가 프랑스 왕 루이 9세를 위해서 군주의 귀감서를 집필했듯이― 군주의 윤리나 계층이론에 한정시키지 않는다. 비록 토마스 아퀴나스 자신이 집단 연구에 참여하지는 않았을지라도 분명 그는 그의 종단 형제들이 이 작업을 준비하는 것을 파리에서 보았었을 것이다. 그의 의도는 다르다: 그의 귀감서가 아직 영주나, 정치에서 활약하는, 그의 고문들이나 신하들의 취향에 맞게 저작되었을지라도, 그는 처신의 규칙들의 목록을 제공하려고 하지는 않는다. 그보다는 오히려 인간 사회의 정치적 상태를 체계적으로 포착해서, 왕으로서의 직무상의 의무를 단지 윤리적 명령으로서만이 아니라, 정치적 통치 체제의 구성으로부터 이끌어낸 결론으로서 이해하고 싶어 한다.

그를 위해서 아리스토텔레스의 『정치학』은 필수 불가결하다. 바로 당시에 서구에 처음으로 알려지고 있는 이 책을 모범으로 삼아

---

35) 이 책은 영어로 흔히 'the Statesman's Book(정치가의 書)' 로 번역된다. 이는 '국가' 와 '통치' 라는 두 그리스어 단어를 합쳐서 라틴어식으로 만든 것이다.

서 토마스는, 주석하는 해설의 형태가 아니라 자유로운 수용과 독자적인 구성으로, 자신의 논제들을 발전시켰다. 당연히 그도 역시 아리스토텔레스 전집의 다른 책들을 원용했는데, 이 책들은 당시 유럽의 대학들에서 집중적으로 읽혀지고 이용되고 주석되고 있었다. 인간의 태도는 의무의 목록으로부터 추론될 것이 아니라 —아리스토텔레스의 학문 방법으로— 학문적으로 파악된 정치의 토대에 대한 통찰력으로부터 추론되어야만 한다. 머리말에서 벌써 아퀴나스는 독자에게 '자신은 성경과 철학자들의 학문적 견해에 따라서 그리고 명망 있는 통치자의 모범에 맞추어 왕이라는 지위의 근본적 의미(***regni originem***) 그리고 왕의 직책에 귀속되는 모든 것을 조심스럽게 기록하려고 한다'고 약속한다. 그러나 그는 인용문 모음을 내놓지는 않는다. 토마스의 군주의 귀감서는, 빈센트와 그의 동료들이 인용문을 모았던 것처럼, 인용문으로부터 뽑아 낸 하찮은 것이 아니다. 토마스는 다른 종류의 저작을 집필한다. 그가 단편적으로 남겨 놓은 텍스트는 장래에 아무나 마음대로 퍼내가도록 개방된 채석장처럼 작용하게 되는 것이 아니라, 정치의 이론적 기초를 지시하는 표지판으로서 작용하게 된다.

전통적으로 하던 것과는 달리 그는 자신의 논증의 출발점으로 "왕"이라는 단어의 어원을 밝히지는 않는다. 왕정의 기원이 세빌랴의 이시도르(Isidor von Sevilla)와 함께 —***rex a regendo***(다스림으로부터 왕)— 통치자의 지위로부터 도출되지 않는다. 토마스는 그보다는 오히려 아리스토텔레스의 모범에 따라서 사회적 존재로서의 인간이라는 인간학적인 견해로부터 출발해서 '이 전제로부터 어떻게 통치기능이 인간 사회에서 설명되고, 그렇지만 한계지어지고 또한 구체화되는지'를 검토한다. 이미 개별적 인간이, 자연스럽지만 서로들 간에는 모순되게 추구하는 것들의 다양성에 의해서 이리 저리로 조각났기 때문에, 통치가 필요한데, 이 통치는, 본성상 각자에게 내재화되어 있는, 이성이 그 개별적 인간에게 보장한 것이다. 사람들이 사회에서 살지 않고 고독하고 자족적으로 산다면 이성의 이 통치기능은 그들이 삶을 영위하기에 충분했을 것이었다. 각 개인은 "최고의 왕이신 신 아래에" 자신을 위해서 스스로 왕일 수 있을 것이었다.

이성을 통해서 '아리스토텔레스가 인간을 사회적이고 정치적인 유기체라고 규정한 것이 옳다고 하는 사실'이 드러날 수 있다. 토마스는 사회적이고 정치적인 생물[36](*animal scocile et piliticum*)을 말함으로써 (뫼어베케의 빌헬름의 정식에 반대해서) 한 부분으로 되어 있는 아리스토텔레스의 정의, 즉 "정치적 생물" (*zoon politikon = animal politicum*)을 확장한다. 부족한 존재로서 인간은 종(種)이 같은 존재들과 교환을 필요로 한다. 토마스는 이 점을 인간의 이성적인 의사소통으로부터, 인간의 언어능력으로부터, 추론한다. 인간이 단지 '개가 짖음으로써 그의 분노를 표출할 수 있다'는 의미에서만 의사소통적인 것은 아니다. 인간은 이성적으로 분절해서 의사를 분명히 표현함으로써 소통할 수 있으며, 종이 같은 존재에게 자신의 인식을 폭넓고 세부적으로 전달할 수 있다. 이것이, 이성 속에서라도 단지 개별적 사물들 자체를 올바로 인식하기 위해서 필요한 일반적인 원리만을 사용할 수 있는, 인간에게 —

36) 여기서 *animal*을 흔히 하듯이 동물이 아니라, 생물로 번역한 것은 아리스토텔레스 때문이다. 각주 18)에서 말했다시피 그에게 *zoon*은 동물이 아니라, 생물로 번역하는 것이 더 낫다.

동물들이 본능에 따라 취하는— 태도의 확실성을 대신한다. 동물이 추구의 목표를 순간적으로 파악하고 실현하는 반면에 인간은 먼저 목표를 인식하고, 그 다음에 목표를 달성할 수단을 배정함으로써 의욕하고 노력한다. 그런데 인간은 다른 사람이 올바로 파악하도록 도울 수 있으며 한 사람이 이런 인식의 과제를 지각한다면 다른 사람은 다른 인식의 과제를 지각한다. 이렇게 서로서로 교환하는 가운데 모든 사람이 더 안전한 삶을 영위하게 된다.

많은 사람이 대립되고 서로 다른 방향으로 흩어지지 않기 위해서, 인간 사회에서의 의사소통은 당연히 질서와 이성적 지시를 필요로 한다. 각자는 우선 자신에게 필요한 것만을 염려하기 때문에, 전체 인간들의 복지를 염려할 누군가가 있어야만 한다. 의지가 대립적으로 추구하는 것을 통치하는 이런 기능은 개인에게는 이성 안에 있다. 이에 유비해서 토마스는 다수의 인간들을 이성적으로 다스리는 기능도 또한 설정한다. 논의의 기초에서 이미 토마스는 무게를 결정적으로 공동의 번영과 개인의 번영의 차이에 둔다. 이 두 번영은 서로 상응하는 것이 아니라, 오히려 특정한 방식으로 대립되게 된다. 각자의 번영을 따르면 다수의 사람들은 흩어진다. 그런데 그들이 공동의 복지에 따른다면 일치되고 하나가 된다. 그 때문에 각자 자신의 번영에 대한 추구 이외에도 그들의 공동의 선을 향해서 대중을 "움직이는 어떤 것"이 있어야만 한다.

Ⅳ

토마스의 이론적 성찰의 전제는 인간 행동에 대한 목적 지향적

이해이다, 즉 아리스토텔레스가 미리 제시했던 목적론이다. 목적론적인 것은 단지, 토마스가 인간의 사회적 성격을 위해서 발견했던, 논증만이 아니다. 또한 인간이 사회적으로 함께하는 삶 자체도 역시 목적론적이다. 많은 사람이 하나가 될 수 있기 위해서는 다스리며 질서를 제공하는 기관이 필요하다. 이를 위한 명백한 예는 우선, 그 안에서 개별적인 능력들이 서로 분열되지 않도록 "지배적 능력"(*vis regitiva*)이 배려하는 그러한, 유기체이다. 같은 방식으로 신은 세계 전체의 질서를 규정한다. 그리고 인간 속에서는 영혼이 육체를 지배하며, 이성은 영혼의 정서적인 능력을 통치하고, 또한 모든 것을 움직이는 '지도적인 기관(*membrum pincipale*)' 이 있는데, 여기서 이미 로마 제국의 정치와 언어가 감지된다. 토마스에게서 이 지도적인 기관이 머리인지 아니면 심장인지는 미결인 채로 남아 있다. 전통 속에서 두 메타포 모두는 왕의 직책을 위한 것이다. "통치기능"을 사회 전체의 필수적인 부분으로 목적론적으로 제시하는 것이 그에게는 더 중요하다. 단지 통치의 결과를 통해서만 다수로부터 전체가 이루어지며 잡다함으로부터 통일성이 이루어진다. 인간 사회에서는 바르고 적절한 목표(*finis conveniens*)로 이끄는 통치를 통해서 이것이 달성된다. 사회에 이 과제가 결여된다면, 사회는 그 의미를 충족시킬 수 없으며 그렇다면 사회는 자체로 극도로 불완전하다. 인간 사회는 목적 지향적인 통일체이다. 사회는 먼저 존립해야만 한다는 과제를 가진다. 사회는 자신 속에 간직한 가능성들을 활동과 실천을 통해서 실현해야만 한다. 사회는, 아리스토텔레스적으로 말해서, 하나의 "현실태"이다. 사회에 주어진 목적을 사건의 경과 속에서 그리고 목표 지향적으로 실현시키는 것이 특징적이다. 그런데 사회는 지배와 복종이라고 하는 이미 원래부터 주어진 질서를 필요로 한다. 무엇이 이 계층관계의 근거를 제시하는가 하는 것은 명백하게 설명되지 않는다. 아리스토텔레스와 함께 토마스도 한 편으로는 '통치자의 우월성이 그의 "덕"에 기초해 있다'고 하는 이상적이고 실체적인 설명과, 다른 한 편으로는 '사회는 단지 통치기능이 있을 경우에만 그 목적을 달성할 수 있다'는 현실주의적이고 기능적인 설명, 이 두 설명 사이에서 흔들리고 있다. 전통적으로 볼 때 내부에서 그리고 외부에 대항해서 평화를 보장하고 안정을 이루는 것이 문제가 된다. 그런데 그의 선배들과는 달리 토마스에게는 일차적으로 지배를 합법적으로 설명하는 것이 아니라, 인간들이 정치적으로 어울려 사는 것의 원인(*origo*근원)을 분석하는 것이 중요하다.

정치에 대한 토마스적인 이론의 독특성은 사회에 대해서 목적에 관련된 표상과 동시에 계층적인 표상의 이중성 안에 놓여 있으며, 이 이중성은 사회의 한계와 마찬가지로 잠재성의 기초이다. 토마스는 잠재성을 아주 명백하게 보여줄 수 있었다. 목적 지향성이라는 기준으로 각각의 인간 사회의 질서를 잴 수 있다. 인간 삶에서 자연에 의해서 주어진 목표들을, 그것도 인간이 활동하는 가운데에, 달성한다는 것은 분명히 가능하다. 이로부터 '자유로운 사람들의 사회로서의 인간 사회에서 통치는 자유에 상응해야만 한다'는 결론이 나온다. 토마스에게도 역시 정체의 세 형태와 그 타락한 형태의 도식은, 그것을 통과해야만 하는 그런, 닫혀진 원과 같은 형태의 도식으로 되어 있는 것이 아니다. 그런데 등급이 있다, 좋은 것과 나쁜 것의 단계이다. "최상의 정체"는 그에게 일인통치인데, 이는 모든 정체 중에서 "제일 나쁜 정체"로서의 참주정체(그런데 이것이 개별적으로 설명되지는 않는다)에 대립되어 서 있다. 귀족정체에는 퇴락된 것으로서 과두정체가 대응한다. 그리고, "대중에 의한 폭력적인 억누름"으로 정의된(여기서는 전체 국민이 참주처럼 작용한다고 한다), 타락된 민주주의에 가치 있는 입헌 민주정(***politia***)[37]이 대립된다. 모든 경우에 통치 형태의 좋고 나쁨은 단지 통치 직책을 맡은 사람들이 주로 공공선(***bonum commune***)에 봉사하는가 아니면 자신의 이해타산에, 즉 사적인 선(***bonum privatum***)에 봉사하는가에 따라서 측정된다.

토마스는 아리스토텔레스와 함께 가족공동체에서부터 정치적 조직체에 이르기까지 인간의 사회화 단계를 다시 한 번 개괄한다. 아리스토텔레스가 국가, 즉 폴리스에서 정치적 집단의 최고 단위를 보았다면, 토마스에게는 그것은 국가를 넘어서 영토(***pronvincia***, **Territorium**)[38], 그리고 다시 말해서 제국(***regnum***)이다. 이렇게 확대시키는 이유는 중세 시대의 경험에 따라서 '단지 영토국가(**Flächenstaat**)[39]만이 생활에 필수적인 모든 것들이라는 관점에서 자기 보존 능력이 있으리라는 것'이다. 그런데 여기서 무엇보다도 군사적 자족과 방위 가능성을 염두에 둔 것은 명백하다.

---

37) 세 정체들에 관해서는 앞의 아리스토텔레스 항의 V. 폴리스의 외적 질서로서 정체(政體)를 참조하고 또한 ***politia***에 관해서는 입헌민주정(**Politie**)에 관한 각주 22)를 참고할 것.

38) 근대국가의 중요한 요소 중의 하나로 영토(**pronvincia**, **Territorium**)를 들 수 있다. 근대 국가는 그 이전의 고대 그리스의 도시국가나 중세의 봉건국가와는 달리 비교적 넓은 영토가 통일되고 강력한 권력의 지배하에 놓이게 되었다. 도시국가는 도시가 점점이 흩어져 있고 권력은 느슨한 편이었으며 봉건국가에서도 유사한 바가 있었다.

39) 근대국가를 영토국가(**Flähenstaat**)라고도 하는데, 일정한 영토가 집중된 권력의 통제 하에 있기 때문이다. 앞의 각주 38) 참고.

V

개념 규정을 이렇게 함으로써 그의 논문의 첫 번째 장에서 토마스는 다음과 같은 주장을 위한 근거를 제공한다: “왕이란 한 국가나 한 영토의 인간 사회를 통치하는, 그것도 공공의 복지를 위해서 통치하는 사람이다.” 토마스의 견해의 기본 요소를 다음과 같이 제시할 수 있다: 정치적 사회가 경과 속에서 자기실현을 한다고 하는 목적론은 계층에 근거한 왕의 지배기능을 설명한다. 그런데 왕은 공공의 복리와 결부되어 있다. 목적론의 목표로서 자신의 유익과 공공의 복리를 구분하는 것은 이 견해를 위해서 계속 근본적이다.

이 기초 위에서 군주제가 사회의 평화와 일치를 위한 최상의 보장을 제공하는 것처럼 보인다. 이것은 신적인 법, 즉 신의 모범과 마찬가지로 이성적 근거들로부터 도출해낼 수 있다. 인간의 연약성은 죄로 향하는 경향이 있기 때문에 “최선의” 정체로서의 군주제는 당연히, “최악의” 형태로서의 참주제로 타락하는 것을 방지할 수 있도록 변경해야만 한다. 중세에서는 특이하게도 토마스는 통치자에게 도덕적으로 호소함으로써가 아니라 제도적인 안전장치를 통해서 참주가 되지 않을 통치 질서를 획득하려고 한다. 그가 비록 아리스토텔레스의 참주 이론의 논거를 사용하기는 하지만 그는 폭력 통치자를 폭력으로 제거하는 것을 정당화하지는 않는다. 참주 살해는, 솔즈베리의 존이 전에 그의 『정치론』에서 그것을 최소한 고려라도 해 본 것과는 달리, 결코 사도의 가르침(베드로 전서 2,18)에 상응하지 않는다고 여긴다. 그보다는 오히려 고대 교회로부터 ‘당시에 잘 무장된 병사들도 역시 기꺼이 순교적 죽음을 받아들였다’

는 사실을 배울 수 있다고 한다. 참주를 방지하는 수단으로서는 단지 적절한 시기의 예방 조처만이 남아 있다: 이미 통치자를 뽑을 때에 참주가 되지 않을 만한 후보자를 택해야만 한다. 또한 다스리는 행위(*gubernatio*)도 역시 참주가 될 수 있는 어떠한 기회도 통치자에게 열려 있지 않도록 변경되어야만 할 것이다. 토마스가 단편적으로 되어 있는 논문에서 정부의 권력을 이런 식으로, 국가를 참주로부터 보호해 줄 수 있을, 헌법적으로 제한하는 것에 대해서 더 이상 말하지 않는 것은 아쉽다. 왜냐하면 그러한 종류의 심사숙고는 중세의 정치적 반성에서는 아주 드물기 때문이다. 이어서 그는 '대중에 의해서 선택되었거나 윗사람에 의해 임명된 지배자는, 지배력이 타락한다면, 바로 그 기관에 의해서 소환될 수 있고 되어야만 한다'고 주장한다. 그렇지만 그는 저항이 폭력적 지배자로 하여금 신하를 더 나쁘게 대하도록 유도할 수 있으며, 또한 참주를 성공적으로 제거한 것이 더 나쁜 후계자를 세울 수도 있다고 여기기 때문에, 견디기 어려운 참주에 대항하는 수단으로서는 결국 인내를 추천한다. 일반인들은 참주적 관직자에 대항해서 결코 무기를 사용해서는 안 된다.

이러한 조심스러운 견해 표명은 토마스의 저서 어디에서나 발견할 수 있는 것은 아니다. 『신학대전』 제2부 제2장에서 아직 그는 참주의 자의에 대항하는 폭력적인 저항을 불손(*seditio*)으로, 즉 신의 질서에 대항하는, 도덕적으로 정당화될 수 없는 "반역"으로 규정하지 않는다(2-II q.42 a. 2 ad 3). 그런데 군주의 귀감서에서는 그가 '참주제 하에서 더 나쁜 것이 나쁜 현실을 뒤따라 올 수 있는가' 하고 조심스럽게 검토하려고 한다. 결국 기독교-선지자적 전통에 서서 토마스는 참주의 활동 속에서 신이 심판하는 재판을 보는데, 이에 대해서 회개와 기도로 대응해야만 할 것이다. 이러한 평가에서 '토마스가 무엇보다도 상부 이탈리아 도시들의 참주들이 시의회로 넘어가는 길에 서 있던 것을 염두에 두고 있지, 폭력지배 전반에 대한 보편적인 처방을 제시하는 것이 아니라' 는 점을 고려해야만 한다. 그는 정치적인 위기상황을 위한 행동지침보다는 위기를 인식하기 위한 개념적인 수단을 제시하려는 것이다.

『신학대전』 제1부 제2장(**1-II qu. 105 art. 1**)에서 토마스는 "구약성서가 고대 이스라엘에서의 지배권에 대하여(***de principibus***) 바른 방식으로 규정하고 있는지"를 논하고 (기대치 않았던 것은 아닌) 결론에 도달한다: 신은 이스라엘 사람들에게 "최상의 정체" (***optima ordinatio***)를 주었다. 즉 좋은 정체는 "모든 사람이 지배권에 참여하는 것" (***ut omnes aliquam partem habeant in principatu***)을 달성해야만 할 것이다. 또한 정체의 형태와 정부의 종류를 주의해야만 할 것이다(***attenditur secundum speciem regiminis vel ordinationis civitatis***). 고대 이스라엘에서는 정체가 "왕정" (***regnum***)과 "귀족정"과 "민주정"으로 혼합되어 있었다. 우선 한 사람이 통치를 맡는 한 그것은 왕정적 요소이고 또한 **72**인의 장로가 그 덕에 따라서 지도적 관직을 차지하기 때문에 귀족적 요소도 있으며 또한 민주정(군주의 귀감서에 나오는 표현과는 달리 '***democratia id est potestate populi***민주정은 국민의 권력에 의한 것이다')의 요소도 있다. 왜냐 하면 지도적 인물들은 국민으로부터 (***ex popularibus***) 국민에 의해서 선출되었기 때문이다. "혼합정"에 대한 이러한 찬양은 현대 민주주의의 시대를 앞선 선취는 결코 아니다. 왜냐 하면 왕 자신은 모든 사람에 의해서 모든 사람으로부터 자신의 덕성 때문에 선출되지 않기 때문이다. 그보다는 오히려 그것은 단지 “귀족주의적인” 지도자 엘리트들에 대해서만 명시적으로 말한다. 모세는 신 자신에 의해서 이스라엘의 지도자로 정해졌다. 그래서 이 입장 표명은 “대통령 같은 왕”에게 타당하지 않다. 혼합정체는 오히려 지도자의 권한을 제한하고 지배권에 귀족들을 참여시켜서 참주제로 타락하는 것을 방지해야만 한다.

Ⅵ

특정한 정체에 대한 평가는 그 기능의 성취 여부에 의해서 비로소 결정된다. 지배권에 대한 이러한 기능적인 합법화는 국가권력이 교회권력에 대하는 태도를 위해서도 역시 결정적이다. 세속적 지배는 우선 그 신민을 물리적 생활기반을 스스로 보존하게 만든다고 하는 과제를 지닌다. 그런데 지배자는 사람들을 그 이성적 자질에 상응하는 탁월하고 덕스러운 삶으로 인도해야만 한다(***bene vivere, vivere secundum virtutem***). 신민들의 자연스러운 완성(***prefectio naturalis***)은 사회의 자연스러운 목표에 속하고 이미 본질적으로 세속 지배자의 권한에 속한다.

아리스토텔레스에게서 배운 이러한 진술은 토마스의 마지막 말이 아니다. 신학자는 ‘사람들은 신에 의해서 결국 초자연적인 완성(***perfectio supernaturalis***)을 위한 존재로 규정되어 있다’는 사실을 안다. 그런데 초자연적 완성은 정치 체제에 의해서 달성되지 않고, 오히려 신의 구원활동에 근거해서 단지 교회라는 성사의 공동체 안에서만 달성된다. 그리고 교회에서는 결정적인 과제가 성직자에게 돌아간다. 정치적 지배권이 교회적 질서와 맺는 관계는 인간의 이중적인 목표 설정에 따른다. 토마스의 해결책은 “목적들의 위계질서”이며, 또한 균형 잡혀 있고 줄타기처럼 아슬아슬하게 작동하는 조직구성이다. 국가적 질서의 통치자와 교회적 질서의 통치자라고 하는 두 개의 심급기관은 그들 고유의 영역에서 우선 완전히 자율적이다. 그것들은 원리적으로 서로 의존되어 있지 않지만, 바로 목표들의 가치 때문에 하나의 인간 공동체 안에서 서로 귀속된다. 개인이 자신의 존립이라고 하는 궁극적 목표로 향하는 경향이 있는 것이 확실하다면, 또한 공동체와 그 지상의 목적들도 역시 초자연적 완성(*perfectio supernaturalis*)이라는 마지막 목표 아래에 목적론적으로 상위와 하위라는 질서 속에 있을 수밖에 없다. 개인에게서 자기 보존이 덕스러운 삶에 봉사하고, 윤리적 자기실현은 최고의 목표인 신을 관상함(*fruitio divina*)에 봉사하듯이, 사회적 조직 안에서도 역시 모든 것은 이 최종적이고 궁극적인 목표로 향해서 구조 지어져야만 한다.

그러한 구조는 당연히 전체 이해관계에 있어서 결코 실질적인 예속이 아니다. 그것은 목적에 맞게 이해된 태도이고 이 태도 속에서 복속된 기관은 상위 기관을 쳐다보아야 하고 그 목표들을 위해서 함께 작동한다. 토마스가 세상적인 권력이 정신적(geistlich)[40] 권력에 “예속됨”에 관해서 말하는 것처럼 보이는 바로 그곳에서(2-II,

40) 여기나 혹은 앞으로도 나오는 ‘정신적 권력’은 교회의 권력을 의미한다. 그리고 ‘정신적(geistlich)’이라는 개념은 ‘세상적(weltlich)’ 혹은 그와 유사한 단어들과 반대되는 것으로서, 단지 토마스에게만 나오는 것도 아니고 중세적 전통과 연결된 곳에서는 계속적으로 등장하게 된다.

q. 60 a. 6 ad 3) 그는 다음과 같이 상술한다: 정신적 권력이 "—세상적 권력이 이 사건 속에서는 정신적 권력에게 예속되고 또한 세상적 권력이 정신적 권력에게 이 사건을 기꺼이 맡기는—그러한 사건과 관련해서 세상적인 문제에" 끼어든다면, 정신적 권력이 세속적 지배권(*iurisdictio*)을 찬탈하는 것이 아니다. 두 영역은 원칙적으로 분리될 수 있다. 단지 신을 관상하는 것에만 엄격히 관련된 문제들 속에서는 정신적 권력이 자신의 권한으로 모든 것을 처리할 수 있다. 이것과 '왕을 "교회의 신하"(*vasalli ecclesiae*: Quodlibet XII q. 12 art. 1 ad 2)로 규정하는 것'은 13세기 이래로 신권 정치적이고 교황우위설적으로 이해되어 왔다. 토마스는 어디에서도 그러한 이해/오해에 대항해서 명시적으로 반대하지 않았다. 최소한 그의 내심에서 그는 (극단적인) 교황우위주의자이다. 세상적 권력이 성직자들의 구원활동을 방해하지 않는 한, 그 권력이 신민들의 생명 유지와 윤리적 성취에 대해서 고유의 책임이 있다. 최고의 목적을 위협하는 경우에는 당연히 세속적 권력이 물러서야만 하고 교회의 권력의 뒤에 있으며 교회의 권력에 무조건적으로 따라야만 한다.

이러한 구별은 구체적인 갈등을 결정하는 데에 별로 도움이 되지 않는다. 실제로 토마스는 어디에서도 '두 기관이 충돌하는 경우에 누가 결정해야만 하는가? 무엇이 성직자의 정당하고도 합법적인 지침이며 무엇이 아닌가'를 설명하지 않았다. 그는 초기의 명제집 강연에서(II Sent. d. 44 q. 2 a. 3 ad 4) 다음을 강조한다. "정신적 권력과 세상적 권력은 모두 신의 권력으로부터 도출된다. 그 때문에 신이 세상적 권력을 정신적 권력의 관할 하에 두는 한, 즉 영혼의 구원이 문제시되는 사안에 있어서는 전자가 후자에게 예속된다. 그러나 시민의 복지가 문제시되는 사안에 있어서는 사람은 신의 말씀에 따라 정신적 권력보다 세속적 권력을 더 청종해야만 한다. '사람은 인간보다 신에게 더 순종해야만 한다' [마태 22,21]." 그런데 이로써 '각 기관은 처음부터 언제나 오류를 범함이 없이 영혼의 구원(***salus animae***)과 시민의 복지(***bonum civile***)를 섬세하게 구분할 줄 안다'는 것이 전제되어 있다. 그의 생애 마지막에 그의 군주의 귀감서에서(***De regno*** II.3) 토마스는 오히려 이 구분을 흐려 놓았다. 최고의 목표로서 신의 정관은 덕스러운 삶보다 우위에 있다. 그리스도 자신은 인류를 이 최고의 목표로 인도한다고 하는, 왕으로서의 과제를 맡았다. 그러므로 그리스도의 육신의 지체로서 모든 기독교인들도 역시 스스로 왕들이자 사제라고 불릴 수 있다. 그런데 그리스도의 왕국에 봉사함(***ministerium***)은 지상에서 왕들이 아니라 성직자들에게, "특별히(***praecipue***) 최고의 성직자(***summus sacerdos***)로서의 교황에게, 즉 베드로의 후계자이고 신의 대리자이고 로마의 주교인 그에게 맡겨졌다. 그에게 모든 기독교 백성들(***populi*** [!])은 주 예수 그리스도 자신에게 하듯이 굴복해야만 한다". 여기서 더할 나위 없이 교황 우월주의자적 태도가 강조된 것처럼 보인다. 그러나 여기서 토마스는 절대적인 예속으로 [지상적 권력과 정신적 권력이라는 이중적인] 목적론적 귀속을 결코 대체하지 않는다. 그는 왕에게 그의 신민들의 유지와 덕스러운 삶에 대한 권한을 허용한다. 물론 '"최고 성직자"의 "통치"가 왕들에게 얼마나 미치는지'는 불분명한 채로 남아있다.

국가와 교회의 관계에 대한 규정은 결국 인간 본성과 신의 은총에 대한 토마스 사고의 원리들과 일치한다. 은총(혹은 교회의 인도)는 자연(혹은 왕의-국가의 권한)을 폐지시켜서는 안 되고 자연을 완성시켜야만 한다. 이 근본명제를 가지고서는 당연히 두 기관 사이의 갈등을 —곧 보이게 되듯이— 막을 수가 없다, 그뿐 아니라 판단할 수조차 없다. 사람들은 '토마스의 이론이 비록 인상 깊게 균형 잡혀 있으며 조화롭게 균형을 이루지만 교황과 왕 사이에 구체적인 투쟁이 생겼을 때에 판결하는 데 도움을 전혀 주지 못했다'는 것을 알게 된다. 그 이론은 이미 제자들과 후계자들의 세대를 위해서 어떠한 통일적인 방향도 제공해 줄 수 없었다. 교황 보니파츠 8세(Bonifaz VIII.)와 미남왕 필립(Philipp der Schöne) 사이의 투쟁에서 루카의 톨로메오(Tolomeo von Lucca)(1327년 사망)와 아에기디우스 로마누스(Aegidius Romanus, 1316년 사망) 같은 사람들은 토마스가 세운 입장에 근거해서 극단적으로 교황측의 주장들을 대변하는 쪽으로 결정했다면, 자신의 논문에서 토마스의 저작으로부터 페이지 단위로 발췌했던, 도미니크 수도사 요한네스 크비도르트(Johannes Quidort, 1306년 사망)는 이론적으로 왕의 독자성을 아주 의미심장하게 옹호하는 저술을 했다. 이렇게 서로 다르게 수용했던 과정을 여기서 추적할 수는 없다. 그렇지만 그 과정은 '토마스에 의해서 전개된 이론은 실제적인 투쟁에서 양측 모두에게 사용될 수 있었다'는 점을 분명히 제시한다. 그 과정은 최종적으로는 세속 권력의 자립성을 옹호하기 위한 근본적인 논거를 제공했으며 지배권에 대한 표상을 세속화하는 데에 기여했다. 그런데 토마스가 비록 아리스토텔레스로부터 정치이론을 배워서 중세 사회의 정치 질서에 대해서 독자적인 이론을 최초로 저작했지만, 그 업적이 '세상의 권력과 정신적 권력이 언제라도 투쟁할 가능성이 있는데에도 불구하고 아무 결론도 내지 않고 소극적인 태도를 취했다'는 아쉬움을 축소시켜 줄 수는 없다.

–위르겐 미트케 **Jürgen Miethke**

단테 알리기에리
Dante Alighieri(1265~1321)

\- 연대표 -

1265년	피렌체(Florenz)에서 5월 말이나 6월 초경에 출생, 하급 귀족이고 교황파에 속한 가족 출신
1295년까지	피렌체, 볼로냐(Bologna) 그리고 아마 파리에서 수학, 군복무, 겜마 도나티(Gemma Donati)와 결혼. 시집 『리메』(*Rime*)의 처음 부분이 생겨난 시기, 시인인 G. 카발칸티(Cavalcati)와 교우관계, 달콤하고 새로운 스타일의 연애시. 1292년경에 운문과 산문이 결합된 『새로운 삶』(*vita nova*)(VN). 이 작품은 사랑의 경험을 나중에 해설한 것이다.
1295년	의사 및 약종업 길드에 등록했는데, 이는 1293년 이후 피렌체에서 귀족 가문 출신자가 공직을 맡기 위한 조건이었다.
1300년	피렌체 공화국의 교황파 백당이 지배하는 의회의 일원이고 정부의 일원.
1301년	교황 보니파티우스 8세(Bonifaz VIII.)에게 중재요청을 제출하기 위해서 교황청으로 가는 사절단에 참여. 피렌체에서는 교황파 흑당이 안조우의 칼(Karl von Anjou)의 도움으로 권력을 획득한다. 단테는 추방되고 독직죄로 탄핵당하고 결국 그의 부재 중에 사형 판결을 당한다. 단테로 하여금 상부 이탈리아 전체를 떠돌게 만들, 전생애에 걸친 추방이 따른다. 그 사이에 위대한 작품들을 집필: 『신곡』(*Divina*

Commedia)(DC) 외에도 『향연』(*convivio*)(Cv) (1304-7/8), 『속어론(俗語論)』(*De vulgari eloquentia*)(DVE) (1304-6/7) 그리고 만년에 『제왕론』(*Monarchia*)(Mon), 『서간집』(*Epistulae*), 『전원시』(*Eclogae*)

1315년 그가 치욕스럽게 여긴 조건 때문에 사면 제의를 거절한 후에 피렌체 시에 의해서 법률의 보호 밖으로 추방되었다.

1321년 9월 13일과 14일 사이의 밤에 라벤나(Ravenna)에서 사망.

I

단테의 작품이 지닌 정치적 차원에 곧바로 도달하는 것은 거의 언제나 어려움을 겪어 왔었다. 우선 시인이 『신곡』과 『제왕론』에서 교회의 세속적 권력을 격렬하게 비판했는데, 바로 그 교회의 지속적인 영향력에 의해서 그랬다. 금세기에서는 단테의 정치적 입장을 확실히 알아내기를 꺼리는 일반적인 경향이 있는데, 그것은 다른 무엇보다도 문학이론적인 근거들로부터 설명된다. B. 크로체의 『미학』(*Estetica*) 이래로 단테의 작품 중 많은 것이 교훈적이고 이론적이고 철학적-신학적인 형태를 띠기 때문에, 그것들은 "시가 아닌 것(*non poesia*)"에 속하게 되었다.

단테의 창작을 이렇게 좁게 이해하는 것에 대해서 G. 젠틸레(Gentile)는 단호하게 반대한다. 그는 단테의 전 저작에 대한 해석의 토대로서 시와 철학의 결합을 고수했다. 그는 단테를 정치철학의 영역에서 바로 현대로 향한 길을 개척한 사람이라고 여겼다. 단테의 사유를 가지고 그는 실천으로 향한 문을 열게 되었다고 말한다. 이러한 해석의 단초를 통해서 젠틸레는 동시에 파시즘 속에서 단테를 당대에 수용하기 위한 전제를 마련한다. 그 다음에 G.A. 보르제세(Borgese)는 그의 파시즘 청산인 『골리앗(*Goliath*)』에서 단테에게 —이스라엘 백성을 위한 모세의 의미와— 같은 의미를 이탈리아 백성을 위해서 돌렸다. 그는 이탈리아에서 국가 형성은 단테의 시로부터 연원하는 것으로 여긴다. 단테는 카톨릭에 뿌리를 둔 그림의 세계에 정치적 예언을 결합하여 완결된 신화를 만든다. 신화는 제국에 대한 사고 속에서 절정에 도달하며 바로 파시즘 속에 아직도 들어 있는 지속적인 유혹을 드러낸다. 동시에 단테는 민중언어가 그의 표상을 완성시킬 것으로 확신했는데, 그는 민중언어로 위대한 작품들을 집필했고 민중언어를 계발하기 위해서 『속어론(俗語論)』(*De vulgari eloquentia*) 속에서 이론을 전개했다.

단테의 정치적 견해가 젠틸레와 보르제세 사이의 논쟁을 통해서 드러난 것과 같이 단테의 의미와 고유성은 오늘날 일반적으로 받아들여졌다. 그런데 '그가 계속해서 이전의 이론들을 사용하기 때문에 그가 원래 혁신적인 사상가가 아니라 절충주의자라는' 사실은 남아 있다. 명백히 보이는 모순은 사태 자체 속에서 해명된다. 즉 단테가 스콜라 철학으로부터 주어진 귀결은 이용하면서도, 정치 이론에서 익숙해진 길을 벗어나서 그 스스로, 현재와 그 필수적인 변화에 대한 고유의 지식 때문에 그에게 더 나아 보이는, 해결책을 추구했었다.

또 다른 특이점을 여기서 말해야만 한다. 단테의 사고에 있어서는 시 이외에 정치적 실천도 역시 정치적 이론보다 앞서 간다. 단계적으로 이루어지는 거대한 체계의 형성은, 자신의 시대에 인간들의 세계와 삶에 올바른 질서를 다시 부여한다고 하는 높은 요구를 충족시킬 만한, 관점에 대한 추구로부터 나온다. 그 사이에 그는 자신을 특정한 순간에 항상 —복음서기자나 또한 모세와 같은— 법제정자로서 이해한다. 신의 계시로부터 권위를 보증 받는 그 모범은 단테를 시인 버질(**Vergil**)과 결부시킨다. 그런데 버질은 그를 그의 피안으로의 여행에 동행한다. 『아이네이스』(***Aeneis***)에서 버질은 로마 제국에 포괄적인 질서를 부여했었다.

Ⅱ

단테의 정치적 입장에 내포된 요소들에 대한 질문은 '사람들이 시인으로서의 그가 지닌 자의식에서 생긴 단절을 파악한다'는 것을 전제로 한다. 이 단절이 그를 그가 초창기에 지녔던 입장으로부터 벗어나게 만들었다. 그 이후에야 비로소 그는 이탈리아의 정체성을 건설하는 사람이 될 수 있었다. 단테는 1295년에 실제 정치에 참여했다. 당시에 그는 의사 및 약종업(*medici e speziali*) 길드의 회원이 되었다. 그렇게 해서 그는 상류 계층에게 가해진 제한을 무력화시켰다. 그는 진정한 사랑에 대해서 반성하는 시인에서부터 이제 일상적 질문에 관여하는 당대의 증인이 되었다. 비록 이 시기 이전에 저술한 텍스트에서도 단테가 이미 정치적 보편교육을 받으려는 의도를 지녔다는 점을 분명히 알 수 있다. 하지만 실제 정치에 뛰어들면서 비로소 새롭게 광범위하고도 확고하게 현실 참여를 하게 되었다. 이 정치 참여는 또한 귀도 카발칸티(Guido Cavalcanti)와 이해할 수 없이 단절한 것에 대해서도 간접적으로 해명하는 증거가 될 수 있다. 카발칸티는 달콤한 새로운 스타일(*Dolce stil novo*)의 초기에 사귄 친구인데 새로운 정치적 참여에는 분명히 함께하지 않았다.

이 변신을 통해서 단테는 이후의 창작에 방해가 되는 것들을 제거하고, 그 창작 속에서 그는 결국 세계의 심판관이 된다. 이 변신은, 아베로이주의를 통해서 서유럽 사고에 생겨난, 폭넓은 문화적 변혁에 대한 단테의 개인적인 반응으로 이해할 수 있다. 여기서는, 13세기 후반에 아리스토텔레스를 급진적으로 새롭게 수용함으로써 생겨난, 인식론적인 변형이 문제가 된다. 단테에게는 이 변형이 '정치적 행동과 시적 메시지를 세계관적인 토대 위에 논리정연하게 해명하려는' 노력과 결합된다. 시인은 이제 자신을 정치가인 동시에 철학자요, 신학자로 이해한다. 왜냐하면 아리스토텔레스의 목적론적 사고를 따라서 세계는 전체적으로, 하나의 원리로부터 설명되어야만 하기 때문이다. 그가 개인적으로 어떻게 참여해서 이 거대한 과제를 맡게 되는지를 그의 선조인 카키아귀다(Cacciaguida)와의 대화가 보여준다 (DC, Pard. XVII, 124 ff.).

단테의 시가 『새로운 삶』 이래로 아주 변했음에도 불구하고, 기본 원리 속에서는 초창기와의 연속성이 그대로 남아 있다. 연속성은 친절(*gentilezza*)—친절이 초기 시에서 이미 사랑의 올바른 형태를 통해서 요구되듯이—이라는 요구를 지킴으로써 생겨났다. 친절에는 —관대함(magnanimità)조차도 포함하여— 전통적인 덕목 리스트에서도 역시 발견될 수 있는 특질들이 귀속된다. 시인이 그런 식으로 사회를 바라보기 때문에 여기에 또한 그의 정치적 사고의 열쇠도 놓여 있다.

심리학과 윤리학과 정치학의 연관성은 『향연』(*convivio*)에서 1304년부터 귀족의 문제를 다루는 것으로부터 이해해 볼 수 있다. 인습적인 학문의 주장과는 달리 단테는 '부나 전통 있는 출신이 우월성의 정도를 결정하는 것이 아니라, 그런 것들과 똑같이 예의범절과 영혼의 위대함도 그런 결정을 한다'는 견해를 주장한다. 이제 이 사상은 보편적으로 사회 속에서 함께하는 삶에 구성적으로 연관된다. 여기서 전제는 일치, 질서, 절제, 신중이라는 함께 속하는 가치들이다.

단테의 다양한 저작들을 개괄해 보면 이 근거 위에서 그의 사회이론의 근본 경향이 드러날 수 있다. 그런데 이 경향은 그가 닫혀진 이론적인 체계 가운데에서는 결코 보여준 적이 없다. 『신곡』은 당연히 '어떻게 그 경향이 개별적으로 적용되고 확증되는지'를 보여준다. 정치적 행동과 도덕적이고 신학적인 판단은 서로에게 속해서 그것들이 철학적이고 신학적인 세계상이라고 하는 거대한 구상으로 공동으로 뭉쳐서 작동할 때에라야 비로소 제대로 된 설득력을 발휘하게 된다.

만약에 단테 정치사상의 일반적인 범위를 분명하게 개괄해 보았다면, 또한 그의 입장을 장래성 있는 것으로 증명해 주는, 역동적으로 움직이는 요소도 역시 더 잘 파악할 수 있게 된다. 그의 전 작품을 특징짓는 통일성이 그러한 체계화의 시도를 손쉽게 만든다. 그 통일성은 자체 안에서 닫힌 세계상을 추구함으로써 강한 구성주의적인 관심사를 드러낸다. 그런데 이 관심사는 바로 차안(此岸)의 세계와 삶의 현실성과 그 질서와 관련되어 있다.

단테에게 있어서 사회가 광범위한 위기에 처해 있다는 의식은 정치를 논리정연하게 건설하고 적절한 질서의 모범을 발전시키는 데에 적절하다. 그러나 그는 그 해결책을 —피오레의 요아킴(Joachim v. Fiore)에게서 처럼(DC, Parad. XII, 140f.)— 급격하게, 아마도 예언 같은 데서 예고된 묵시록적인 사건을 통해서, 기대하지는 않는다. 위기적인 상황을 이해하는 것조차 떠들썩한 긴박감을 가지고 일어나지 않는다. 그 대신에 세계는 주의 깊은 관찰자로서의 그에게, 그가 발견한 것처럼, 바로 그러하다. 그런데 주어진 질서로부터 눈에 띄게 벗어나는 것을 지각할 때마다 개선하기 위한 추진력이 마치 당연한 것처럼 일어난다. 붕괴에 대한 경악은 점차로 의지를 구체적인 행동으로 몰아간다. 이러한 틀 안에서 우선 정치가로서의 참여를 생각해 보아야만 한다. 폐해에 대항해서 조처를 취할 때에, 만약 인간의 사고와 지식을 사용하는 일반적이고 친숙한 수단이 존재한다면, 그때에만 그는 인정할 수 있다. 잘못 전개된 것을 고친다는 가능성은 삶에 이미 주어진 조건들 안에 놓여 있다. 단테는 이 점을 규범적인 스콜라 철학적인 사고 전통으로부터 해명한다. 그러므로 그는 자신의 경험에 집착하고 인간의 실존 속에서 사용할 수 있는 이론들을 역사로부터 열심히 찾게 마련이다. 그러한 실례가 『신국』에 나오는 죄인들과 의인들에 대한 성격 묘사 같은 것이다.

단테는, 위기체험으로부터 생겨났으면서 또한 자신의 정치 참여에 전형적인, 생각을 그의 작품 『제왕론』—이 작품은 그가 제국의 필요성을 해명하기 위해서 쓴 것이다—에서 인상적으로 약술하고 있다. "오 인간 종족이여, 그대는 얼마나 많은 폭풍우와 손실과 난파를 겪어야만 하는가 (…). 양 부분으로 이루어진 그대의 지성은 병들었다. 병든 것은 또한 그대의 심정도 마찬가지이다."(Mon I, 16, 4/5) 위기의 인식은 그로 하여금 위기의 더 깊은 원인을 인식하고 위기를 제거하기 위한 계획의 초안을 잡고 계획을 실천하기 위해서 필요한 모든 것을 하도록 만들었다. 『제왕론』에서 그는 최종적으로 피렌체가 아니라 전 이탈리아 공동체의 폐해를 분석함으로써 세계제국을 창설하게 된다. 그리고 세계제국 속에서 단테의 정치사상은 정점에 도달한다. 그 속에서 그의 사회이론과 국가이론이 결국 결합된다. 위기와 치료수단의 융합이 그에게 특유한 정치로부터 구원사로의 이행을 돋보이게 한다. "완벽한 일인통치의 시기에 신적인 황제로서의 아우구스투스의 치하에서만이 세계는 모든 곳에서 평온했다." (Mon I, 16, 1f.). 그리스도가 세상에 왔던 그 당시에 "시간의 충만함"이 도래했다. 그러한 방식으로 세계는 구원되기 때문에 『신국론』에서 동일한 상태는 심지어 영원한 삶의 방식이기도 하다. 왜냐하면 —베아트리체가 피안의 세계의 방랑자인 단테에게 공식화하듯이— 거기서 그를 오랫동안 기다렸던 것은 바로 —한때 황제 아우구스투스가 그랬던 것처럼— 그리스도가 최초의 시민으로서 그 정점에 서 있는, 그러한 하늘의 로마이기 때문이다. "여기에 그대는 짧은 시간 동안 단지 이방인으로서 머무를 것이오,/그 다음에 그대는 나와 함께 끝없는 시간 동안 시민이 될 것이오/그리스도 자신이 로마인으로 있는 바로 그 로마에서"(DC, Purgat. XXXII, 101f.).

그에 상응해서 아우구스투스 치하에 실현된 것과 같은 제국은 단테에게 유일하게 추구할 만한 국가형태이다. 제국은 그에게 모든 폐해와 효과적으로 싸우기 위한 최선의 조건이다. 모든 다툼을 마치게 하는 하나의 지배권으로서의 제국은 공동 사회생활 중에서 신이 원하고 자연에 의해 주어진 유일한 형태이자, —『제왕론』에서 증명되었듯이— 유일하게 이성적인 형태이다. 그래서 그는 황제들 가운데서 —유스티아누스(Justian)로부터 칼 대제(Karl der Größe)를 지나 놀랍고 그렇지만 역겨운 스타우퍼 프리드리히 2세, 즉 "로마의 마지막 황제(ultimo imperadore de li Romani)"(Cv IV,3)까지— 다양할 정도로 아우구스투스의 모범을 따르는 인물들을 알아챈다. 그가 헨리 7세(Heinrich VII.)에 대한 희망이 그의 죽음(1313

년)으로 무산되었음을 보고나서 그는, 단지 도식적으로 윤곽만 그린 것이지만, 위대한 지배자의 상, 차안에서는 아우구수투스(**Augustus**) 그리고 피안에서는 하늘에 있는 로마의 주인인 그리스도라는 상을 설계한다.

아리스토텔레스식으로 각인된 단테의 세계경험을 기독교적인 형이상학에 닻을 내린다는 것—그것이 영주를 피안과 마찬가지로 차안에서 첫 번째 존재이고 하나인 존재의 보증인으로 생각하는 예에서 명백해지듯이—은 이 구조에 있어서도 필수적 전제이다. 역사는 단지 구원사 안에서만 그 방향의 기준을 발견한다. 『신곡』에서 이 땅에서의 그리스도를 정신적으로 대표하는 자로서의 교황이 수행하는 역할은 로마의 그리스도(***Cristo romano***)의 근본사상으로부터 추론적으로 나온다. 신에 의해서 교회의 지배와 사회의 지배를 위해서 각각 독자적으로 임명된 두 기관(**DC, Purg. XVI, 106/7; Mon III,4** 참고)에 대한 상 속에서 단테는 교황직과 황제직의 관계에 대한 오래된 논쟁적 질문을 해결한다. 단테가 피안에 대해서 세상을 정당화함으로써 그가 추구한 목표는 질서를 다시 세우기 위한 지침이다. 이러한 의도와 결부된 것은 '인간이 스스로의 힘으로 아리스토텔레스의 정치학에서 생각하는 의미로 인간 공동체의 주요 목적, 즉 가능한 한 최대한의 행복을 달성하는 것을 이루어야 한다'는 의식이다. 그런데 만약 사회적인 질서를 새롭게 하려는 시도가 '파괴된 세계에 질서를 들여오는 것'을 전제로 한다면 그것은 우선 —판단의 확고한 토대 위에 기초해서— 공공연한 몰락과 그 원인의 적절한 분석을 필요로 한다. 여기에 단테에게는 —치료제로서 왕정, 즉 단일성의 원리를 정립하라는 그의 충고에 상응해서—

'하나이지 않음(Nicht-Einheit/*dicordia*)'이 주요 징후이자 원래적 원인으로 나타난다.

Ⅲ

"정치적 인간"으로서 단테가 출현하는 초기부터 그는, 실제로 드러나듯이, 실천과 이론의 결합을 주장했다. 정치적 반성은 그때 그때 살아왔던 대로의 실재로부터 나와야만 한다고 한다. 삶은 역으로 미리 파악된 범위에, 즉 이론 속에서 이미 견고히 확정된 형태에 관련되어서는 안 된다고 한다 (*Monarchia* I, 2, 5f.). 단테가 흥미롭고 새롭게 정치사상에 기여한 것의 핵심은 실제로 살아왔던 실재와 해명된 반성의 긴장감 넘치는 관계 안에 들어 있다. 그의 기획에서 그는 당연하게도 자신의 경험의 일부로서 제공된 전통에 근거한다.

단테가 정치적 현실로 내몰렸던 13세기 말경의 중부 이탈리아에서, 특히 피렌체에서 정치적 상황이 어떠했는지, 그리고 그가 교황파의 백당으로서 어떠한 해결책을 발견했는지를, 그가 피렌체의 시정부에 참여했던 시기에 그가 전력을 다해서 원조했던 활동들이 보여준다. 이 활동들이 단테의 정당이 몰락하고 또한 그 스스로는 추방당하면서 막을 내리고 난 이후에, 그는 좁은 의미에서의 정당 투쟁으로부터 물러났다. 그렇지만 그는 자신을 계속해서 이탈리아의 고향에서 일어나는 정치적 사건을 경고하는 동반자로 생각했다. 이를 그의 편지들만이 보여준 것은 아니다. 특별히 황제 헨리 7세가 로마로 떠나는 것(1312년)을 기화로 해서 쓴 저술들이 보여준다. 그리고 그는 이탈리아를 구할 모든 희망을 황제의 활동에 걸었었다.

단테는 이 시기에 황제 권력의 옹호자로서, 피렌체에서 피 튀기는 정당 투쟁 시에 황제파가 취했던 입장에 다가갔다. 더 나아가서 교황의 세속적 권력을 제한하고자 격렬하게 투쟁하는 것은 또한 교황파 백당의 정강이 되었다. 공동체에서의 삶—이것이 중심적 사상이었다—은 본질적으로 세속적인 권력에 복종하는 조직이라는 형태를 따르는 일반 시민의 공동생활로 규정되어야만 한다. 사회의 거대한 구조 내에서 —단테가 취하는 스콜라철학적인 이론에 따라서(Mon I,3,4)— 도시 공동체와 이와 함께 피렌체도 역시 도시국가(*civitas*)로 정의된다. 그에 따라서 공화국은 주요한 도시국가로서 그 시민들의 필요를 그들 모두가 복지와 만족에 도달할 수 있을만한 방식으로 규정해야만 한다. '당연히 모든 사태들은 완전하지 않다'는 사실을 피렌체 공화국의 불안정한 역사가 보여준다. 인과적으로 보아 바로 개인의 인격에 책임이 있는, 폐해와 잘못된 사건의 발전에 대한 단테의 일생 동안의 분노가 『신곡』에 반영되어 있다. 그 이외에도 또한 공동체를 위한 모범적인 노력도 칭찬하면서 서술하고 있다.

도시국가(*civitas*)의 통치권의 기능에 대한 표상이 어떻게 드러나는지, 어떠한 신념들과 동기들에 따르면서 그 표상을 생각하는지는, 피렌체와 이웃에 있으나, 늘 친하지는 않은 도시, 시에나가 구체적으로 보여준다. 14세기 초에 질서를 새롭게 바꾸어 명문화한 이후에 그 시(市)정부는 화가인 암브로기오 로렌체티(Ambrogio Lorenzetti)에게 새 질서를 시의 궁전에 공개적으로 볼 수 있도록 만들라는 과제를 주었다. 좋은 통치권과 나쁜 통치권에 대한 유명한 묘사는 논증의 맥락—이 논증의 맥락은 단테의 정치적 입장 표명과 마찬가지로 스콜라철학적인 심리학의 분명하게 묘사될 수 있는 범주들로 파악되었다—을 보여준다.

그래서 도시국가적 차원에서 국가의 정책이 많은 효과를 내면서 성공한다는 점은 시민들이 느끼는 만족의 정도를 가지고 기준을 삼는다. 이 만족이란, 통치 계층에서 그 영혼의 능력들의 성공적인 조화와 또한 그 결과로서 피지배자들에게도 근거한, 일련의 가치들을 전제로 한다. 로렌체티는 "좋은 정부"에서 '무엇보다 정의(*iustitia*)와 신앙(*fides*)과 사랑(*caritas*)이 다른 덕들과 함께 어떻게 공동체의 좋은 상태를 규정하는지'를 제시한다. 최고의 목표는 여기서도 역시 *felicitas*, 행복이고 그 무조건적인 조건은 평화(*pax*)이고 평화는 시민들의 일치(*concordia*)가 가져온다. 이때에 중요한 것은 '당대의 정치이론에서 차지하는 개인의 위치를 그를 적절하고 지속적으로 공동체 속에 편입시키는 것을 통해서 정의하는 것'이다. "나쁜 정부"라는 반대되는 그림이 보여주듯이 로렌체티도 역시 사람들의 불화(*discordia*)를 다른 어떤 것보다 더 공동체의 몰락의 징후로 파악한다. 화가 로렌체티는 특이하게도 자신을 도시국가의 범위에 한정한다. 단테와는 달리 그는 시에나를 제국 속에 위치시키는 상위의 관점은 고려하지 않는다. 스타우퍼(프리드리히 2세)의 패배 이후에 로마 제국으로부터 이탈리아의 개별국가들을 떼어 낸다고 하는 지속적인 의식은 이미 상당히 진척되어 있었다.

로렌체티의 그림의 예에서 그 이상의 관점은, 특별히 그가 단테의 논증과정—이 경우 당연히 아주 다른 강조점을 가지고—에 대해서 중요한 추론을 할 수 있게 해주기 때문에, 시사하는 바가 많이 있다. 당시에 시에나에서 구속력을 가진, 정치에 관한 표상은, Q. 스키너(Skinner)가 그렇듯이, 아리스토텔레스의 텍스트들—물론 단테도 역시 이것들을 사용하였다—을 직접적으로 다뤄서 얻은 것이 아니었다. 그보다는 오히려 그 표상은 그 원래적 형태에서는 "초창기의 인본주의자들", 무엇보다도 단테의 스승인 브루네토 라티니(Brunetto Latini)에게서 기원했다. 이 저자들은 그들의 아리스토텔레스에 대한 지식을 라틴적인 사유 전통, 즉 키케로, 살루스트, 세네카를 통해서 간접적으로 획득했다. 그런데 이것은 동시에 '그 표상은, 그리스 철학자(아리스토텔레스)의 사고와 그가 새로 획득한 추종자들을 특징짓는, 설득력 있는 학문 체계 대신에 더 강력하게—실용적인 행태가 전통을 로마적이고 라틴적 방식으로 중개하는 경향에 특징적이듯이— 실용적인 행태를 더욱 촉진했다'는 것을 의미한다. 단테는 이 논증 방식을 획득해서 당연히 그것을 변형되고 아주 복잡한 맥락으로 가져왔다.

단테가 특별한 관계를 맺을 수 있었던 브루네토 라티니는 발전된 속인 문화에 귀속시킬 수 있다. 라티니는, 고대 문명으로 향해야만 했던, 시민 사회의 확장을 단호히 옹호했다. 단테가 비록 이 사람의 사유 모델이 확실히 이 세상적이어서 불충분하고 보충할 필요가 있다고 여기기는 했지만 그것을 거절하지는 않았다. 그보다는 오히려 이 모델을 저 세상—로마인 그리스도의 발언과 마찬가지로 그도 저 세상을 은유적인 기준에 의해서 규정되는 것으로 생각했다—에도 역시 전용했다. 그는 B. 라티니가 대표하는, 초창기의 인본주의적인 실용주의를 바로 엄격한 학문 체계와 결부시켰는데, 다시 획득된 아리스토텔레스를 중심으로 한 논쟁은 이 엄격한 학문 체계에 맞춰졌다. 그렇지만 이 말이 '철학자이고 신학자인 단테가 이 세계나 저 세계의 불분명한 점을 해명하기 위해서 웅변술과 그 방법에 대한 지식과 전적으로 원용한다'는 것을 의미하지는 않는다. 그에게 이 지식은 단지 개연적으로만 알 수 있는 것을 더 잘 파악하기 위한 보조 수단으로 작용한다. 그가 차안과 피안을 서로 상응한다고 주장하는 근거인 그 둘 사이의 부분적 일치는 계층화가 된다. 그리고 당시에는 그 둘 사이 관계를 일반적으로 은유적인 방식으로 계층화했다.

만약에 단테가 스스로 세상에서 겪은 경험에 맞추어 문제를 해결한다면 이것은 동시에 자신의 주체성을 결정의 중요한 기관으로 격상시키는 것을 의미한다. 여기서 실용적인 요소는 확실히 확인된다. 그에게 범례적으로 보이는, 고대 로마적 가치의 대표자로서 카토(Cato)가 자유(***libertaà***)를 대변했듯이(**DC**, **Purg**. **I**, **71ff**.; **67ff**.; 또한 **Mon I**, **12**, **10**; **II**, **5**, **15**도 역시 참고) 자유에 대한 강력한 요구는 이러한 맥락에 서 있다. '단테가 실천에 맞춰서 이론을 계발한다'고 하는 사실은, 당시의 중요한 문제들을 토론한, 정치적 저작의 영역에서 특별히 분명하게 드러난다. 그리고 이 점은 특히 『제왕론』의 예에서 증명된다. 단테가 토마스 아퀴나스와 알베르투스 마그누스와, 황제 권력으로 교황의 권력을 제한한다는 문제에 대해서 저술한, 사람들과 관계하는 방식 모두는 그의 제안이 다음과 같은 평가를 받기에 마땅할 만큼 정통적이지 않다. '그는 돌풍처럼 당대의 이론적 논쟁에 뛰어들어서 격앙된 반응을 일

으켰다.'

그는 교황과 황제의 지위가 각각 신에 의해서 주어졌으며 서로 독립적이라고 이해하는데, 이를 표현할 두 기관에 대한 공식은 바로 이러한 맥락에 어울리는 증거이다. 저 세상과 이 세상을 살아가고 결정하는 인간의 시각에서 파악하고 질서 지으려는 "인본주의적인" 동기가 그 속에 원인이라는 것이 분명해진다. 단테의 전 저작을 특징짓는, 정치적 차원은 그러한 조처에 의해서 정해졌다.

Ⅳ

단테의 저작이 긴 시각으로 볼 때 어떠한 추진력을 생겨나게 했는가는 이미 초기의 영향사가 보여준다. 『신곡』이 유명해지면서, 해당되는 사람들을 화나게 했기 때문에, 충동적인 분노를 일으킨 반면에, 『제왕론』은 시인이 죽고 난 직후 교황이 바이에른의 황제 루드비히(Ludwig der Bayer)에 대한 태도가 ―이렇게 보카치오(Boccaccio)는 보고한다― 문제시되었을 때, 실제적인 정치에서 의미를 획득했다. 도미니크 수도사 귀도 베르난디(Guido Vernandi)는 1330년 경에 반대하는 글을 저술했다. 대립은 16세기 이 저작이 바젤에서 황제를 선출하기 위해서 최초로 인쇄되었을 때(1559년)에 다시 반복되었다. 이 저작이 일찍이 금서 목록에 오른 후에 그것은 오랫동안 금지되었다. 1881년 직후에 금서 지정을 폐지한 것이 그 저작의 이론적 토대와 단테가 추구한 의도에 관한 오래 지속된 논쟁을 불러일으켰고 젠틸레도 역시 여기에 참여했다.

『신곡』의 수용은, 초창기 이후에 기대되었듯이, 정치적 관점에서 사변적이지는 않은 방식으로 진행되었다. 그 의미에 대해서는 비록 항상 다시 격렬한 문학적 논쟁이 일어나기는 했지만, U. 포스콜로(Foscolo)가 이탈리아의 정치적 재탄생을 위한 단테의 유일무이한 역할을 강조함으로써 비로소 미래를 전망하면서 강조점을 새롭게 했다. 그 이후에 단테 창작의 상 —예술적으로는 문제가 비록 없지만— 특히 사회적인 연관성에 대한 그의 평가는 오늘날까지도 논란거리로 남아 있다.

–클라우스 레이 Klaus Ley

파도바의 마르실리우스
Marsilius von Padua(1275~1342/43)

\- 연대표 -

1275~1280년	마르실리우스 마이나르디누스(Marsilius Mainardinus). 파도바(Padua)에서 대학 서기관의 아들로 출생. 자유 7학과(*Artes*)와 의학과 신학을 파두바(?)와 파리에서 수학.
1312~1313년	파리의 자유 7학과 대학 총장
1319년	상부 이탈리아에서 황제당 측에 서서 외교적 활동.
1324. 5. 22.	작센하우젠(Sachsenhäuser)의 항의. 바이에른인 루드비히(Ludwig der Bayer)는 교황 요한 22세(Johannes XXII.)와의 싸움에서 조정기관으로서 앞으로 종교회의를 열자고 제안한다.
1324. 6. 23.	『평화의 옹호자』(*Defensor Pacis*)를 완성.
1326년	마르실리우스가 이 책을 쓴 것이 알려지자, 파리로부터 도망쳐서 바이에른인 루드비히의 궁전으로 감.
1327년	아비뇽(Avignon)의 교황청은 『평화의 옹호자』의 논제를 이교적이라 판결한다.
1327~1328년	루드비히 4세의 이탈리아 진군에 참여.
1328. 1. 17.	로마 민족의 대표자에 의해서 루드비히 4세가 황제로 등극 — 아마도 마르실리우스가 영향을 미쳤을 듯.
1338년	렌제(Rhense)의 선제후 연합은 유효하게 (전원

	일치나 다수로) 로마 황제에 선출된 사람은 교황의 승인을 필요로 하지 않는다는 점을 공식화하다. —황제선출법(***Licet iuris***)
1339/40(?)	『옹호자 소(小)』(***Defensor minor***)
1342/43	1343. 4. 10.보다 이전에 사망
1522	『평화의 옹호자』가 바젤에서 처음으로 인쇄.

중세 정치사상의 강조점들 중 하나는 세속적 권력과 정신적 권력 간의 관계를 규정하는 데에 있다. 이 안에서 그 정치사상은 수백 년에 걸쳐서 황제직(*imperium*)내지 왕직(*regnum*)과 성직(*sacerdotium*) 사이에, 혹은 황제나 왕 그리고 교황 사이에 벌어진 정치적 갈등을 반성했다.

494년에 교황 겔라시우스 1세(Gelasius I.)가 황제 아나스타시우스 1세(Anasthasius I.)에게 보낸 편지에서 공식화된 겔라시우스의 두 권력 이론은 기독교 공화국이 종교적이고 정치적으로 하나의 세계라고 명시했다. 관념적으로는 교황적 권위와 황제적 권력의 통일성이 서로 다른 두 관직을 포괄할 수도 있을 것이다. 그러나 정치적 현실 속에서 이 "긴장에 찬 연결(Ineinander)"은 두 권력과 두 대표자 사이의 갈등관계(Gegeneinander)로 발전했다. 이렇게 해서 각각의 성격과 우위에 대한 질문들이 생겨났다. 정신적 권력에 우위를 두었던, 성직자 통치라는 입장은 황제라는 맞수를 만들어냈다. 그리고 그 역도 마찬가지였다. 이 과정에서 획기적인 것은, 교황 그레고리우스 7세와 황제 하인리히 4세의 이름과 결부된, 성직서임 투쟁이다. 스타우퍼의 황제 프리드리히 2세에 대한 교황 그레고리우스 9세와 교황 인노켄티우스 4세(Innozenz IV.)의 논쟁 그리고 프랑스 왕 필립 4세에 대한 보나파티우스 8세의 논쟁. 결국 마르실리우스의 삶과 사고에 획기적인, 바이에른인 루드비히 황제에 대한 요한네스 12세 그리고 그 후계자들인 베네딕트 12세(Benedikt XII.)와 클레멘스 8세(Clemens VI.) 사이의 갈등. 루드비히와 아비뇽의 교황청 간의 갈등은 '선후들에 의해서 루드비히를 선출한 것이 이미 완전한 결정권을 가지고 그를 로마의 왕과 황제로 만드는가 아니면 그는 필수적으로 교황의 인정을 필요로 하는가' 하는 문제를 놓고 터져나왔다.

마르실리우스로 하여금 황제의 편을 드는 정당을 택하도록 만든 역사적이고 정치적인 정황 이외에도 사상사적이고 전기적인 배경이 그의 정치적 사고를 위해서 결정적이다. 파도바의 마르실리우스는, 자유 7학과의 교사(*magister artium*) 학위를 취득하고 의학 공부에 몰두했던, 중세 대학의 학자였다. 자유 7학과의 교사가 되는 학문적 과정은 그의 정치적 주저이고 1324년에 완성시킨 『평화의 옹호자』에서 스콜라철학적이고 논증적인 논의 스타일로 (방법에 관해서는 DP[41] I, c. 1, § 8 참고) 표현하고 있다. 『평화의 옹호자』는 교황의 권력 요구에 대항하는 논쟁서만은 아니다. 마르실리우스는 단지 논쟁하기만을 원한 것이 아니라 자신의 입각점을 입증하려고 논증했다. 그러므로 그를 정치철학자로 읽는 사람은 그의 논증을 분석해야만 한다 (II를 참고할 것). 그 이외에도 마르실리우스는 중세 대학들에서 아리스토텔레스의 실천철학을 열심히 수용했던 저작들을 제대로 알고 있었다. 『평화의 옹호자』에서 그는, 13세기에 다시 발견되고 라틴어로 번역되었던, 아리스토텔레스의 『정치학』을, 그보다 먼저 토마스 아퀴나스와 단테가 그랬던 것처럼, 많이 사용하였다. 그와 동시에 그는 정치학에 대한 아리스토텔레스의 견해를 인간들 사이에 있는 정치적 질서와 지배에 대한 광범위하고 자연스럽고 세속적인 해명을 위해서 사용하였고 이 해명으로 그는 토마스와 단테를 넘어섰다.

---

41) 『평화의 옹호자(*defensor pacis*)』의 약어이다.

I

마르실리우스는 자신의 저작을, 그가 시민적 학문 분야의 철학자들 중에서 탁월한 사람(*eximus philosophorum in civili scientia*)으로 평가했던, 아리스토텔레스의 『정치학』을 계승한 것으로 이해했다 (DP I, c. 1, § 3). 『정치학』 5권에서 아리스토텔레스는 폴리스 안에서의 불화와 불안정과 혁명의 많은 원인들을 다뤘다. 그러나 마르실리우스가 근본악이라고 진단한 것을 아리스토텔레스는 아직 예견하지 못했다 (DP I, c. 1, §§ 3,7; DP I, c. 19, § 3), 즉 성직자들이 요구한 전능권(*plenitudo postestatis*)의 결과로서 '그들이 부당한 방식으로 정치적인 지배력에 달려드는 것' 이다 (DP I, c. 19, § 12; DP II, c. 1, § 5). 마르실리우스가 로마의 주교들이라고 부르기를 선호하는 교황들이 권력을 추구함으로써 정치 질서의 기능적 균형을 무너뜨렸다. 성직자 계급은 결코 정부의 구속력 있는 권력을 사용할 수 없다 (DP I, c. 19, § 12). 이것은 마르실리우스가 『평화의 옹호자』의 광범위한 두 번째 부분에서 스콜라철학적인 논증 기술의 모든 규칙에 따라서 추구한 주요 주장이다. 왜냐하면 마르실리우스는 정치 질서 안에서 단지 하나만의 구속력 있는 권력을 허용하기를 원하기 때문이다. 이 관점에서 그는 토머스 홉스의 입장을 선취한다. "다수의 정부들이 세워진다면 어떠한 제국과 도시도 하나로 되지 않을 것이다. […] 특정한 의미에서 정부의 통일성이 결여되는 장소나 나라나 인간의 연합에는, 로마 제국이 분명히 보여주듯이, 좋은 정부가 불가능하다는 점은 명백하다" (DP I, c. 17, §§ 7,9). 프리드리히 프린츠(Friedrich Prinz)가 개괄하기를

"마르실리우스 이전에는 성직을 국가권력 아래에 세우는 것을 한 번도 철저히 끝까지 생각해 본 적이 없었다 (**Prinz 1976, 66; DP II, c. 8, § 9**).

1326년에 마르실리우스가 저자라는 것이 밝혀지고 난 이후에 그는 자신을 이단자라고 비난하는 것을 알았다. 그는, 그 스스로 권력정치(Machtpolitik)[42]적인 동기에서 정신적 권력과 투쟁을 벌이는, 바이에른인 루드비히에게서 피난처를 찾았고 발견했다. 후에는 프란체스코 수도회의 빈곤 투쟁에서 패배한 사람들도 역시 뮌헨의 궁정에서 피난처를 발견하게 되었는데 그들 가운데 걸출한 지도자가 윌리엄 오컴(Wilhelm von Ockham)이었다. 마르실리우스는 루드비히에게 '그가 『평화의 옹호자』의 정치이론에 상응해서 과감하게 정치적 실천을 완수해야 한다'고 호소했다 (**DP I, c. 1, § 6**). 루드비히가 이탈리아로 원정 가는 것(1327/28년)과 로마 국민의 대표자들에 의해서 로마에서 황제로 즉위하는 것에 그의 영향력이 얼마나 컸었는지는 단지 추측할 수만 있을 뿐이다. 그가 있었다는 사실 자체가 이미 의미 없지 않았다는 점은 확실하다.

마르실리우스는 정치적 공동체를 위한 불화의 나쁨과 해로움에 반해서 평화의 혜택을 강조한다. 그의 작품은 정치적 질서에 평화 혹은 평온(*pax sive tranquillitas*)을 유지하고 투쟁을 불식시키게 하는 가장 중요한 원인을 발견하는 데에 기여하게 될 것이다. 그런데 마르실리우스가 염두에 두고 있는 평화는 종교적이고 형이상학

42) '권력정치(Machtpolitik)'는 정치를 윤리적인 이념과 관련시키기보다는 지배자나 국가의 이익추구를 위해서 권력투쟁을 하는 정책이나 사고를 의미한다. 이는 고대 플라톤-아리스토텔레스적인 정치 개념과는 아주 다른 것이다. 이것이 본격적으로 문제시되는 것은 마키아벨리의 이론이 등장하고 나서부터이다.

적인 것이 아니고, 자연적이고 유기적으로 생각된 공동체가 그 부분에 있어서 서로 방해 받지 않고 협력해서 작용할 수 있는 상태인 '건강한 상태'를 말한다. 마르실리우스가 저술을 통해서 옹호하려고 한 평화는, 정치적 공동체가 '인간이 살아남고 또한 광범위한 욕구의 충족과 덕스러운 실천이라는 의미에서 잘살도록 해주기 위해서' 기능적으로 탁월한 상태, 그러한 평온한 상태이다 (DP I, c. 4, § 1; c. 19, § 2). 정치 질서를 표시함에 있어서 마르실리우스는 ***civitas***(도시)라는 표현과 ***regnum***(왕정)이라는 표현 사이에서 뚜렷하게 흔들리고 있다. ***Civitas***는 마르실리우스가 상부 이탈리아의 도시들에서 겪은, 공화국적인 경험을 반영한다 (Gewirth 1951; Rubinstein 1965 참고). 표준적인 단위로서의 ***Regnum***(Quillet 1970 참고)은 '평화를 세우고 평화를 유지하는, —전략적으로 필적하는—교황권에 대한 평형추를 만든다고 하는' 정치적 과제에 응답한다. 그런데 마르실리우스의 사고에서 공화국적인 특징은 통치하는 구성요소를 배치하는 방식(DP I, c. 11)에서 존재한다.

그런데 도대체 무엇을 위해서 정치적 공동체와 그 통치하는 부분이 필요한가? 정치적 공동체가 생겨나는 근거는 '"부족한 존재"로서의 인간이 자기 혼자서는 살아남을 수 없고 부족한 점을 제거하기 위해서는 동료 인간의 공동 작업에 의존되어 있다'고 하는 사정이다 (DP I, c. 4, § 3). 정치적 공동체 안에서 서로 다른 직업 계층들(농부들, 수공업자, 전사, 상인, 성직자, 판사계층 혹은 심의회)을 통해서 이것이 실현된다 (DP I, c. 4, § 5). 그들은 도시의 구성부분을 이룬다. 니더만(Nederman)은 마르실리우스의 "공공의 기능주의"에 대해서 언급한다 (Nederman 1995, p. 55). 그래서 기본적으로 자연에 의존되어 있다고 하는 성격이 정치적 공동체에 고유한 것이다. 그런데 사회적이고 경제적으로 기능하는 공동 작용은 자동적으로 조직되지 않고 법률적 규정들의 존재와 실시 그리고 공동체에 필수적인 것과 관련해서 미리 내다보고 계획하는 행동을 전제로 한다 (DP I, c. 4, § 4). 여기에 속하는 것은 기독교인인 마르실리우스에게는 또한 신을 존경하고 섬기는 것도 있다 (DP II, c. 15 참고). 그런데 도시가 비록 자연적인 토대를 가지지만 아리스토텔레스주의자인 마르실리우스는 아리스토텔레스의 문장 '인간은 본성상 정치적 생물이다'를 인용하지 않는다. 파도바의 철학자[마르실리우스]에게 인간은 비록 본성상 사회가 필요하고 사회로의 경향을 가지고는 있으나 (DP I, c. 13, § 2) 타락 이후에 타락한 본성의 상태(*status naturae corruptae*)에 있어서 아무 문제없이 사회생활을 할 수는 없다. 여기에 정치 지배질서에 대한 중세의 반성에서 두 번째의, 아우구스티누스로 소급되는 전통의 계통이 드러난다. 라틴계 교부[아우구스티누스]의 주 저작인 『신국론』에서 이것이 탁월하게 표현된다, "아무 것도 그 본성상 이 종족[인간]만큼 축복받은 것이 없으나, 불행히도 스스로의 죄에 의해서 또한 인간만큼 분열적인 것도 없다." (De civ. Dei XII, 28) 그에 상응해서, 『평화의 옹호자』가 몰두하는, 친구로 유지되게 하는 원인들 속에 "인간들의 행동들을 규제하는 권위가 그리고 신적이고 인간적인 법률과 각각의 구속력 있는 정부의 권력이라는 원인과 공동작용"이 속한다 (DP III, c. 3).

Ⅱ

인간의 법률과 법제정의 권한과 수속에 대한 이론과 그 해명은 『평화의 옹호자』의 특히 중요한 가르침을 이룬다. 그것은 첫 부분의 중심에 서 있다. ***Lex***(법률)이라는 표현은 다양한 의미를 가진다. 마르실리우스는 그것을 학교에서 가르치는 대로 분석하고 그의 탐구에 결정적인 의미를 강조한다. "네 번째로 법이란, 비록 가장 잘 알려진 의미에서이지만, 국가적인 삶에서 정의롭고 유익한 것에 대한 지식 혹은 가르침 혹은 전체 관념과 그 반대를 의미한다. 이렇게 파악해서 법률을 두 개의 관점으로 바라 볼 수 있다. 첫 번째로 그 자체로, 그것이 내보이는 한에서, 무엇이 정의로운가 혹은 불의한가, 무엇이 이로운가 혹은 해로운가 그리고 그러한 것으로서 법률은 권리에 관한 지식이거나 이론을 말한다. 두 번째로는 그 결과에 관해서, 현재의 세계 안에서(***in presenti saeculo***) 벌이나 상을 통해서 강제력 있는(***preceptum coativum***) 것인, 명령이 주어지는 한에서 혹은 그것이 명령으로 형태화된 한에서 그리고 그런 식으로 이해되어 그것은 고유한 방식으로 법률을 말한다" (DP I, c. 10, §§ 3f.). 마르실리우스는 강제력 있는 명령이란 특징에 특별히 무게를 둔다 (DP I, c. 10, § 5). 그래서 그는 법률의 세계적인 성격을 강조한다. 그것은 지상의 고귀한 것이 되고 현재의 세계에서 강제력을 가지게 된다. 그것은, 직접적으로 인간 정신의 결정으로부터 나오고 (DP I, c. 12, § 1) 인간의 권위를 통해서 세워지는 (DP I, c. 10, § 6), 고귀한 것이 된다. 법률들이 인간 정신의 정치적 질서로부터 나오고 인간의 권위를 통해서 세워지기 때문에 '누가 이 지식을 도입해야 하느냐 그리고 누가 이 권위를 집행해야 하느냐' 하는 질문이 생긴다. 마르실리우스는 인간의 법률의 결정적인 작용인(*causa efficiens*)에 대해서 질문한다, 즉 '인간 법제정자(*legislator humanus*)'[43]에 대해서 질문한다. 아리스토텔레스와 관련해서 그는 주장하기를 "법률 제정자 혹은 법률의 우선적이고 특별한 작용인은 국민(*populus*) 혹은 시민의 총체(*universitas civium*) 이거나, 시민 총회에서 토론을 거쳐서 표현된, 투표나 의지 표출을 통해서 뽑힌 '그 중요한 부분(*pars valentior*)'[44]이다" (DP I, c. 12, § 3). 그러므로 반복적으로 마르실리우스는 현대 국민주권의 대표자이거나 선각자로 이해된다. 그런데 이러한 평가에는 다음 세 가지의 일정한 약점이 있다. 첫 째로 마르실리우스에게서 주권(*Souveränität*)이 기인했다고 하는 사람은, 입법자가 그에게서 누리는, 재량권을 과대평가한다. 둘째로 마르실리우스에게서 시민의 참여는 단계적으로 여러 층으로 나누어진다. 그를 통해서 시민 전체로서의 국민은 단계적으로 차이가 나는 통일성을 이룬다. "나는 아리스토텔레스를 따라서 [···] '각각 그 사회적 지위(*secundum gradum suum*)에 따라서 국가 공동체 안에서 지배하고 혹은 자문하고 혹은 재판하는 권력에 참여하는 사람'을 시민이라고 부른다" (DP I, c. 12, § 4) 셋째로 마르실리우스를 그의 시대와 구

43) 인간 법제정자(*legislator humanus*)는 두 가지 통치 기능, 즉 입법과 집행 중의 하나이다. 그런데 마르실리우스는 입법 기능을 하는 주체에 *humanus*(인간)을 덧붙인다. 그 이유는 신이 입법자가 아니고 인간이 입법자임을 강조하고 그래서 입법권이 교황권이 침범할 수 없는 고유의 세속적 권한임을 밝히려는 것으로 보인다.

44) 시민 중에서 '중요한 부분(*pars valentior*)'이 구체적으로 누구를 가리키느냐에 대한 이해에 따라서 마르실리우스의 정치적 입장이 국민 주권주의자인가 아닌가라는 물음에 대답할 수 있게 된다. 그런데 저자는 아래에서 보듯이 마르실리우스 자신이 너무 모호하다는 것을 우선 지적한다.

체적으로 연관 짓기를 무시하려는 유혹이 있다. 그를 통해서 그는 무시간적인 선각자로 만들어지고 동시에 그의 시대의 가능성들을 과소평가하게 된다. 마르실리우스를 무시간적으로 여기는 사람은 그에게도 또 그의 시대에게도 정당하지 않다.

마르실리우스의 주장을 학교에서 가르치듯이 해명해 보면, '그가 결코 법 실증주의적인(Gewirth 195) 방식으로 법 내용을 주권적인 자의나 임의에 맡기려고(Hofmann [3]1997, S. 194) 하지는 않는다'는 사실이 분명해진다. 그보다는 오히려 그는 법률의, 그가 분석적으로 구분한, 두 가지 관점들을, 즉 우선, 정치적 질서의 올바름과 유용함을 위한 규칙으로서 그의 내용적인 관점과 그 다음, 강제력 있는 명령으로서 그의 형식적 관점을 그 사태에 맞게 결합한다. 왜냐 하면 마르실리우스의 견해에 따르자면 그가 제시하는 조처가 '공포된 법률은 올바름과 유용함을 위한 규칙이어야 한다는 내용적 요구에 상응하며, 안정성을 증진시킴으로써 광범위한 존중을 받기 위한' 최상의 보증을 제공하기 때문이다. "단지 그로부터만 최상의 법률들이 나올 수 있는 바로, 그에게만 법을 제정하는 본질적인 인간적 권한이 단적으로 주어진다. 이제 그것이 시민의 전체이거나 혹은 전체를 대표하는 '중요한 부분'이다" (DP I, c. 12, § 5). "법 제정권을 통해서 주어진 법이 최상으로 그리고 예외 없이 준수되게 할 수 있는 사람에게만 법 제정의 권한이 주어진다. 이것은 단지 시민들의 전체뿐이다" (DP I, c. 12, § 6).

내용적이고 형식적인 두 경우 모두에서 마르실리우스가 각각의 대전제[45]는 거의 자명하고(*per se notum*) 그래서 더 이상 해명이

45) 마르실리우스는 여기서 삼단논법식으로 말한다. 법률의 내용적 측면의 대전제는

불가능하기도 하고 필요 없기도 하다고 주장한 데에 반해서, 증명의 소전제는 그 자체로 해명을 필요로 한다. 마르실리우스는, 이제까지 오류에 의해서 피해를 당한, 자신의 독자들의 관습(누적된 경험)—이 관습을 그가 두려워하는데—에 대항해서조차 자신이 생각하는 진리의 자명성(*evidentia veritatum*)을 신뢰한다 (**DP I**, c. **1**, § **2**). 왜 최상의 법률들을 제정할, 지적이고 법률적인 권한이 시민의 전체나 '그 중요한 부분'에게 어울리는지를 해명하기 위해서 마르실리우스는 아리스토텔레스의 이론으로 소급해 들어간다. 그에 따르자면 정치적인 문제에 있어서 시민 각자는 판결할 권리가 있다. 그리고 좀 더 낫거나 혹은 좀 더 부족하게 충고하는 개별적 판단들이 합쳐진다면, 그 전체는 내용적으로 최상의 결과가 된다 (**DP I**, c. **13**, § **4**). 두 번째, 즉 안정성에 맞춰진 결론의 소전제를 해명하기 위해서 마르실리우스는 상세히 설명한다. "자신이 부과했다고 시민 각자가 믿는 법률을 그는 제일 잘 복종한다. 그런데 이 점은, 시민들 전체가 그 법률이 남으로부터 온 것이라 할지라도 그것을 잘 들어보고 비준한다면, 그 이후에는 그 법률에도 통용된다" (**DP I**, c. **12**, § **6**). 이는 확실히, 중세의 저자가 여기서 정치적 자치(自治)를 해명하기 위해서 인용하는, 주목할 만한 가치가 있는 사상이다. 즉 '그 시민들이, 최소한 그 사회적 지위에 따라서라도, 스스로 법률적 질서를 책임진다고 하는 확신을 가지는 경우에 공동체가 오랫동안 정치적으로 안정된다고 하는' 사상이다.

올바른 법이어야 한다는 것이고, 형식적 측면의 대전제는 그 법이 지켜져야 한다는 것, 즉 안정성이다. 이는 자명하다. 그런데 이 두 대전제의 소전제는 하나이다. 즉 올바름이나 안정성 모두 국민 전체와 연결된다. 다시 말해서 국민 전체가 제일 올바른 법을 제정할 수 있으며, 국민 전체가 법을 제정하면 제일 잘 준수될 것이라는 주장이다.

시민 전체 이외에도 마르실리우스는 반복적으로 '그 중요한 부분(*valentior pars*)' 에 대해서 말한다. 별로 분명치 않은 이 용어의 의미는 많이 논란되었다. 사람들은 이것을 "다수"로부터 정선된 대표적인 선거 엘리트 (예컨대 신성 로마제국의 황제 선출자로서 일곱 선제후들)에까지 다양하게 해석한다. 그런데 어려움은 '마르실리우스가 이 표현을 해명하지 않는다' 는 데에 있는 것이 아니라, '그가 무수히 서로 다른 설명들을 해서 하나의 전체 상으로 짜 맞추어지지 않는다' 는 데에 있다.

시민 전체는 정치적으로 볼 때 단지 '인간 법제정자' 로서만 활동하지는 않고, 정치적 통치의 조직 형태 일반을 규정하는 데 있어서도 활동한다. 또한 구체적인 정부—이를 마르실리우스는 통치자(*pars principans*)라고 부른다—의 선거와, 혹시라도 있을, 탄핵에서도 그러하다 (Zsf. DP II, c. 30, § 8). 마르실리우스는 상속계승이 없는 선거 군주제를 최선의 통치형태로 증명한다 (DP I, c. 9; DP I, cc. 15f.). 왜냐 하면 선거 과정에서 이 과정에 필수적인 기회에 (DP I, c. 9, § 7) '성격의 면에서 통치에 필수적인 장점들을 지닌 것으로 보이는 사람' 이 통치를 맡게 될 수 있기 때문이다. 고전적인 방식으로 마르실리우스는 통치자의 필수적인 특징들을 규정한다. 통치자는 "총명(*prudentia*)과 윤리적 탁월성, 특히 정의(*iustitia*)로" (DP I, c. 14, § 10) 우수해야만 한다. 정부는 판결을 내리는 기능을 맡고 법제정자로부터 전권을 위임받아서 직능상의 질서를 잡고 보살핀다고 하는 임무도 역시 갖는다 (DP I, c. 7, § 3; c. 15, § 4) 그런데 정부에서 직책을 맡은 사람들은 인간이고 그래서 잘못과 질책이 없을 수 없다 (이에 대한 마르실리우스의 특별한 논증 방식은 DP I, c. 18, §§ 2f.을 참고). 정부가 만약에 주어진 법률에서 벗어난다면 국민은 정부를 질책하고 탄핵시킬 권한을 갖는다. 그런 탄핵이 어떻게 구체적으로 실시되어야 하는가 하는 문제에 관해서 마르실리우스가 비록 아주 모호하게 제시하기는 한다 (DP I, c. 18). 그럼에도 불구하고 여기에 그의 정치철학의 주목할 만하고 공화주의적인 잠재력을 알아 볼 수 있다. 탄핵하는 권한을 인간 입법자에게 돌리는 것은 그 이외에 『평화의 옹호자』의 논쟁적인 논증 목표를 위해서도 또한 중요하다. 왜냐하면 그것은 '단지 교황측 이론가들에 의해서만 주장된 것이 아니라 심지어 윌리엄 오컴 같은 정치사상가에 의해서도 예외적인 경우에 정당화시켜 준 것과 같은, 어떠한 권한' 도 정신적인 권력의 측으로부터 빼앗기 때문이다 (Def. min. c. 2. § 7). 파두바의 철학자가 『평화의 옹호자』에서 주장한 바에 따르자면 정치적 지배권은 단지 국민의 의지를 통해서만 합법적이고 통제된 인간 조직의 권력이 될 수 있다 (Bielefeldt 1987, 102).

Ⅲ

마르실리우스의 인식에 대한 관심은 정치 공동체를 단지 아리스토텔레스 식으로 관찰하고 해명하는 것으로만 향하지는 않는다. 그는 교황 측이 전능권을 요구하기에 생기는 해악에 대항해서 논증했는데, 교황이 자신을 이 세상에서 최고의 강제할 권한을 지닌 통치자로 자칭함으로써 (DP II, c. 3), 이 요구는 분란과 권력 투쟁을 일으켜서 세상의 평화질서를 교란시킬 뿐 아니라, 교회의 질서도 교란시킨다. 그러므로 그는 이성의 논거를 통해서 그리고 성서로부터 나온 전거를 통해서 단지 '성직자들이 강제적인 세상의 통치 권력에 야욕을 품는 것'을 논박하기만 한 것은 아니다. 그리고 그 때문에 그가 성직자를 단지 과격하게 세상의 지배권에 예속시키기만 한 것도 아니다. 또한 그는 이를 넘어서 교회 내에서의 권위에 대한 교황의 절대적인 요구도 역시 약화시키려고 했다. 그를 위해서 마르실리우스는 우선 교회라는 표현의 사용 방식을 분석한다. 논증의 논쟁적인 목표에 상응해서 그는 이 단어의 근원적이고 원래적인 의미로서 '교회란 그리스도의 이름을 믿고 그리스도를 부르는 사람들의 전체 그리고 이 전체의 모든 부분들을 말한다'고 하는 의미를 밝혀냈다 (DP II, c. 2, § 3). 마르실리우스는 신약 성서로부터 나온 무수한 전거들을 통해서 증거를 제시한다. 'Ekklesia[46]라는 표현은 근원적으로 보편적인 참여라는 의미를 내용으로 갖는다'는 점을 이전에 이미 아리스토텔레스의 『정치학』으로부터 나온 전거를 통해서 제시했다 ("Ekklesia에 모든 사람이 참여한다." [DP II, c. 2, § 2; Aristoteles, *Politik* 1272a10f]). 한 편으로 교회를 ***universitas fidelium***(신자들의 전체)로 규정하는 것은 ***universitas civium***(시민들의 전체)로서의 정치공동체 개념에 맞춘 것이다. 다른 한 편 이 교회 개념은 내면화하고 정신화함을 의미한다. 교회가 이 세상에서 그리고 당대에 취하게 되는 외적인 형태는 그 정신적인 사명으로부터는 더 이상 추론해 낼 수가 없거나 혹은 일면적으로 결정되었고 추론해 낼 수 있는 것이다. 그를 통해서 세상적인 통치 권력은 교회의 외적 형태를 조직할 수 있게 되었으며 그 직능

46) 그리스어 *ekklesia*는 교회라는 의미도 있지만, 일반적으로는 민회를 의미한다.

상 가지게 되는 조직의 권한이라는 틀 안에서 교회를 정치적 공동체 안으로 편입시킬 수 있게 되었다. 정치적 공동체 안에서 “직능에 맞게 위탁된 종교 봉사자들(집사들, 성직자들, 주교들)이 예배와 사제직을 위한 공공의 직책을” 차지한다(**Heckel 1958, 283**). 기독교인인 마르실리우스가 비록 이 세상 안에서의 성직자의 기능을 파악하는 것을 회피할 수는 없지만, 성직자에게 이 세상을 위한 어떠한 기능도 단정적으로 거절한다 (**DP II, c. 8, § 5**). 그는 믿는 사람들의 정신적 공동체 내에서조차 교황의 우위를 단호하게 비판한다. 이 우위는 단지 존경을 돌리고 자유롭게 복종하는 역사적 관습으로부터만 나오지 (**DP II, c. 18, § 7** 참고) 근원적인, 즉 성경에 근거한 합법성은 없다. “다른 교회나 주교들이 그리스도나 사도의 명령이나 충고에 따라서 교회적 전례에서나 혹은 로마의 주교에게 복종해야만 한다는 주장은 성경 어디에서도 찾아볼 수 없다” (**DP II, c. 22, § 18**). 마르실리우스에 따르자면 신앙상의 질문을 구속력 있게 결정하는 권한은, 성령이 믿음 안에서 그 결정을 지켜주는, 보편 공의회(***concilium generale***)에 있다 (**DP II, c. 19, § 2**). 오컴과는 달리 마르실리우스는 ‘보편 공의회는 무오류하다’는 견해를 대변한다. 그는 “내가 세상 끝까지 모든 날 동안 너희 곁에 있을 것이다”(**Mt. 28,20**)라는 그리스도의 말씀을 대표적 성격을 띤 보편 공의회에 관련시켜서 이해한다. 그에 반해서 오컴은 그 위로를 유일하게 ***ecclesia universalis***(보편 교회)에만 허용한다 (**Löffelberger 1992**). 그런데 이 무오류라도 역시 공의회가 강제 권력을 지녔음을 설명하지는 못한다. 단지 정신적 기능을 가졌다는 것만으로는 변한 것이 없다. 보편 공의회를 소집하고 구성하는 것은 신자들의 '인간 입법자' 에게 속한 권한이다 (DP II, c. 21). 이로부터 '신학적인 토대 이외에 또한 정치 이론과의 유비에도 기인하는(DP II, c. 20, § 4에 들어 있는 DP I, c. 12에 대한 참조를 비교할 것), 마르실리우스의 공의회 사상은 정치적 질서의 평화를 수립한다는 무게 중심을 세속적 권력 편에 둔다' 는 사실이 밝혀진다.

그런데 공의회주의적 이론의 대표자들은 파두아의 마르실리우스의 생각을 물려받아 발전시킬 수 있었다. 철학적 저작들의 영향사는 좁게 그 저자의 의도라는 궤도에만 머물지는 않는다—예컨대 니콜라우스 쿠자누스는 『평화의 옹호자』를 아리스토텔레스를 시의적절하게 인용한 실례로 이용했다. 비록 『평화의 옹호자』의 첫 번째 인쇄가 1522년에 마르틴 루터의 중요한 저작들과 동시에(예컨대 『기독교적인 당국자(Obrigkeit)에 대하여』 [1523]) 나왔지만 '루터가 『평화의 옹호자』를 읽었다' 는 주장은 요한네스 헤켈(Johannes Heckel)에 따르자면 별로 신빙성이 없다. 영국에서는 헨리 8세(Heinrich VIII.) 치하에서 『평화의 옹호자』가 출판되었다. 평화의 옹호자의 논거들은 정치적으로 교회를 국가권력에 예속시키는 것을 환영한다.

오늘날 그 책을 손에 쥔 사람은, 기독교인이든 시민이든, 이미 중세에 정치적 공동체를 시민들의 문제로 그리고 교회를 신자들의 문제로 만든 사람을 보고 기뻐할 수 있다.

–디르크 뤼데케 Dirk Lüddecke

니콜로 마키아벨리
Niccolò Machiavelli(1469~1527)

- 연대표 -

1469년	5월 3일 피렌체에서 출생, 공증인인 아버지, 아버지의 기대에 따라 인문주의적 교육을 받음.
1498년	피렌체의 제2 재무성의 책임자 (내무부서) 그리고 그 다음에 10인의 자문단의 책임자 (외무와 국방 관계), 이 두 직책을 1512년까지 수행
1500년	프랑스 왕궁으로 처음으로 사절이 되어 감, 루이 12세(Ludwig XII.)를 만남.
1501년	마리에타 코르시니(Marietta Corsini)와 결혼하여 6명의 자녀를 둠.
1502년	체사르 보르기아(Cesare Borgia)에게 사절로 파견됨.
1503년	교황 율리우스 2세(Julius II.)의 선출을 위해서 로마로 사절로 감 (그 이후로도 수 차례 이어짐). 진정서 『키아나탈의 봉기하는 사람들을 어떻게 처리해야만 할까』
1504년	체사르 보르기아의 주변에서 관찰한 것을 발렌티노이스의 공작(IHerzog von Valentinois)[47]에 관한 작은 책으로 저술.
1506년	마키아벨리의 영향력 아래에 피렌체의 민병대(Miliz) 창설, 민병대를 책임진 9인의 자문단의 책임자
1508년	황제 막시밀리안 1세(Maximilian I.)에게 사절로 감, 그 이후에도 수차례 이어짐.

47) 루이 12세가 체사르 보르기아를 발렌티노이스의 공작으로 임명하였다.

1509년	민병대가 봉쇄한 이후에 피사(Pisa)를 정복, 이때가 그의 정치적 경력의 최절정, 작은 책자들: 『독일에 관한 보고』(1508/09)와 『독일의 정치적 상황』(1510/12)
1510/1년	『프랑스의 정치적 상황』
1512년	메디치가(die Medici)가 복귀한 뒤에 그는 관직에서 해임됨.
1513년	메디치가에 반대하는 반란의 혐의로 체포됨, 추방과 상 카시아노(San Casciano)의 페르쿠시나(Percussina)에 있는 상 안드레이아(Sant' Andrea) 농장으로 귀향. 『논고(論考)들』(*Discorsi*)을 쓰기 시작, 『군주론』(*Principe*)의 첫 번째 판.
1516년	루첼라이 궁전(Palazzo Rucellai) 정원에서 있었던 오르티 오르첼라리(Orti Coricellari)라는 정치적 토론 모임의 중심인물이 되다.
1520년	『전쟁술에 관한 대화』, 역사소설 『카스트루치오 카스투르카니(Castruccio Casturcani)의 일생』
1521년	『피렌체 공화국의 개혁에 관한 진정서』
1525년	『피렌체의 역사』(*Istorie Fiorentine*) 완성.
1527년	메디치가가 축출된 이후 다시 공화정, 그러나 새로운 정치적 직책을 얻지는 못함, 6월 21일에 사망, 산타 크로체(Santa Croce)에 매장.
1531년	『티투스 리비우스의 로마사 처음 10권에 대한 논고들』(*Discorsi sopra la prima deca di Tito Livio*)이 로마에서 출간.
1532년	『군주론』이 로마에서 출간.

마키아벨리의 정치적 저작들은 정치사상사에서 상반되게 해석되며 상반되는 선택을 위해서 이용되었다. 어떤 사람들에게는 그가, 루소가 생각하듯이, 국민에게 영주들의 음모를 경고하기를 원했으며 그 때문에 자유를 지키기 위한 많은 지침들을 주었던, 제대로 된 공화주의자였다. 다른 사람들에게는 그가 양심도 없는 권력정치가들의 조언자였으며 우선 절대주의와 그 다음에 참주정치의 양부들 중의 하나로서 고전적인 정치학의 윤리적 의무를 파괴하였으며 정치학은 단지 직접적인 성공과 긴 기간의 권력 증대라는 준칙으로만 정립하였다. 그는 서부와 중부 유럽에서 근대 초기에, 고전적이고 아리스토텔레스적인 정치 표상을 몰아내고 정치 이론을 근대의 '권력국가'[48]를 확대하고 보장하는 것을 지향하는, 국가이성(Staatsraison)[49] 이론의 최초 주창자로서 읽혀졌었다. 거의 비슷한 시기에 영국 혁명의 공화주의의 대변자들과 후에 미국의 건국의 아버지들은 그를, 공화국의 근본원리들과 공화국 혁신의 메커니즘과 그를 보전해 줄 수 있는 전제들을 아주 분명하고 아주 날카롭게 숙고해 보았으며 정치에 참여해 본, 사상가의 대표자로 생각했다. 현대의 마키아벨리 해석의 문제는 '무엇보다 『군주론』에 근거한 수용과 『논고들』에 기초한 수용이 서로 대립되면서 병존한다'는 사실이다.

48) '권력국가'란 앞서 각주 42)에서 언급하였던 '권력정치'를 추구하는 국가로 이해하면 될 것이다.

49) '국가이성'이란 프랑스어 레종 데타(raison d' État)로부터 온 것이다. 우리말로는 국가이유(國家理由)라고도 한다. 의미나 뉘앙스는 다양하지만, 공통적인 의미는 '국가와 그 체제 유지가 제일차적인 목표로서 주어지며 그를 위해서 윤리나 종교 등도 희생시킬 수 있다'는 견해이다. 이는 당연히 마키아벨리와 연관지어진다.

I

마키아벨리가 살았던 시대는 이탈리아 전체에서와 마찬가지로 피렌체에서도 근본적인 변혁의 시기였다. 도시 공화국의 시대는 제도적으로 확립된 '영토국가'의 압력으로 막을 내렸고 이탈리아는 유럽의 주도권을 쥐기 위한 발로아(**Valois**) 가문과 합스부르크(**Habsburg**) 가문 간에 벌어진 갈등의 공연무대가 되었다. 마키아벨리의 정치적 신념들은 이러한 상황에서 나온 것이고 이 상황을 장악하고 극복하려고 노력했다. 그러므로 신념들은 초연한 반성으로부터 생겨나지 않았고 또한, 마키아벨리가 정치적 관직에서 면직되고 때때로 피렌체로부터 추방당한 결과로 그가 직접적으로 정치적으로 활동할 길이 막혔기 때문에, 그 신념들은 정치적 조언들과 지시들로서 저술되었다. 마키아벨리에게서 보이는, 정치적 사건들로부터 냉정히 거리를 두기나, 그가 정치적으로 잘못된 결정을 묘사할 때 보이는, 경멸적인 침착함이나, 그가 발전을 지시할 때 보이는, 건방지고 교만한 태도는 그의 실제적인 내면적인 태도라기보다는 강요된 몸짓이다. 피렌체와 이탈리아의 장래에 대한 깊은 염려는 언제나 다시 나타나서 그로 하여금 '정치적으로 바꿀 수 있는 유리한 기회들을 부주의하거나 미숙해서 놓칠 수도 있다'는 염려를 하게 한다. 그리고 필수적이고 유망한 것을 알고 있다는 확신은 글을 쓰게 만든다. 그러면 그는 정치적 투사와 행위자의 관점을 냉소적인 느낌을 주는 관찰자의 관점으로 바꾼다.

이러한 태도는 『군주론』의 결론적인 장(아마도 글을 쓰고 나서 이년 후에 쓰여졌을 것이다)에 "이탈리아를 자유롭게 하고 야만인들로부터 지키라는 외침"을 표현한다. 이 외침은 이탈리아의 부흥 통일 운동에서 이탈리아를 국가적으로 통일하라는 마키아벨리의 유언으로 읽혀졌다. "그래서 이탈리아는 그렇게 오랜 고통 후에 드디어 이탈리아의 구속자도 보게 될 것이다. 대단한 사랑과 감사로써 바로 그 사람이 어디서나 받아들여지지 않겠는가! 내가 말하는데, 이러한 외국인들의 홍수에 고통당한 모든 지역에 그리고 그렇게 오랫동안 이미 복수가 혈관 속에서 끓고 있는 곳에! 어떠한 도시들이 그에게 문을 닫을 수 있으며 어떠한 민족이 그에게 복종하기를 거부하겠는가? 어떠한 질투가 그와 싸울 수 있는가? 이탈리아의 단 하나의 아들이라도 그에게 경의를 표하지 않을 수 있는가? 확실히 아니다. 왜냐 하면 모든 사람은 야만인의 지배라는 무거운 짐에 질려 있기 때문이다." (PS, 123)

그러나 동일한 마키아벨리가 예컨대 『독일에 관한 보고』에서는 또한 냉정한 관찰자로서 '이탈리아 문제에 독일이 관여해서 장기적인 영향을 주게 되리라고 예상되는지' 토론한다. "그런데 '이전에 황제를 강력하게 생각했고 그의 계획은 쉽게 성취된다고 믿었던' 각 사람에게 희망을 유지시켜 준 것은 '이전에 한때 그러했었던 것처럼, 지금도 독일에서 황제의 계획을 거역할 수 있는 영주를 볼 수 없다'는 사실이었다. 이것은 정말 옳았고 지금도 옳다. 그런데 사람이 잘못 생각하는 것은 '독일에서 황제를 반대해서 단지 전쟁이나 반란이 일어나는 것만으로는 그를 저지할 수 없으며, 그뿐 아니라 황제를 돕지 않기도 해야, 그를 저지할 수 있다'는 점이다. 감히 황제와 싸우려 하지 못하는 사람은 그를 돕는 것을 거절할 수는 있다. 그리고 감히 황제 돕기를 거절하지 못하는 사람은 —이 사람이 도움을 약속했다면— 국민을 보내지 않을 용기는 가지고 있다. 그리고 감히 그럴 수도 없다면 파송을 지연할 수는 있다" (PS, 361f.).

한편 마키아벨리가 '이탈리아를 통일한다는 기획, 최소한 중부 이탈리아와 상부 이탈리아에서 강력한 영토국가를 건설한다는 기획을 가진' 영주에 대해서는 성공할 전망을 강조하기 위하여 모든 반대되는 요소들, 특히 모험을 할 마음이 적고 나태하다는 점을 도외시했다면, 또 한편 그는 역으로 막시밀리안 황제의 이탈리아 출정에 대해서는 잠재적인 아군이 주춤거리고 심지어 방해하게까지 되는 동기들을 강조하고 있다. 그래서 우리는, 바람직한 것을 지향하는, 정치적 웅변가, 즉 정치 이론가라기보다는 작가적인 정치가와 만나는가? 때때로 '마키아벨리는 역사의 진행에서나 인간의 본성에서 항상, 자신이 바로 취하고 있는, 입장을 지지하는 것만을 강조한다'는 인상을 받는다. 그래서 그는 그의 책 중 한 부분에서 "대체적으로 인간들"에 대해서 다음과 같이 적는다. 즉 인간들은 "감사할 줄 모르고 안정적이지 못하고 위선적이고 겁이 많고 이기적이다. 사람이 그들을 이용하지도 않으면서 그들에게 좋은 행동을 하는 한 그들은 재산과 삶과 아이들과 모든 것을 감사함으로 제공한다 (…). 그런데 당신이 그들을 필요로 한다면 그들은 화를 낸다. 그리고 깊이 생각하지 않고 또 예방조처도 없이 그들의 말을 믿는 사람에게는 아무 것도 그의 불운보다 확실한 것은 없다" (PS, 94f.). 그런데 그는 단지 몇 페이지 후에 그와 반대로 설명한다. "왜냐 하면 인간들은 결코 그렇게 비열하지는 않아서 그들은 그들에게 제대로 봉사한 사람들을 배은망덕하게 해치지는 않는다" (PS,

113). 혹은 다른 부분에서는, "인간들은 다른 사람들에게 자신이 그들로부터 받은 좋은 것과 마찬가지로 그들에게 좋은 것으로 갚게 마련이다" (**PS**, **80**). 그에 상응해서 참고문헌도 마키아벨리의 인간상을 정말 다르게 서술한다.

그런데 그렇게 —겉보기에— 모순적인 구절들로부터 마키아벨리 이론의 구성원리를 알아 챌 수 있다. 우선 한번 그는 인간의 태도에 대해서 그리고 그로부터 나오는 역사의 과정에 관해서 보편적인 가정을 공식화한다 ("나라들은 대부분 그 질서를 변형시키는 데에서 무질서하게 된다. 그 다음에는 새롭게 무질서로부터 질서로 넘어간다. 자연에 의해서 인간적인 사물에 있어서는 가만히 머물러 있는 것이 허용되지 않는다." **PS**, **318**). 그는 보편적 가정을 보통 개별적 관찰의 일반화로서 그리고 개별적인 경우를 설명하고자 들여온다. 이때에 그는 이해타산으로 환원시키는 방식을 사용한다. 즉 인간들의 태도는, 그들이 공개적인 의사소통에서는 그 구속력을 인정하는, 그런 일반적으로 통용되는 의무나 도덕적 규칙이나 윤리적 가치들에 맞추기보다는 그들의 이해타산이나 그들이 이롭다고 여기는 것을 향한다. 오늘날까지 도덕철학에 정초한 정치 이론은 마키아벨리를 '그는 공개적인 제도 가운데에서 통용되는 자기 의무감을 불신하고 자신의 행동을 거기에 맞추는 것은 위험하다고 경고한다' 고 해서 비난한다. 이는 다음에서 증거를 찾을 수 있다. "그리고 많은 사람들이, 결코 존재해 본 적이 없는, 공화국과 왕정을 공상적으로 생각한다. 사람이 실제로 사는 방식과 사람이 살아야만 할 방식 사이에 몹시 큰 차이가 있어서 당위만을 바라보지 현실을 바라보지 않는 모든 사람은 유지되기보다는 몰락을 경험한다. 그러므로 어디서나 순수하게 도덕적으로 행동하기를 원하는 사람은 그렇게 행동하지 않는 사람들 사이에서 빠르거나 늦거나 몰락할 수밖에 없다" (PS, 91). 이로부터 마키아벨리는 '정치가가 성공적으로 행동하고 싶다면 도덕적 의무에 원칙적으로 따른다는 것은 그에게 충고할 만하지 않다'는 결론을 내린다.

이 이해환원주의는 당연히, 그가 정치적으로 위험하고 스스로를 파괴한다고 공개적으로 비난한, 일반화된 도덕적인 가정이나 기대에 반대할 뿐 아니라 또한, 그가 피렌체 공화국으로부터 위임 받아서 행한 많은 사절 시절에 실천했던, 정치적 예측의 기본가치를 이룬다. 그래서 그의 『독일에 관한 보고』에서의 예측, 즉 '왜 막시밀리안 황제가 추후로 이탈리아에 군사적으로 개입하는 것은 거의 예상하기 어려운가' 하는 예측은 이 개입에 필수적인 후원 세력들의 독특한 이해타산에 근거해 있다. "그렇다면 도시들도 또한 '영주들이 개인적으로 이탈리아의 나라들을 얻고 기뻐하지만 도시들은 아니기 때문에 이탈리아를 정복하는 것은 영주들을 위한 것이지 도시들을 위한 것은 아니'라는 점을 알고 있다. 그런데 수익이 같지 않은 곳에서는 인간들이 자발적으로는 똑같이 출정하고 싶어하지 않는다" (PS, 363). 그러므로 후원자들은 나태하거나 방해하려는 마음에서 행동하지는 않으며, 단지 '이해타산에 따라서 행동하며 그와 동시에 기대될 수 있는 이득을 예상된 비용과 비교 계산하는' 규칙에 따라서 행동한다.

『군주론』 26장의 "외침"에서도 마키아벨리는 중부와 상부 이탈리아에서 '영토국가'를 세우려는 기획을 후원하는 것은 이탈리아인 각자의 이해에 부응한다는 점을 제시한다. "이탈리아, 빈사상태에 처해 있는 이탈리아는 —내가 말한다— 구원자가 나타나기를 기대한다. 그 구원자는 롬바르데이(Lombardei)와 나폴리 왕국과 토스카나(Toskana)의 고통을 끝내고, 시간이 너무 오래 경과하여 거의 치료할 수 없이 된, 곪고 있는 상처를 치료한다. 이탈리아는, 자신을 외부인의 폭력정치의 견딜 수 없는 멍에로부터 풀어줄, 구원자를 위해서 신께 기도한다. 이탈리아는 용감한 자가 세우게 될 어떠한 깃발이라도 따를 준비가 되어 있다" (PS, 121). 아무리 억압이 견딜 수 없어도 효과를 기대할 수 있을 경우에만 인간들은 자유를 위한 투쟁을 감행하기 때문에 그는 '그가 애호하는 "새로운 군주(*nuovo principe*)"는 바로 군대 조직에 관한 관점에서 비인습적이며 그에 상응하게 인간들을 바꿀 각오를 가지고 자기 나라 사람들로 구성된 군대를 창설하는 데에 반해서, 왜 이전에 있었던 모든 자유를 위한 투쟁이 이탈리아 영주들의 군사 · 정치적인 전통주의에 의해서 실패로 돌아갔는가' 하는 점을 세부적으로 설명한다.

그런데 이렇게 개인적인 도덕이나 정치적 풍속에 대해서 회의적인 이해환원주의는 정치적 행동의 가능성이라는 관점에서 마키아벨리의 최종적인 주장은 결코 아니었다. 이해환원주의의 근본조건으로서 보편적으로 타당한 것이 어느 경우에나 타당한 것은 아니다. 특히 '만약에 공화국의 시민들이 제도에 의해서 모든 경우에 자신의 이해타산을 그 행동의 기준으로 삼는 것이 아니라 공동체의 필요조건을 지향하도록 양육된다면' 그렇지 않다. 그는『논고들』안에서 이것을 로마 공화국의 예에서 보여줄 수 있다고 믿었다. 사람이 '인간들이 윤리적인 관점에서 그들에게 원래 기대할 수 있는 것보다 더 나은 행동을 하도록 만들기'를 원한다면 사람은 로마의 모범을 따르는 공화국을 건설해야만 한다. 이러한 의미에서 마키아벨리는 결코 도덕의 파괴자이거나 악의 교사가 아니다. 그는 윤리적 태도와 정치적 질서에 관한 관계를 고대의 공화국적인 사상을 모범으로 해서 사고했다. 그는, 정치적 질서의 기준인, 도덕을 먼저 요구하지 않는다. 만약에 정치적으로 좋은 질서가 존재한다면 그때에서야 비로소 그는 인간들의 윤리적 태도를 기대할 수 있었다. 그러므로 그는 인간의 도덕 대신에 시민의 풍속을 놓는다. 이것이 결여된 곳에서는 총명한 정치가도 역시 '인간들이 도덕적으로 행동하기'를 기대하지 않는다. 여기에 국가이성 이론과 마키아벨리주의가 결부되어 있다. 그러나 이것이 이러한 문제에 있어서 마키아벨리의 유일한 견해는 아니다. 그런데 '만약에 공화국이 존립하려면 공화국의 시민들은 그들의 행동을 공동체의 필요 조건들에 맞춰서 생각할 수 있고, 또한 그렇게 해야만 한다'는 것이 그의 신념이었다. 여기서 그는 공화주의자를 따른다.

II

마키아벨리가 자라난 피렌체는 단지 이름과 외양에 따라서만 아직도 공화국이다. 왜냐 하면 실제로 메디치 가문과 그 고객관계의 그물망으로 조직된 추종자들이 만사를 결정했다. 그러나 로렌초 데 메디치(**Lorenzo de' Medici**)의 사후에 그의 아들 피에트로(**Pietro**)는 그의 아버지가 지녔던 정치적 지위를 감당할 수 없었고 그래서 프랑스 군대가 **1494**년에 토스카나까지 쳐들어 온 기회에 피렌체에서는 소요가 일어나서 메디치가가 축출되고 공화국이 다시 건설되었다. 이때에, 로렌초의 시대에 공개적으로 메디치가에 반대하는 설교를 했고 속죄와 회개를 촉구했던, 도미니코 수도사 기롤라노 사보나롤라(Girolano Sanonarola)가 결정적인 역할을 했다. 도시의 중 · 하류 계층으로부터 높은 지지를 얻었던, 그의 개혁기획은 국민의 많은 부분을 정치로 끌어들여서 도시를 기독교화하고 윤리화했으며, 이것은 귀족 가문이 호화롭게 삶을 영위하는 것과 문화적이고 품위있게 소비하는 것을 몹시 제한할 것을 요구했다. 피렌체에 공화주의가 다시 살아난 것을 환영하는 마키아벨리는 사보나롤라가 구약적인 모범을 따르고 설교를 정치적 지도력의 수단으로서 믿는 것에 대해서 회의적으로 바라보았다. 『군주론』에서 마키아벨리는 그를 "무장하지 않은 선지자"라고 불렀으며 '무장한 선지자들은 성공할 수 있지만, 무장하지 않은 선지자들은 몰락한다'고 첨가했다. "기롤라노 사보나롤라는 이 점에 있어서 오늘날의 예이다. 그는, 추종자들을 믿음 가운데 붙들고 회의하는 자들을 믿음으로 강요하는, 권력을 가지고 있지 않았기 때문에 실패했다" (PS, 64).

마키아벨리는 종교적 신념에 기인한 설득술을 일반적으로 거절하지는 않는다. 그러나 그는 '정치가나 법제정자가 단지 종교적 신념 위에만 의지해서 성공하게 된다는 것'은 의심했다. 그는 항상 모세, 테세우스(Theseus), 퀴로스(Kyros), 로물루스 내지는 누마 폼필리우스(Numa Pompilius)를 '그들이 직접적인 권력과 이데올로기를 통한 간접적인 영향력이라고 하는 이중의 통치기술을 서로 결합시켰다고' 묘사했다. 그래서 그는 그의 종교 정치적인 신념을 『논고들』에서 약술한다. 즉 "공화국이나 왕정의 지배자들은 (…) 종교의 기본 지주들을 바로 지켜야만 한다. 그러면 그들의 국가를 종교적으로 그리고 그 결과로 잘 통합시키는 것이 쉬운 일이다. 그들은 (그들이 비록 진실이 아니라고 생각한다 할지라도) 종교로 하여금 유익할 수 있게 하는 모든 것을 원조하고 확대하게 해야만 한다. 그런데 그들이 그런 일을 많이 하면 할수록 더 현명하고 더 계몽적이고 더 분명하게 사물의 본성을 통찰한 것이다. 총명한 자들이 이러한 규칙을 준수함으로써, 그 자체로는 허위이지만 모든 종교들이 환호하는, 기적에 대한 신앙이 생겨난다. 왜냐 하면 어떠한 원천으로부터 종교들이 나오든지 간에 종교들은 총명한 자들에 의해서 확산되고 그래서 그들 각자가 이러한 신앙을 가지고 있다고 하는 명망을 얻게 된다" (PS, 159-161). 계몽주의가 성직자의 거짓이라는 이론으로 발전시켰던 것을 마키아벨리는 훨씬 이 전에 통치기술로서 발표했다.

사보나롤라가 몰락하고 그의 추종자들이 행정기관에서 쫓겨남과 동시에 마키아벨리는 정치적 경력을 시작했다. 이탈리아어에서뿐 아니라 라틴어로도 좋은 문장가였던 그는 1498년에 공화국의 수상인 아드리아노 아드리아니(Adriano Adriani)의 추천으로 제2 재무성(내무부서)의 책임자 그리고 후에는 이를 넘어서 10인의 자문단(외무와 국방 관계)의 책임자를 맡았다. 형식적으로는 이것은, 두 관청의 문서 교류를 완성하는 데에 종사하는, 낮은 역할이었다. 그러나 그는 피에로 소데리니(Piero Soderini)—공화국의 새로운 강자 그리고 결국 종신 원수(*Gonfaloniere a vita*)—의 가장 중요한 정치 고문이 되었기 때문에, 그의 실제적 영향력은 다대했다. 이때에 마키아벨리는 특히 두 가지 주요 요구에 직면해 있다고 생각했다. 즉 공화국이 외교적으로 행동할 수 있는 공간을 확보하는 것과 1499

년에 피렌체로부터 이탈해 나간 피사를 다시 정복하는 것이다. 피렌체가 피사를 다시 정복하기 위해서는, 이탈리아에서 정치적이고 군사적인 계획을 실현하기 위해서 가능한 한 많은 항구들을 지배하기 원하는, 프랑스인들의 허가를 필요로 했기 때문에 이 두 문제는 서로 연관되어 있었다.

이 과제들을 수행하는 가운데 아르노 강의 공화국(Arnorepublik)(피렌체)의 작은 관리(마키아벨리)는 거대한 유럽의 권력들의 정치와 그들이 이해타산을 추구하는 방식을 통찰하게 되었다. 공화국의 사자로서 그는 네 번 프랑스 왕궁에 갔었는데 그 중의 두 번은 황제 막시밀리안과 만났다. 그리고 또한 그는 거기서 일어나는 결정 과정을 탐색하기 위해서 교황청에 두 번 갔다. 그는 "소데리니(Soderini)의 경비견"으로서 사절단에 참여했으며 피렌체의 시의회에 규칙적으로 보고하는 임무를 맡았다. 마키아벨리의 사절 편지와 결론적 보고서는 정치적 분석과 예측의 작은 걸작이었다. 거기서 그는 거대한 권력들의 이해관계의 상태를 밝혔으며 각각의 정치인의 성격을 조사했으며 방문한 나라의 경제적이고 군사적 자원을 묘사했으며 결국 정치의 이러한 세 요소에 근거해서, 각각의 권력자가 결정할 수 있는, 행위의 가능성들을 약술하고 이것이 피렌체 공화국에 의미하는 바를 논했다. 그는 후기 저작에 특유한 이해환원주의적 정치 분석을 특별히 사절단의 테두리에서 실행하고 발전시켰다.

그런데 마키아벨리에게 중요한 사절단 일은 그를 거대한 유럽 통치자의 궁전으로 데려가지 않고 교황 알렉산더 6세(Alexander VI.)의 아들, 체사르 보르기아(Cesare Borgia)에게로 이끌었다. 그런데 체사르 보르기아는 아버지와 교회의 돈의 도움으로 로마냐(Romagna)

의 영토를 정복하고 프랑스 왕으로부터 발렌티노이스의 공작이라는 직위를 얻었다. 그는 피렌체의 이해관계가 미치는 영역과 영토로 그의 정치력을 확장시키기 직전에 이르렀다. 마키아벨리는 여러 번 체사르 보르기아와 만났고 그의 추진력과 주저하지 않는 결연함은 아주 당연히 마키아벨리에게 깊은 인상을 주었다. 정치가로서 그는, 마키아벨리가 자기 고국의 정치가들에게 없어서 몹시 아쉬워했으며 현안 문제들을 해결하기 위해서는 필수불가결하게 여겼던, 바로 그 특성들을 소유하고 있었다. 체사르는 마키아벨리에게, 행운과 좋은 여건을 통해서 권력과 영향력을 획득한, "행운(Fortunà)의 사람"이었다. 체사르의 경우에 이 여건은 자기 아버지의 영향력과 프랑스의 전략적인 이해관계였는데, 프랑스는 상부 이탈리아에서 자기에게 예속된 동맹국들을 만드는 것에 흥미를 가졌으며 그 때문에 체사르에게 군대와 합법성을 부여하였다. 마키아벨리가 보기에 그러한 정치가의 문제는 우선 행운에 의해서 열려진 기회(*occasione*)를 포착하고 그 다음에 행운으로부터 독립해서 스스로의 발로 설 수 있기 위해서 유리한 순간(fortunà)을 이용하는 것이다.

『군주론』은 광범위한 범위에 걸쳐서, 어떻게 '행운의 사람'으로부터 '능력(virtù)[50]의 사람'으로 되는가, 즉 자신의 힘과 능력으로 자신을 드러내는 정치가로 되는가,에 대한 조언들의 개관이다. 사려 깊은 기다림과 총명한 전략적 행동과 높은 정도의 절제가 아니라 추진력과 결연함과 주저하지 않음이 요청된다 —마키아벨리가 『군주론』 25장에서 요약하듯이. 즉 "내가 믿기로는 광포한 것이 조

50) 여기서 능력이라고 번역한 ***virtù*** 는 보통 덕으로 번역한다. 그러나 이는 남성(***vir***)으로부터 나온 단어로서 남성다움, 즉 능란함, 유연성, 과단성을 의미하기에 능력으로 했다.

심스러운 것보다 더 낫다. 왜냐 하면 행운은 여성이라서 만약 사람이 그녀를 때리고 차지 않는다면 그녀와 함께 해나갈 수 없기 때문이다. 우리는 정말 경험으로부터 '그녀는 무기력한 사람보다는 과격한 사람에 의해서 강요될 수 있으며 이 때문에 그리고 젊은이들은 덜 조심스럽고, 그 때문에 더 용감하고 정열적이기 때문에, 그녀는 젊은 사람들의 친구' 라는 점을 안다" (PS, 120). 마키아벨리는 『군주론』에서 체사르 보르기아를 여러 가지 측면에서 성공적인 정치적 행동의 모델로 실례를 들어 설명했는데, 이것이 ―체사르의 행동(약속위반에서부터 살인까지)을 고려할 때에― 마키아벨리의 악명을 높이는 데 기여했다. 그런데 최소한 '그가 단지 특별한 사정 하에서 그리고 특수한 상황 속에서만 체사르를 모범적으로 보았으며 범죄를 저지른 경우에는 결코 정치적 성공을 위한 제왕의 길로 보지 않았음' 이 고려되지 않고 있다. 곧바로 체사르가 감사해할 것을 기대하고 추기경 줄리아노 델라 로베레(Giuliano della Rovere)를 교황(율리우스 2세)으로 선출하는 것을 허락했을 때 마키아벨리는 즉시 이를 잘못이라고 파악했다. 후에 그는 율리우스 2세가 체사르의 영향력을 빼앗은 것에 대해서 보도했다. "사람은 '이 교황이 아주 예의바르게 빚을 갚는 것' 을 본다. 그는 잉크병에 붙은 지우개로 그의 빚을 지운다. 그런데 모든 것 중에서 재량권이 그에게 주어진다. 그리고 더 많이 주어질수록 그는 더 많이 간다. 그(체사르 보르기아)가, 살았든지 죽었든지 간에, 이제 한번 사로잡혔기 때문에 오랫동안 그를 생각하는 것은 불필요하다" (PS, 396). 체사르 보르기아의 행위들이 이로써 정치가 마키아벨리를 위해서는 끝이 났다. 그런데 정치 저술가 마키아벨리는 그것들을

10년 후에 『군주론』에서 다시 한 번 언급한다. 왜냐 하면 마키아벨리는, 그가 이탈리아를 통일시키리라고 희망하는, 사람이 출발해야 하는 상황이 체사르가 그의 공작령을 정복할 때와 흡사하다고 여기기 때문이었다. 지속적으로 성공하기 위해서는, 기대를 건 정치가는, 행운이 그에게서 호의를 거두어 갈 때에 좌절한, 체사르 보르기아와는 다른 성격의 사람이어야만 한다.

마키아벨리가 정치적으로 활약하던 시기에 있던 또 다른 중대한 문제는, 점점 더 피렌체에서 공화정적인 질서에 영향을 주는 문제가 되어 가고 있었던, 피사의 재정복이었다. 마키아벨리가 이미 전부터 애호해 왔다가 1506년 이래로 실현시킨 해결책은 피렌체의 지배영역 안에서 선발된 민병대의 창설이었는데, 피사를 다시 정복하겠다는 기획에 민병대를 운용했더니, 당시에 일반적인 용병대보다 비용은 싸게 먹히면서도, 더 많은 참여를 확보하게 되었다. 1509년에 피사는 점령되었고 마키아벨리는 그의 정치적 경력의 최고점에 도달했다. 로마 공화국의 모범을 따라서 그는 '시민들로 구성된 군대가 정치적 안정성과 군사적 성공의 열쇠인데 반해서, 이탈리아에서 일반적인 그리고 이후에 유럽으로 확산된, 돈으로 고용된 군대를 사용하여 전쟁을 치르는 것은 몰락으로 이끈다'는 신념을 일생 동안 지녔었다.

『군주론』 12장에서 그는 용병제도를 다음과 같이 비판한다. "용병 혹은 예비군은 쓸모없고 위험하다. 그들을 의지하는 군주는 결코 안전하지 않다. 그들은 하나가 되지 않았고 명예를 좇으며 규율이 없고 충성심이 없으며 친구들 사이에서는 용감하나 적군 앞에서는 비겁하다. 그리고 그들은 신을 두려워하지도 않고 성실성도 없다. 그래서 공격이 연기되는 만큼만 몰락이 연기될 뿐이다. 당신은 평화 시기에는 그들에게 그리고 전쟁에서는 적들에게 약탈당한다. 사랑이 아니라 어떤 한 동기, 즉 봉급이 그들을 임무에 묶어 두는데 봉급은 그들을 죽을 마음이 생기게 할 만큼 충분히 크지 않다. 그들은 평화가 있는 동안에는 당신의 전사가 되고 싶어한다. 그러나 전쟁이 닥치면 그들은 도망쳐 달아난다". 일반 용병에 타당한 것이 또한 우두머리, 즉 용병대장에게도 타당하다. "봉급으로 산이 군대의 지도자는 우수하거나 혹은 그렇지 않다. 그가 우수하다면 그 때문에 당신은 그를 믿을 수 없다. 왜냐 하면 그는 자신의 명성을 생각해서 그의 주인인 당신이나 아니면 당신의 의사에 반해서 다른 사람들을 억누르려고 한다. 그가 그렇지 않더라도 그는 어차피 당신을 파멸시킨다". 그런데 용병에 반대하고 향토의 민병대를 찬성하는 것은 단지 신뢰할 만하고 싸우려는 준비 태세 때문만이 아니라 또한 내부에서 억압의 도구로 작용하지 않기 때문이기도 하다. "그 이외에도 공화국이 외국인 군대의 억압에 대항하는 것보다는 무장한 시민들을 가지고 있으면서 이들 중의 하나가 억압하려드는 것에 대항하는 것이 안전을 확보하기에 더 낫다. 그래서 로마와 스파르타는 몇 백년 동안이나 무장하고 있었으며 자유로웠다. 그리고 현재도 스위스인들은 가장 잘 무장하고 있으며 가장 자유롭다" (PS, 83).

피렌체에서는 민병대가 피사 앞에서 성공을 거둔 지 3년 후에 프라토(Prato)를 방어하는 데에서는 비참한 실패가 뒤따랐다. 메디치가는 프랑스의 지원을 받는 공화국에 대항하여 스페인의 지원을 확보했으며 전쟁 경험이 많은 스페인 보병과 포병에 대항해서 피렌체의 민병대는 단지 짧은 동안만 저항했다. 그런데 프라토의 함락은 공화국의 파멸과 같은 의미이고, 이것은 또한 정치가로서 마키아벨리의 경력의 끝을 의미했다. 메디치가가 그를 어떻게 생각했는지는 '피에로 소데리니 외에는 그가 모든 관직에서 즉시 파면된, 유일한 사람이었다' 는 사실이 잘 보여준다.

Ⅲ

마키아벨리는 1512년의 관직 파면에 이어서 메디치가에 반하는 음모를 꾸몄다는 혐의로 체포되었다. 조반니 메디치(Giovanni Medici)가 교황(레오 10세[Leo X.])으로 선출된 후 시행된 사면이 마키아벨리를 풀어주었으나 피렌체로부터 추방시켰다. 이제까지 단지 실제 사용하기 위한 목적으로 정치적 텍스트를 저술했던 그가 정치적 활동의 모든 가능성이 차단되자, 정치에 관해서 조직적으로 심사숙고하기 시작했다. 이로부터 그의 추방 후 첫 몇 년 동안에 『논고들』 뿐 아니라 『군주론』도 생겨났다. 그는 정치 이론가가 된 것이다. 그가 정치적 활동을 하는 동안에 얻은 경험을 체계화하기 위한 방법론은 비교라는 방식이다. 아마도 마키아벨리는 체계적으로 검토해 보아서라기 보다는 직관적으로, 그의 모든 대작들에서 특징적인, 비교의 방법을 선택했을 것이다. 13세기 이래로 '사람들은 아르노강의 도시(피렌체)를 로마 공화국의 합법적인 후계자로 여겼으며 그에 따라서 도시들이 찬양하는(*Laudes urbium*) 가운데 피렌체를 환호했다' 는 점이 피렌체의 정치적 사고에 있어서 특징적이었다. 마키아벨리는 피렌체 사람들이 로마 공화국의 계승이라고 주장하는 것을 의문시했으나 로마의 모범적 성격은 확실히 했으며, 그래서 피렌체를 비판적으로 비교해 보았다. 두 국가를 비교해 보는 것에 근거해서 그는 안정된 공화국의 제도적 질서와 그 정치를 위한 조언과 지시를 계발해 냈다.

『피렌체의 역사』 제3권의 서론에서 비교하는 방법에 관해서 논한다. "귀족은 명령하려고 하는데 국민은 들을 마음이 없기 때문에 그 둘 사이에는 자연스럽게 격렬한 갈등이 생기고 이것은 도시국가에서 생기는 모든 악의 원인이다. 이 충돌하는 격정으로부터 공화국을 뒤흔드는 모든 것들이 양분을 얻는다. 이것이 로마를 하나 되지 못하게 했으며 이것이 —만약에 큰 것(로마)을 작은 것(피렌체)과 비교하는 것이 허용된다면— 피렌체를 분열시켰다. 그러나 이 두 도시에서 이 분열로부터 생겨난 결과는 서로 다르다. 로마에서 처음에 국민과 귀족 간에 있었던 적대감은 말로 결판이 났던 데에 반해서, 피렌체에서는 검으로 결판이 났다. 로마의 적대감은 법으로 막을 내렸다면 피렌체의 적대감은 많은 시민들의 추방과 죽음으로 끝이 났다. 로마의 적대감은 전쟁에서 용기를 증대시켰다면 피렌체의 적대감은 피렌체를 완전히 소멸시켰다. 로마의 적대감은 국가를 평등으로부터 시민들 사이의 아주 큰 불평등으로 이끌었다면 피렌체의 적대감은 불평등으로부터 놀라운 평등으로 다시 이끌었다" (PS, 299). 비교를 통해서 마키아벨리는 원하는 정치적 결과의 원인들과 피해야만 할 정치적 결과의 원인들을 발견하려고 했다. 그가 이렇게 하는 한 그는 규범적이지 않은 정치학의 창시자로 불릴 수 있다. 그런데 그가 —정치사상사의 많은 선행자들과는 달리— 기독교적인 도덕관념을 정치적 행동의 기준으로 받아들이기를 날카롭게 거절했기 때문에, 비교의 결과들과 그로부터 추론해낸 결론들을 규범적으로 막아 버리거나 제한해 버리지 않을 수 있었다는 점이 결정적이다. 그는 단지 정치적 행동의 성공과 실패에 대해서만 말할 수 있었다. 『군주론』 18장의 결론에서 그는 다음과 같이 요약한다. "사람은 단지 결과에 따라서만 모든 인간의 행동을, 그리고 특히 자신의 상위에 어떠한 판단자도 두지 않는 영주들의 행동을 판단한다. 그러므로 자신의 삶과 지배권을 유지하는 것이 영주의 유일한 목적임에 틀림없다" (PS, 98).

비교라는 방법론을 통해서 마키아벨리에게 '공화국의 자기 유지는 군주국의 합법성과는 다른 합법성을 요구한다'는 사실이 분명해졌다. 후자에서는 통치자의 개인적 특성과 능력이 결정적인 반면에 공화국에서는 제도들이 '통치 업무가 규칙에 맞게 돌아가는 것과 시민들이 안전하고 만족하도록' 돌보고 또한 '시민들이 공화국의 필수조건들에 사회적이고 도덕적으로 맞추도록' 돌본다. 마키아벨리가 비록 항상 다시금 능력 있는 개인들을 끌어들이기는 했지만, 공화국의 개혁이나 새로운 건설이라는 문제에서 그는 정치적으로 능력 있는 개인들보다는 시민들의 참여도 함께 작용하는 이 제도들을 더 신뢰했다. 『논고들』 I, 9에서 법질서를 뛰어넘는 개인, 즉 *uomo virtuoso*(탁월한 인간)과 제도적 장치에 얽매인 대중 사이의 관계를 다음과 같이 규정했다. "그러므로 자신이 아니라 공공의 복지를 높이고 자신의 후손이 아니라 공통의 조국을 유익하게 하려는 의도가 있는, 공화국의 현명한 법제정자는 권력을 혼자서 소유하도록 노력해야만 한다 (…). 그런데 그는 충분히 현명하고 좋은 의도를 가져서 그가 획득한 권력을 다른 사람에게 상속시켜서는 안 된다. 왜냐 하면 인간들은 선으로 향하기보다는 훨씬 더 악으로 향하기 때문에 그의 후계자가, 그는 고귀한 목적에 사용했던, 권력을 자신의 권력욕을 위하여 사용할 수 있기 때문이다. 더 나아가 개별적인 사람이 헌법을 제정할 수 있다고 해도 이것을 유지하는 짐이 개별적인 사람의 어깨에 지워져 있다면 이것은 오래 가지 않는다. 그러나 많은 사람이 이를 염려한다면 오래 간다. 대중은 의견이 서로 달라서 최상을 인식하지 못하기 때문에 그들은 국가에 (새롭게) 질서를 제공할 능력이 없는 것과 마찬가지로 그들이 한번 최상을 인식했다면 그것을 잃어버리도록 하나가 되지도 않는다" (**PS, 151f.**).

마키아벨리는 공화국의 생존이 단지 아주 예외적인 경우에만 그러한 탁월한 개혁자와 신설자의 개입을 통해서 안전해졌다는 점을 알기를 원했다. 그러므로 그는 '공화국이 일정한 간격을 두고 그 사이에 들어온 나쁜 변화들을 되돌리기 위해서 최초의 상태로 되돌아가야만 한다' 고 제안했다 (『논고들』 III, 1). 동시에 이것은 '사람이 탁월한 정치적 재능을 가진 사람에게 의존하지 않고, 원래적인 헌법에 대한 지식이 아직 있을 동안에는, 원칙적으로 모든 시민이 이를 할 수 있다' 고 하는 장점이 있다. 마키아벨리가 공화국의 사회적이고 도덕적 타락과 관련하여 두려워했던 것은 거칠 것 없는 경제적 호황기와 문화적인 융성의 시기였다. 그는 이러한 시기는 정치적 안정성의 토대를 황폐화해서 의식도 못하는 사이에 정치적 활력을 타락시키는 것을 가속화한다. 그래서 그는 '공화국 내부의 갈등을 활력을 일으키는 발전기로 사용하기 위해서 조절된 형태로 갈등을 제도화할 것' 을 제안했다. 그는 『논고들』 I, 4에서 쓰기를

“사람이 귀족과 국민 간의 갈등을 비난한다면, 내 생각으로는, 로마의 자유를 유지해준 제일 원인을 비난하는 것이다. 그러면 사람은 이러한 갈등 속에서, 거기서 생겨나는, 좋은 결과보다는 주로 소음과 소동을 관찰하고 ‘각각의 공화국에서 위대한 소수와 국민의 사고와 추구가 서로 다르며 이 분열로부터 자유를 위한 모든 법률들이 생겨난다’는 사실을 생각하지 않는다. (…) 공화국이란 덕성의 많은 실례들을 제시할 수 있어야만 한다면 사람은 공화국을 세웠다고 말할 수 없게 된다. 왜냐하면 좋은 예들은 좋은 교육을 통해서 생겨나고 좋은 교육은 좋은 법률을 통해서 그리고 좋은 법률은, 많은 사람이 생각도 없이 비난하는, 그 소란을 통해서 생겨나기 때문이다” (PS, 138). 마키아벨리가 이러한 심사숙고를 하는 가운데 —물론 그는 이해타산을 조정하는 것보다는, 헌법으로 길들일 수 있는 갈등에 더 많은 관심을 보이기는 했지만— 원칙적으로 현대의 대의 민주주의 기초를 세웠다.

–헤르프리트 뮌클러 **Herfried Münkler**

토머스 모어
Thomas Morus(1477/78~1535)

- 연대표 -

1477/78년	런던에서 2월 6일이나 7일에 출생.
대략 1490년경	세인트 앤토니 스쿨(St. Antony-School)에 다닌 후에 대법관이자 대주교인 모튼(Morton)경의 가인(家人)이 됨.
대략 1492~1496	옥스퍼드에서 자유 7학과와 신학을 공부. 2년 후에 뉴 인(New Inn)에서 법학을 공부. 1494년 이후에 런던의 유명한 법학원인 링컨스 인(Lincoln' s Inn)에서 공부.
1501년	자신의 사무실을 가지고 변호사 개업. 아우구스티누스의 『신의 도성』을 강의. 그로신(Grocyn)과 리나크러(Linacre)와 함께 고대 그리스어 연구. 릴리(Lily)와 함께 『그리스 사화집(詞華集)』(*Anthologia Graeca*)에서 풍자시들을 번역.
1504년	국회의원. 헨리 7세(Heinrich VII.)의 조세부과에 반대.
1505년	제인 콜트(Jane Colt)와 결혼했으나 그녀가 1511년에 죽자, 같은 해에 앨리스 미들턴(Alice Middleton)과 결혼. 1505/1506년에 에라스무스가 손님으로 모어의 집에 머무름. 루키안(Lukian)의 저작을 공동으로 번역.
1510년	헨리 8세의 첫 국회의 의원. 런던 시(市)의 시장대리에 임명됨.

1515년	플랑드르로 가는 무역 대표부에 참여. 『유토피아』의 둘째 권을 저술. 런던에서 1516년에 완성시켜서 11월에 뤼뱅에서 출간.
1517~1529년	헨리 8세에게 봉사하며 정치적 경력. 무수한 외교적 고위 업무에 종사하면서 왕립 자문의 멤버(1517년), 왕의 비서(1518년), 옥스퍼드 대학의 집사장(High Steward)(1524년)과 케임브리지 대학의 집사장(1525년), 성실청(Star Chamber)의 법관(1526년), 대법관(1529년).
1532년	영국의 성직자 계급은 최종적으로 헨리 8세의 수장권에 굴복한다. 하루 후에 대법관에서 물러남. 1533년에 그는 앤 불린(Anne Boleyn)의 왕비 즉위식에 참석치 않다.
1534~1535년	수장권에 대한 맹세를 거부한 후에 1534년 5월 14일에 런던탑에 수감되고 봉토의 몰수 후에 1535년 6월 12일에 위증에 근거하여 사형판결 받음. 7월 6일에 탑 언덕에서 참수형을 통해 사형집행 당함. 1935년에 시성됨.

Ⅰ. 『유토피아』의 정신사적이고 전기적인 위치

토머스 모어는 아마도 『유토피아』가 없었어도 유명해졌을 것이다. 그러나 확실히 이 작품이 없었다면 후세가 그를 정치사상의 대가로 높이지는 않았을 것이다. 모어는 이 책으로 단지, 오늘날까지 존속하는, 문학상의 새로운 장르를 만든 것만은 아니다. 더 중요한 것은 그가 『유토피아』를 통해서, 주관적 자연법의 계약이론적인 범례를 위해서(홉스, 로크 등)뿐 아니라 권력국가를 위해서도(보댕, 마키아벨리, 칼 슈미트) 역시 독창적인 새로운 가능성을 제시하는, 근대의 사상전통을 세웠다는 점이다. 어떤 사람은 심지어 '『유토피아』가 출간됨으로써 현대의 개인주의적인 방향을 위한 집단적인 새로운 가능성을 논할 수 있다'고까지 주장할 수 있게 되었다. 모어의 다른 저작들도 비록 가치를 상세히 평가하기 위해서 충분할 정도로 중요하다. 하지만 여기서는 단지 좁은 의미에서의 그의 정치사상의 "고전다움"만이 문제시되기 때문에 이 철학적이고 역사적이고 신학적인 저술들은 아래에서 고려하게 않을 것이다.

모어의 유명한 저작은 단지 유럽의 정치사상의 상황을 변화시키고 영향을 준 것만이 아니라, 또한 저자 자신의 지적 발전 내에서도 중요한 단면을 표시하기도 한다. 『유토피아』는 모어의 현세적이고 인문주의적인 사상이 높은 경지에 이르렀음을 보여준다. 실제로 그의 유명한 책이 출판되기까지 그의 삶은, 직업적 성공을 고대 저자들에 대한 연구와 이상적으로 결합시킨 것처럼 보이는, 길을 걸어왔다. 모어가 가인(家人)으로 있었던, 존 머튼 대법관의 배려에 의해서 신학을 공부하고 아버지의 소망에 따라 법률을 공부하고 난 이후에 그는 1501년에 이미 자신의 사무실을 가지고 변호사를 개업했으며 이를 통해서 곧 런던의 상업자본가들인 그의 고객들과 함께 민법 분야에 있어서 부와 명성을 획득했다. 모어가 1504년에 국회의원에 당선되었을 때에 그는 정치에서 첫 경험을 했다. 그가 헨리 7세의 조세 요구에 반대했기 때문에 헨리 7세의 불쾌감을 불러일으켰다. 모어는 1509년에 헨리 8세의 즉위와 더불어 왕의 정치적 압박으로부터 벗어날 수 있게 되었다고 믿었으며 1510년에는 새로운 왕의 첫 의회에서 의원으로 선출되었다. 그는 같은 해에 런던 시의 시장대리(시장의 법률 문제 고문)으로 임명되고 이어지는 몇 해 동안 왕에 반해서 무엇보다도 런던 시의 이해관계를 위해서 일했다.

그의 직업적인 성공과 함께 그의 명성은 유럽의 주도적인 인문주의자 집단에서 높아갔다. 그의 친구들 중에 존 콜레트(John Colet) 외에도 무엇보다 에라스무스가 들어있는데 이 사람은 그에게 자신의 고전적 저작 『어리석음 예찬』을 헌정했다. 이탈리아 르네상스에 영향을 받은 윌리엄 그로신(William Grocyn)과 토머스 리나크러(Thomas Linacre)와 윌리엄 릴리(William Lily)와 함께 모어는 그리스 언어와 문학을 상세히 연구하였다. 1501년에 그는 공개 강의를 했는데 특히 아우구스티누스의 『신의 도성』에 관해서였다. 그는 동일한 해에 릴리와 협동으로 『그리스 사화집(詞華集)』(*Anthologia Graeca*)에서 풍자시들을 번역했다. 1505/1506년에 에라스무스가 모어의 집에 손님으로 왔을 때 그는 에라스무스와 함께 루키안을 번역하였다. 1510년에 그는 자신의 번역 『존 피커스의 생애』(*Life of John Picus*)를 출판했다. 4년 후에 그는 『리처드 3세의 역사』를 시작해서 1518년에 출판했다. 그리고 1516년에는 무엇보다도, 그의 세계적인 명성의 기반을 놓아준, 『유토피아』를 출판했다. 아직 공개적인 종교전쟁이 발발하기 전에 저술된 이 책은 인문주의적인 사상의 개혁 희망을 담고 있는 것처럼 보인다. 『유토피아』의 생성 문맥도 역시 이 가정을 지지한다. 즉 모어는 1515년에 플랑드르로 가는 무역 대표부에 참여한 것을 주도적인 인문주의자들, 예컨대 브뤼거의 에라스무스, 엔트워프의 피터 질리스(Peter Gilis)와 말리나스의 제롬 부슬레이든(Jerome Busleyden in Malinas)과의 심도 있는 대화를 위해 사용하였다. 이 대화의 연관 속에서 그가 1515년 5월 7일부터 10월 22일까지 플랑드르에 머무는 동안 『유토피아』의 제2부를 저술했다. 1516년 초에 그는 런던에서 이를 첫 권에 덧붙임으로써 완성했다. 같은 해 12월에 책은 뤼뱅에서 출판되었다.

그런데 『유토피아』가 출판되고 난 직후에 모어의 사상은 심각한 결과를 지니는 입장의 전환이 있었다. 『유토피아』에서는 "정의"가 최소한 "질서"에 못지않게 중요한 의미를 지녔으나 후대의 저작들에서는 무정부의 두려움과 그로 인한 질서사상이 일면적으로 지배했다. 이 "패러다임 전환"이 "나쁜 메이데이", 즉 1517년 5월 1일 런던에서 외국인을 증오해서 일어난 소동과 관련하여 왕이 포고한 예외상황과 연결되어 있다는 것은 근거 없는 일이 아니다. 그러나 그것은 영국에도 강력해진 프로테스탄티즘으로부터 본질적인 자극을 받았다. 만약에 『네 개의 마지막 사물들』(*The Four Last Things*)이라는 신학적 논문을 도외시한다면 모어의 중기 저작 시기에 속하는 저작들, 예컨대 『루터에 대한 대답』(*Responsio ad Lutherum*)(1523)

과 『이단에 관한 대화』(*Dialogue concerning Heresies*)(1529)와 『틴데일의 대답에 대한 논박』(*Confutation of Tyndale's Answer*)(1532/22)은 프로테스탄트의 요구에 대한 정통 카톨릭적인 입장을 옹호하려는 목적에 바쳐져 있다. 그는 프로테스탄트에 대해서 늘 같은 논거로 경고한다. 그것은 사회를 화해할 수 없는 서로 대립되는 종교적 입장들로 분열시키기 때문에 공동체의 안정성을 해친다는 것이다. 그의 저작 『유토피아』를 본질적으로 카톨릭 종교의 결과로 해석했었던 것은 결정적으로 모어의 이러한 후기 발전 때문이었을 것이다. 그 모범은, 하루 일과에 대한 그 광범위한 통제 메커니즘과 그 반(反)개인주의적인 삶의 양식과 공동소유의 선택이 명백하게 보여주고 있는 것처럼, 중세의 수도원이었다.

이 해석은 게다가 모어의 생애의 상세한 부분에 근거하고 있다. 그가 모튼 주교의 가인(家人)이었던 시기에 이미 자신의 종교적 성향을 자각하고 있었다. 1499년부터 1503년까지 그는 런던 카르투지오회 수도원(Charterhouse)에서 손님 신분으로 살았다. 성직자가 될지 아니면 결혼을 할 것인지 아직 결정하기도 전 1501년에 그는 영혼의 위기에 부닥쳤다. 그는 자신의 성욕을 억누를 수 없다고 믿었기 때문에 1505년에 제인 콜트(Jane Colt)와 결혼하기로 결심했으며 그녀는 그에게 세 딸과 한 아들을 낳아주었다. 그의 첫 번째 부인이 죽고 난 직후 1511년에 그는 과부인 앨리스 미들턴(Alice Middleton)과 결혼해서는 그녀와 공개적으로 "심화된 이 세상에서의 참회"(Marius)라는 의미에서 성적인 면에서 금욕적으로 살았다. 그러나 후에 왕의 이해관계의 대변인으로서의 정치적 경력 속에서도 그의 정통 카톨릭적인 믿음의 확신으로 향한 방향은 변하지 않고 그대로였다. 헨리 8세 진영이 프로테스탄트에 대항해서 싸우는 동안에는 모어가 왕의 충실한 정치가임을 보여주었다. 그리고 그의 경력은 왕을 위해서 일련의 고위 외교적 활동을 하면서 왕이 그에게 1529년 대주교의 직을 내리기까지 계속해서 상승했다. 하지만 그가 지속적으로 정치적 권력을 유지할 수는 없었다. 얼마 되지 않아 그는 왕의 새로운 고문, 토머스 크롬웰의 그늘에 서 있게 되었을 때, 더 이상 "유명무실한 대표자"로서 있지는 않았다. 그 때에는 "정치가 그에 의해서가 아니라, 그의 곁을 지나서 진행되었었다"(Marius). 그런데 종교적 신념이라는 측면에서 그가 성실청(Star Chamber)의 법관으로 프로테스탄트적 이교도들의 박해에 있어서 엄격했다는 점도 역시 그다운 것이었다. 그래서 그는 그들을 투옥하고 고문하고 화형에 처하는 것을 최소한 동조하면서 받아들였다.

마지막으로 특히 모어가 '헨리 8세가 이혼하려는 의도로 카톨릭 교회에 반대하는 방향으로 노선을 변경한 것'을 받아들이기를 지속적으로 거절한 것을 언급해야만 한다. 그는 투옥되어서나 죽음 앞에서도 역시 자신의 신학적 신념에 투철했다. 런던 탑에서 쓴 저술들, 『수난에 관한 논문』(*Treatise on the Passion*), 『축복받은 몸을 수용함에 관한 논문』(*Treatise to receive the Blessed Body*), 『박해에도 불구하고 생기는 위로에 대한 대화』(*Dialogue of Comfort against Tribulat*), 『그리스도의 삼위일체론』(*De Trititia Christi*)은 모어가 카톨릭 신앙에 깊이 뿌리를 내렸다고 하는 데에 대한 증거들이다. 그러나 『유토피아』를 추후에 일어난 일을 보아서 해석하는 것(Ex-post-Interpretation)에 대해서는 경고해야만 한다. 『유토피아』는 1516년에, 모어의 사상에서 인문주의적 신념들이 그의 종교적 전제들에 의해서 "교정되기는" 했지만 아직 중첩되지는 않았던, 시점에 출판되었다. 그러므로 이하에서 나는 '『유토피아』는 그 정신사적인 생성의 관점에서 볼 때 비록 고대와 기독교적 동기로부터 자양분을 얻었지만, 그 모범은 그 생성과 동일하지 않으며 뚜렷하게 "현대적인" 특성을 지니고 있다'는 명제를 입증하려고 노력하게 될 것이다.

Ⅱ. 『유토피아』의 구조

신세계가 발견되지 않았더라면 『유토피아』는 현재 있는 대로의 문학적 형식으로 쓰여지지 않았을 것이다. 책의 첫 권에서 유토피아 당 추종자인 라파엘 히틀로데우스(Raphael Hythlodeus)는 아메리고 베스푸치(Amerigo Vespucci)의 동반자로 소개되는데 1507년에 출판된 이 사람의 여행일지를 모어는 알았음에 틀림없다. 히틀로데우스가 모어와 함께 이끌어 가는 대화의 중심에 유럽의 사회적이고 정치적인 질서가 서 있다. 거기서 그는 "유럽이, 그가 여행했던, 더 넓은 세상에 있는 다른 장소들보다 얼마나 더 많이 타락했는가"(Marius)를 입증하려고 노력한다. 둘째 권에서 히틀로데우스는 공개연설의 형식으로 유토피아의 이상적인 기구들을 서술한다. 그에 의해서 서술된 사회 모델의 시나리오는 유토피아적 사상의 전통에서 학파를 이루었다. 비록 각 시기마다의 특색에 의해서 단절되기는 하지만 거기서 발달된 구조적 특성들은 후대의 모든 초안들에서 다시 떠오른다. 이 특성들은 당대에 대한 비판적 진단과 그에 대비되는 사회적 이상으로부터 시작해서 사회적인 공동생활의 경제적인 전제들과 정치 체계를 지나 유토피아적 가정이 요구하는 타당성에 대한 언급에까지 이른다.

모어는 거의 1권 전체, 그러므로 책의 거의 50퍼센트를 당대의 유럽 사회의 비판적인 진단에 바쳤다. 그러나 단지 양적으로만이 아니라 질적으로도 시대의 진단은 이상적 공동체 자체의 서술과 마찬가지로 대단한 중요성을 지닌다. 이 조사 결과는 유토피아적 가정의 중요한 구조적 특징과 연관되어 있다. 우선 모어가 원래 속해 있던 사회의 사회적이고 정치적인 결손을 상세하고 합리적 기준에 맞춰서 분석하는 것은 허구적이면서 더 나은 대안을 실재와 결부시키도록 보증하며, 이 대안을 단지 아무 구속력도 없는 꿈이나 신화나 천년왕국설로부터 떼어놓는다. 이 대안은 또한 『유토피아』에 규범적인 성격을 부여해서 더 나은 미래에 대한 세계 내재적인 희망 같은 것을 이 세상에서 중개할 수 있을 것처럼 보이게 한다. 왜냐하면 인간적 곤경이 신의 벌의 결과나 악마의 작품이거나 맹목적 운명의 결과로 해석되지 않고, 인간 자신의 산물로 해석된다면 바로 그 만큼, 스스로의 책임인 잘못된 발전의 원인을 제거함으로써 모든 사람을 위한 "성공적인" 삶의 토대를 놓는다고 하는, 전망이 생기기 때문이다.

실제로 모어는 히틀로데우스에게 헨리 8세 치하의 사회적이고 정치적인 과오들을 무효화하는 비판을 하게 한다. 그리고 그 분석적인 날카로움은 당대의 문맥에서 그와 유사한 것을 찾기 힘들다. 그 출발점은 공동체의 분열이다. 모어는 이 분열의 원인을 소위 종획(綜劃)운동(Einhegungsbewegung)[51]에서 보았다. 잘 알려져 있다

51) 영어로 인클로저 운동(Enclosure Movement)으로 부르는 것으로 15~16세기에 양

시피 이 운동은 15세기 이래로 섬유 생산을 목적으로 양모에 대한 다대한 수요가 일개 지역을 넘어서는, 광범위한 시장에서 생김으로써 일어났다. 그 때문에 영국에서는 땅을 소유한 귀족들 대다수가 이익이라는 관점에서 양모를 더 얻으려는 목적으로 공유지(Gemeindeland/Allmende)를 목장으로 바꾸어 대규모로 양을 칠 수 있기 위하여 공유지에 울타리를 침으로써 자기 것으로 만들었다. 모어가 다음과 같은 유명한 문장을 썼을 때 그는, 영국에서 사회적 한 계층 전체가, 즉 소작농이 희생된, 이 과정을 염두에 두고 있었다. "아주 부드럽고 자족하게 마련인 것이 당신네들의 양들이다. 그러나 이제는, 사람들이 듣듯이, 식탐이 많고 성질이 나빠져서 심지어는 인간조차 먹어치우고 들판과 농가와 마을을 황폐화시키고 백성을 쫓아낸다" (Utopia, ed. Heinisch, S. 26). 더 나아가서 모어가 땅을 소유한 귀족의 경제적 개인주의와 초기 절대주의의 권력추구 사이에 밀접한 연관성이 있다고 여겼다는 점은 언급할 만한 가치가 있다. 후자는, 우리가 모어를 해석하는 바에 따라서, "국가라는 이름과 법 아래에 그 자신의 이익을 추구하는, 부자들의 모반의 일종" (108)에 다름 아니다.

모어의 비판의 틀은 구조들을 목표로 한다는 점에서 특징지어질 수 있다. 이 틀은 어떠한 도덕화하는 의인화도 피하면서 전체로서의 현존의 소유상태를 향한다. "공공의 선"을 실현하는 것을 계속해서 방해하는 것이 사유재산의 소유이다. 그 양극화되는 경향에 반대하여 "각 사람에게 그가 자신의 사유재산이라고 부르는 것을"

모 생산을 늘리기 위해서 지주들이 공유지에 울타리를 침으로써 농민들을 살던 곳으로부터 몰아내게 되었던 운동.

법 제정을 통해서 보호하거나 혹은 “다른 사람의 소유로부터 충분히 멀리하게 하는 것”은 불가능하다 (44). 또한 국가적인 차원에서 영주의 자문으로써 인간적인 정책을 수립하는 것도 의미가 없다. 히트로데우스는 이런 일이, 사유재산을 소유하는 데에서부터 생겨난, 재산과 권력의 축적의 익명의 논리 앞에서 좌절할 것이 틀림없다는 점을 설파하기에 지치지 않는다. 사회적 법률 제정이나 정치적 권력을 통제하기 위한 기구도 역시 축적을 무력화시킬 수 없다. 그것들은 단지 징후들을 치료할 뿐이고 그 뿌리에서 악을 공격하지는 못한다 (44f).

그런데 사유재산의 토대 위에서는 “최상의 것이 최악의 사람들에게 돌아가기 때문에” “정의롭거나 효과적인 정치”가 가능하지 않아 보인다면, 대안은 현존하는 사유재산법을 개혁하는 데에 있지 않고 공동소유의 기초 위에서 과격하게 새롭게 출발하는 데에 있다. 모어는 유토피아를 섬에 위치시킴으로써 유럽의 사회구조를 이렇게 단절하는 것을 상징적으로 표현했다. “백지”와 마찬가지로 실제적인 소유관계의 전통과 법적 요구로부터 벗어나서 유토피아는 “모든 사람에게 모든 것이 속해 있는 곳”이라는 상태를 묘사한다. 이 상태만이 “공공의 저장소가 채워져 있는 한 아무에게도 개인적으로 필요한 것이 부족하지 않을 것”을 보장한다. “어떠한 비우호적인 재화 분배도 없으며 거기에는 가난한 자도 거지도 없다. 그리고 비록 아무도 어떤 것도 소유하고 있지 않지만 모두 다 부자이다” (106).

그런데 동시에 모어에게 ‘공산주의적인 공동소유의 이러한 질서는 그 구체적인 실현에서 다음 두 가지 제한적인 조건들을 고려하는 경우에만 이성의 규준들에 맞출 수 있다는 점’이 분명했다. 즉 수단의 부족함과 인간학적인 결핍. 이런 조건 하에서만 우리는 유토피아의 타당성을 검토할 수 있다.

Ⅲ. 유럽의 곤경에 대한 대답 — "최상의" 국가로서 『유토피아』

a) 수단의 부족

모어가 처음부터, 그 재생산은 본질적으로 인간과 동물의 근력의 힘에 기초하고 있는, 산업사회 이전의 농경사회의 제한된 자원으로부터 출발했다는 점은 그가 현실주의적으로 "최상의" 국가를 구성했다는 것을 보여준다. 유토피아 사람들의 토지는 "어디나 비옥하지는 않고 기후는 아주 좋지도 않다"고 (78) 한다. "자연적으로 너무 메마른 땅"은 "인공적인 수단과 힘이 드는 노동을 통해서" 개선되어야만 한다 (ebd.). 단지 '유토피아 사람들이 자연에 대한 공리주의적이고 도구적인 관계를 확보함'으로써만 그들은 모든 사람의 "좋은 삶"을 위한 전제로서 물질적으로 풍요로운 생산이라고 하는 그들의 목표에 도달할 수 있다. 유토피아 사람들은 전체 숲을 벌목하고 이것이 경제적으로 이익이 된다면 다른 장소에 다시 나무를 심는다. "거기서 사람은 더 많은 생산물만을 생각하는 것이 아니라 운반 관계도 생각한다. 사람이 목재보다는 곡물을 훨씬 적은 노력으로 육로를 통해서 먼 거리로 운반할 수 있기 때문에 목재는 바다나 강이나 도시 자체에 가까운 곳에서 자라야만 한다" (78).

이와 유사한 공리주의적인 내지는 도구적인 자연에 대한 태도가 유토피아 사람들의 건축 계획과 도시 계획을 알 수 있게 한다. 확실히 14세기와 15세기의 이탈리아의 이상적인 도시들로부터 자극

받아서, 유토피아인들은 중세 도시의 모범과는 단절한다. 유토피아를 건설한 선조들이 제도판 위에서 구상했기 때문에 유토피아인들은, 자연에서는 나타나지 않는, 직선이나 원 같은 기하학적 형태를 모범으로 삼는다. 그들의 도시들의 평면도는 "거의 사각형 모양"이며(51), 도로망은 괘선판 체계에서 작성되었으며, 그들은 집들을 블럭의 형태로 배열하여 건축하기로 일치한다. 유토피아 도시의 모든 요소들은 결합 가능하고 교환 가능하다. "그들의 도시들 중의 하나를 아는 사람은 모든 도시를 안다. 그래서 지형이 허락하는 한 그 도시들은 서로서로 같다" (50). 아주 명백하게, "놀라운 기술의 시대에 우리에게 일상이 되어 버린", 도시의 모습이 『유토피아』에서 드러난다. "그런데 이 모범은 인간 정신에 의해서 자연에게 강요되었으며 자연 자체와는 별로 관계가 없다"(Marius).

그러나 수단의 부족함은 유토피아에서 외적인 자연에 대해서 도구적인 관계만을 강요하는 것이 아니다. 수단이 부족해서 인간의 삶은 공유재산에 대한 광범위한 중앙집중식의 경영과 개인들의 제한된 욕구 충족과 엄격한 노동 규율에 복종하지 않을 수 없다. 플라톤의 공산주의적인 조짐과는 달리 모어는 공동소유를 전체 사회의 기초로 격상시킨다. 그리고 그 경제생활은 시장과 지불유통으로 우회하기는 하지만 지역적이고 중앙적인 관청을 통해서 조정된다 (64). 더 나아가 생존을 위해 투쟁하기 위해서는 노동자원을 전적으로 동원해야만 하는데, 그래서 모든 거주민들에게 —학문 연구와 예술을 위해서 자유롭게 놓아둔 대략 500명을 제외하고는— 부족장(Syphogrant)[52]이라는 국가적 감독 하에 노동의 의무가 강요된다 (54). 유토피아의

52) 부족장은 가족을 단위로 하여 30세대에 한 명씩 민주적 절차에 의해서 선출한다.

평등원칙이 무엇보다 노동의 가치를 평가하는 데에서 구체화되는 것은 우연한 일이 아니다. 농업 활동 이외에도 모든 남자와 여자는 최소한 하나의 수공업을 배워야만 한다 (ebd.). 그 외에도 유토피아는, 국민의 절반 이상의 무노동 인구(많은 부인들과 성직자와 귀족의 많은 부분들과 그 시종들과 실업자들과 거지들 등)을 먹여 살려야만 한다고 하는, 다른 나라들에 있는 필연성으로부터 벗어나 있다고 하는 사실이 경제적 번영에 이롭게 작용한다. 그리고 결국 유토피아에서는 사치가 엄격히 금지된다. 관습으로 환원될 수는 없는 "자연적인" 욕망만이 합법적이다 (58, 64f., 84).

모어가 '유토피아의 경제는 2년을 쓸 수 있는 비축물과 외국과의 무역에 자유롭게 쓸 수 있는 잉여분을(50) 6시간의 매일의 노동으로(56) 생산한다' 고 쓰고 있는데 이는 전적으로 현실적이다. 왜냐하면 유토피아의 경제생활은 건강하지만 아주 검소한 삶의 방식으로 자리 잡힌 것처럼 보이기 때문이다. 그러나 이렇게 제한되고 지속적인 소비를 위해 치러야 할 대가는 명백하다. 즉 생산에 있어서뿐 아니라 소비에 있어서도 개인에게 어떠한 확장의 기회가 주어지지 않는다. 왜냐 하면 경제활동과 관련된 모든 것은 국가에 의해서 규정되기 때문이다. 개인에게 이렇게 좁은 속박을 요구하는 것이 현실적인가? 아니면 인간의 본성은 부족한 수단의 그런 통제된 경제에 반항해서 반역을 일으킬 위험이 있는가? 이로써 모어가 자신의 방식으로 대답한, 인간학적인 질문이 나온다.

b) 인간학적 결핍

모어는 『유토피아』에서 체계적인 인간학을 발전시키지는 않았다. 그러나 그의 인간학적인 전제들을 재구성할 수 있기 위한 간접적인 암시는 충분히 있다. 한편으로 유토피아는 덕의 공화국이다. 유토피아는 공동의 복지가 어느 정도 내재화되어 —유럽인들의 타락하기 쉬움과 소유욕과 이기주의에 맞추어 보자면 정말— "새로운" 인간이라 할 만한, 인간들로 이루어져 있다. 그러므로 사람이 모어에 대해서 '인간의 완성능력에 대한 인간학적인 가정이 없다면 그의 유토피아는 붕괴해 버릴 것'이라고 생각해도 잘못하는 것이 아니다. 다른 한편 유토피아 사람들에게 중대한 규범 위반은 낯설지 않다. 규범 위반은 자본범죄로부터 사치와 "공허하고 무의미한 명예심"과 "비난받을 만한 욕망의 악한 유혹"(72f.)에 대한 추구를 지나 간통과 덕스러운 사람 자신의 "부패와 악덕으로"(102) 떨어짐까지 이른다. 인간 본성의 서로 대비되는 차원들에 대한 예측불허의 긴장관계 속에서 이 양 측면이 전제되었기에 어떤 사람은 '유토피아 사람들의 인간학은 "백지"와 유사하다'고 정당하게 말했다. 인간은 전적으로 "좋지"도 않고 전적으로 "나쁘지"도 않다. 인간 본성의 공격적 측면이 사회적이고 덕스러운 경향들을 압도할지 아니면 그 반대가 될지는 결정적으로 제도라고 하는 한정 조건에 달려있다. 유토피아의 건설에 있어서 이 주장은 광범위한 결과를 가진다. 유토피아의 제도적 설비가 이기적이고 개인주의적 경향을 진정시키고 "새로운 인간"의 사회적 내지 덕스러운 동기를 촉진시킨다고 하는 과제를 완수해야만 하기 때문에 앞서의 주장은 제도적 설비를 아주 높게 평가할 것을 함축하고 있다.

모어는 이 전제로부터 그의 "이상적인" 국가의 내적 구조를 위해서 시종일관한, 정말 과격한 결론을 끌어내었다. 요람에서 무덤까지 개인은 국가에 의해서 돌봄을 받거나 혹은 직접적으로나 간접적으로 감독 당한다. 자유시간에 이루어지는 놀이 자체도 평생에 걸치는 교육과 사회적 배려의 체계에 편입되어 악덕에 대한 덕의 승리에 기여한다(55). 개인의 사적 영역은 최소화되었다. 유토피아의 모든 집 대문은 쉽게 열릴 수 있다. 개인주의적인 재산 추구가 생겨나지 않게 하기 위해서 유토피아 사람들은 매 십년마다 추첨에 의해서 집을 바꾼다(52). 공동체의 기본 제도로서 결혼은 특별히 보호받는다. 간통이 반복된다면 범법자는 사형 판결에 처해진다(82). 그런데 무엇보다도 직접, 간접의 사회적 통제의 촘촘한 그물망이 유토피아 사람들의 일상생활에 대해서 덮여 있다. 반사회적 태도는 식당에서 공동으로 식사를 하는 동안 각자는 각자를 관찰함으로써 그 싹에서부터 이미 질식시켜진다. 히틀로데우스는 유토피아의 위대한 업적을 '사람이 "모든 사람이 보는 가운데서 (…) 익숙한 일을 하고 자유시간을 단정하게 보낸다 (보내야만 한다)"(36)는 것'이라고 생각한다. 아무도 일로부터 혹은 맥주집으로 도망갈 수 없으며 포도주집과 부덕한 향락을 누리는 친구집에서 뒹굴 수 없다. 누군가가 다른 도시로 여행하려면 그는 관청의 허락을 얻어야만 한다. 당국의 허가 없이 방랑한다면 채찍질 형에 그리고 반복하는 경우에는 강제노동 형에 처해진다(63).

일상생활을 제도적으로 형성하는 것은, 자주 서구의 대의적 민주주의 선구자로서 서술되었던, 좁은 의미에서의 정치 체계에서도 역시 문제되지 않는다. 유토피아 사람들은 심지어 공화국적 전통과 선거와 대의적 원리를 신봉한다. 그러나 그들이 실시하는 사회 모델이 이미 '정치적으로 의지를 형성하는 과정의 출발점이, 서구 민주주의의 규범적 토대에서처럼 그 이성적 의지가 사회-정치적인 제도보다 우위에 있는, 그러한 개인이 아니라'는 점을 보여준다. 오히려 그 반대의 경우이다. 정치적인 시민은 정치적 제도의 연장에 불과하고 또한 이 제도 안에서 마찰이 없이 기능해야만 한다. 상원이나 시민총회의 밖에서 토론자로서 의지 형성 과정에 참여하기를 원하는 사람은 사형 판결에 처해진다(53). 근원적으로 동등하고 자유로운 사람들이 아니라 총회의 집합체가 진리의 보장이다. 그런데 집단이 사회의 목표들을 확정한다면 개인적인 시민권과 인간의 권리의 성문화된 영역이 더 이상 고려되지 않는다. 그래서 유토피아 사람들의 일상적 실존에 필수적인 것이 정치적인 삶에도 역시 통용된다. 죽음에서야 비로소 그들은 "혼자" 있음이 의미하는 바를 경험할 수 있다.

Ⅳ. 타당성 요구

결론적으로 다음과 같은 점을 확실히 할 수 있다: 토마스 모어의 『유토피아』는 고대나 기독교적인 시대의 더 나은 세계에 대해서 상상해 본 모습과 비교해 볼 때에 실재성과 합리성에 있어서 명백히 더 우위에 있다는 점이 인정되어야만 한다. 고대와 기독교의 유산이 없었다면 유토피아적 사상은 불가능했으리라는 점은 논쟁의 여지가 없다. 한편에서 모어의 작업에 대해서 플라톤의 『국가』가 사회적 정역학과 질서뿐 아니라 사치성 소비의 유죄 선고를 강요하는 제도들을 위한 모범이었으며 유토피아적 국가의 정치적 엘리트들의 구조를 위한 모범이었으며 또한 그 타당성도 인정해 주기를 요구했던 것과 마찬가지로, 작업장에서와 자유 시간에 인간의 공동생활의 규칙들은 중세 수도원 공동체의 반개인주의적인 규정을 모방했다. 그러나 플라톤과는 달리 모어는 엄격한 평등주의적 표지 가운데 인간의 노동을 과격하게 높이 평가했다. 그는 또한 공동재산을 정치적으로 지배적인 계층으로부터 전체 사회로 이전함으로써 플라톤의 계층 사회로부터 토대를 빼앗았다. 그러나 중세 수도원과의 차이점도 역시 명백하다. 수도사의 자의식과는 반대로 유토피아 사람들은 육체적 쾌락을 명백히 높이 평가함으로써 자연스러운 욕구를 위한 쾌락주의를 선택한다(75, 76f, 82). 그 이외에도 유토피아 사람들은, 그들이 다양한 종교들에 대해서 관용을 보일 정도로 확실히 세속화된 태도를 취하는, 이교도들이다(96f). 그리고 그들이 영혼 불사를 확신하고 있지만 그들은 신학적으로만 아니라 국가 정치적으로도 이 교리를 정당화한다. 이는 분명히 모어 특유의 것이다. 차안의 삶에서 벌과 보상을 믿지 않는 사람은 국가의 법률을 무시하고 국가의 안정을 해칠 것이다(97).

이 세속화의 추진력이 '모어가 『유토피아』 속에서 "인간을 포괄적으로 자신의 고유한 제도들의 창시자로 묘사하고"(Elias) 있다는 점'을 충분히 과시할 수도 있었을 것이다. 유토피아가 비록 상상의 산물이긴 하지만, 실현될 수도 있었을 것이다. 그런데 모어가 이러한 목표를 추구했는가? 『유토피아』의 본문에서 '당대의 사회-정치적 관계들이 그의 이상국가의 모범에 따라서 변화되어야 하고 또한 될 수 있다'는 주장을 옹호하는 암시가 빠져 있다. 심지어 모어 스스로가 명백하게 자신을 유토피아와 동일시했는지조차 확실하지 않다. 그는 공동소유가 삶을 견딜 수 없는 것으로 만들 수도 있을 것이라고 의심을 했다. "왜냐 하면 각자는 일을 피해 숨으며 스스로 생업에 종사하라는 강제가 없으며 다른 사람의 노력에 의지할 수 있기에 게으르게 되기 때문이다"(45). 그 이외에도 그는 법적으로 보호된 사유재산의 폐지가 필연적으로 "살인과 폭동"을(ebd.) 일으킬 것을 두려워했다. 히틀로데우스가 유토피아의 제도들을 서술함으로써 이 비판에 반대한 이후에조차 "공동체적인 (공산주의적인) 삶과 통화량이 없는 생활방식"(109)에 대한 그의 의심이 사그라지지 않았다. 그 의심이 사회적 지위들을 평준화시키는 결과를 가져왔다(ebd.).

다른 편에서 모어가 아이러니라는 양식을 사용하여 사회적 가능성 중에서 바라고 희망하는 상이 아니라, 두려워하고 피하려는 상을 독자에게 제공하려 했다는 해석은 유지될 수 없다. 모어의 본문도 그리고 초기의 해석자들도 그러한 해석을 지지하지 않는다. 그보다는 오히려 그는 '유토피아 국가에는 유럽 국가들이 추구할 만한 가치가 있는 많은 것들이 존재한다는 것'(110)을 시인했다. 그러나 어떻게 이러한 개혁의 관점을 실제 정치로 전환시킬 수 있는가 하는 점에 관해서는, 자신의 구성의 타당성 요구와 일치하게, 침묵하고 있다. 유토피아는 "아무 데도 없는 곳(Nicht-Ort)"[53)]을 의미한다. 유토피아는 자신의 요구에 따라서, 최소한 이성적 사고 속에는 현존하는 실재보다 더 나은 대안이 존재한다는 점을 분명히 해주는 허구이다.

-리하르트 자게 Richard Saage

53) 우리가 이상국이라고 번역하는 *Utopia*의 그리스 어원이 아무데도 없는 곳을 의미한다.

마르틴 루터
Martin Luther(1483~1546)

– 연대표 –

1483년	**11**월 **10**일 아이슬레벤에서 광부의 아들로 출생, 만스펠트(**Mansfeld**)의 라틴어 학교를 다닌 후에 마그데부르크(**Magdeburg**)와 아이제나흐(**Eisenach**)에서 수학.
1501~05년	명목론주의라는 표지를 지닌 에어푸르트에서 일반교양의 학부과정. 석사학위를 받은 직후에 에어푸르트에 있는 아우구스티누스파 은거 수도원에 들어감.
1507년	성직자가 되고 신학 공부를 함.
1508년	비텐베르크(**Wittenberg**)에 있는 새로운 대학으로 전학.
1512년	신학 박사 학위, 비텐베르크에 있는 도시 교회에서 성서 해석과 설교학 교수
1513~18년	시편과 로마서와 갈라디아서와 히브리서의 강의. 수도원 논쟁과 "탑에서의 체험"
1517년	면죄부 논쟁. 비텐베르크성의 교회에 **95**개 명제를 게시 (**10**월 **31**일).
1518년	아우구스부르크(**Augusburg**)에서 열린 제국회의에서 카예탄(**Cajetan**) 추기경에게 자신의 주장을 취소하기를 거절 (**10**월).
1519년	라이프치히(**Leibzig**)에서 에크와 논쟁 (**6~7**월).
1520년	종교개혁적인 저작들 (『기독교 귀족에게』(***An***

	den christlichen Adel) 8월, 『교회의 바빌론 유수에 대하여』(*Von der babylonischen Gefangenschaft der Kirche*) 10월, 『기독교인의 자유에 관하여』(*Von der Freiheit eines Chrstenmenschen*) 11월). 교황의 파문 위협 칙서 ("일어나소서, 주여! *Exsurge Domine*" 칙령 6월 15일)
1521년	보름스(Worms)의 제국회의 (4월). 루터는 자신의 저술들을 철회할 것을 거절. 루터와 종교개혁 운동에 반대하는 보름스 칙령. 루터를 제국 국외로 추방하라는 칙령. 바르트부르크(Wartburg)에서 신약성서 번역.
1522년	성상 파괴주의자들에 의해서 종교 · 사회적인 소동이 일어났기 때문에 바르트부르크로부터 귀환 (4월).
1523년	예배의 혁신 ("독일 예배"), 가난한 사람을 배려하기 위한 금고 창설 ("금고 규정"[54]), 독자적인 교회를 형성하기 시작.
1524년	"몽상가들"(토마스 뮌처Thomas Münzer)과 논쟁의 시작.
1525년	농민전쟁에 관한 저술들. 『부자유한 의지』(vom unfreien Willen) (에라스무스에 반대해서). 보라의 카테리나(Katharina von Bora)와 결혼 (6월 13일).
1527년	대 요리문답과 소 요리문답. 츠빙글리(Zwingli)와 마르부르크 종교 담화.
1530년	아우구스부르크 제국회의 기간 동안에 제국추방령 때문에 코부르크(Coburg) 요새에 머무름 ("아우구스부르크 신앙고백서" 제출).

54) 가장 유명한 것이 라이스니히의 금고 규정(die Leisniger Kastenordnung)으로 상업 자본주의의 발달로 난민화한 사람들을 돕기 위한 것이었다.

1537년	공고된 공의회를 위해서 슈말칼트 신조. 그 이후로 뒤로 물러나서 단지 주로 비텐베르크의 강단에서 혹은 설교단에서 혹은 무수한 편지들, 전단들과 논문들을 통해서만 종교개혁의 작업을 옹호했다.
1546년	사망 (2월 18일).

Ⅰ. 칭의론

16세기의 종교 개혁 운동은 "중세의 신권 정치적으로 통일된 체계"를 폭파시켰다. 종교 개혁운동은 그런 점에서 중세 후기에 교회에서 있었던 개혁운동과는 원칙적으로 다르다. 공회의 우위(優位)주의와 국가교회의 가장 과격한 옹호자라 할지라도 또한 세속화된 교황권과 로마 교황청 우위주의와 로마의 금전주의(Fiskalismus)의 가장 극심한 비판자라 할지라도, 보편교회와 세계국가의 관계와 통일성의 원천인, 기독교의 정신적-세상적[55] 공동체로서 기독교 공화국(*republica christiana*)를 건드리지는 않았다.

종교 개혁자 마르틴 루터가 비로소 기독교 복합체를 두 왕국 이론을 통해서 신학적으로 분해했다. 기독교적인 법률신학과 사회신학에서의 이 혁명적인 단절은, 단지 신 앞에서만 타당한, 정의에 관한 젊은 수도승 신학자(루터)의 여러 해 동안의 싸움의 결과이다. 믿기 어려운 기적 추구와 무수한 성지 순례와 무수한 성물 숭배 속에 드러난, 후기 중세의 지나친 업적 경건성[56] 뒤에는 항상 기독교적인 인간의 완성(*perfectio hominis christiani*)에 대한 향수, 그리스도를 뒤따르는 삶에 대한 향수가 놓여 있다. 젊은 루터도 역시 이 "종말론적 시기"의 불확실성 속에서 종교적인 확실성을 추구했다. 계율을 엄격히 지키는 수도원인 에어푸르트의 아우구스

55) 여기서 나오는 대비되는 두 형용사, '정신적(geistlich)'와 '세상적(weltlich)'의 한 쌍은 앞에서 각주 40)에서 언급했듯이 중세 이래의 구분법이다. '정신적'이라는 말 속에는 이 세상에 있으면서도 세상에 완전히 속하는 것은 아니라는 의미가 들어 있는데, '종교적'이라는 의미일 수도 있으며 '초세상적'일 수도 있다. 카톨릭 저자만이 아니라, 프로테스탄트인 루터에게도 이 대조가 자주 등장한다.

56) 업적을 통해서 경건함에 도달하는 것 혹은 이러한 사상

티누스파 은거 수도원에서 그는 종단의 계율을 극도로 면밀하게 순종하고 그의 수도자로서의 의무를 가장 양심적으로 이행함으로써 기독교인의 완전한 상태에 이르려고 노력했다. 루터는 학문적 교사로서뿐 아니라 종단의 사람이자 사제로서 명성을 얻었으며 종단의 자부심과 비텐베르크 대학의 명성을 높였다.

그러나 바로 처음의 대단한 공개적 성공의 시기에 루터는 극심한 유혹에 시달렸다. "수도원 논쟁"에서 신의 법/율법[57]과 만남으로써 그는 모든 공적 경건성이 사악하다는 점을 놀랍게 자각하게 되었다. 예정의 두려움[58]이 이 유혹[업적 경건성]을 내면의 완전한 파탄으로 그리고 헤어나올 수 없이 신으로부터 버림받았다는 고통으로 강화시켰다. 이러한 실존적인 위기로부터 —자신의 증거에 따르자면— 로마서 1,17에서 보이는 복음의 계시가 그를 인도했다. "거기서 나는 신의 정의를, 비록 믿음으로부터 생겨나지만 신의 선물로 주어지며 그 때문에 정의로운 사람이 살게 되는, 정의로 이해하는 것을 배우기 시작했다. 그리고 나는 신의 정의가 복음을 통해서 계시된다고 하는 견해가 바로 이것이라고 하는 점을 이해하기 시작했다. 즉 수동적 정의. 이 정의를 통해서 자비로우신 신이 우리를 믿음으로 의롭게 만들어 주신다. 마치 성서에 다음과 같이 쓰

57) Das Gesetz를 법 혹은 법률이라고 하면 될 것을 법/율법이라고 한 이유는 일반적인 의미에서 법을 의미할 수도 있으나, 루터가 기독교적인 신학 속에서 정치철학을 전개하기 때문에 단순히 법이 아니라, 특정한 법, 즉 구약성서에 나와 있는 법을 의미하기도 하기 때문이다. 그리고 이스라엘에서는 이 성서의 법이 그 나라의 시민법이었으며 다른 맥락, 즉 복음과 대조해서는 부정적인 뉘앙스를 지니기조차 한다. 그리고 이 경우에 기독교에서는 통상 율법으로 번역한다. 그러므로 문맥에 따라 법, 법률, 법/율법, 율법 등으로 번역할 것이다.

58) 예정설에 따르자면 인간들은 신의 택함을 받은 자와 그렇지 않은 자로 나뉘고 자신이 후자에 속할까봐 늘 두려워했다.

여진 것처럼. '정의로운 사람은 믿음으로부터 산다'" (WA[59] 54, 185, 12ff.). 바울의 글(이제 인용된 로마서)은 그에게 "낙원의 문이" 되었다. 믿음으로부터 정의로워진다는 이론이 루터 신학의 중심이 된다. 그가 율법과 복음에 대해서 새롭게 이해한 바는 결국 교회의 법으로 교회를 둘러싸고 있는 갑옷을 폭파시켰다. 종교개혁이 생겨난 정확한 시점을 정확하게는 확정될 수 없다. 1517년 가을 후반에 일어난 면죄부 논쟁이 그 시점으로 추정된다. 루터는 우선 고해성사의 진정한 의미에 대해서 논쟁을 일으켰고 그 다음에 계층적으로 질서 잡혀진 교회의 외적인 법의 형태에 대해서 그리고 신적인 교회제도와 이 땅의 교회제도의 관계에 대해서 그리고 교회와 세상 권력의 관계에 대한 질문을 던졌다. 루터가 이 세상에 있는 교회조직이, 법률을 제정하고 그리고 영적인 교회(*ecclesia spiritualis*) 안에서 파문 같은 것을 선언함으로써 지상에 있는 그리스도의 나라로서 행동하고 그래서 정신적인 교회를 마음대로 하는, 권력을 가지고 있다는 주장에 이의를 제기해서 국가론과 법률론에 혁명적인 결과를 가져왔으며 또한 전래되어 온 교회법체계를 붕괴시켰다.

Ⅱ. 두 왕국론

루터의 국가론과 법률론의 신학적인 열쇠는 그의 두 왕국—은총의 왕국과 세상의 왕국—과 두 왕국 안에서의 신의 통치권에 관한 이론이다. 이것은 그의 신학의 핵심부분이지 결코 독자적인 법철학

59) WA는 Weimarer Ausgabe의 약어이다.

이 아니다. 단지 신학으로부터 그의 사회윤리적, 정치적 사상이 드러난다. 그 근본 특성에 있어서는 두-왕국-이론이 1517년의 95개조 명제를 게시하기도 전에 이미 생겨났다. 루터는 이를 그의 초기 강의(특히 시편과 로마서 강의)에서 맹아적으로 발전시켰다. 그 독자적인 발달은 1517~1525년에, 즉 농민전쟁 이전에 생겨난다. 당시에 위대한 종교개혁 저작들과 논쟁 저작들이 생겨났다. 두 왕국론은 특별히 루터적인 것만은 아니다. 칼뱅과 츠빙글리와 멜랑히톤과 루터적인 신조 저술들이 이 이론을 변형시켜서 받아들인다.

그 출발점은 "두 왕국들, 즉 신의 왕국과 세상의 왕국의 존재 그리고 그 둘 사이에 법률적인 관계"이다 (Heckel). 두 왕국은 하나의 머리 아래에 그리고 특정한 구조를 지닌 인격들의 공동체이다. 우리는 "모든 인간을 두 부분으로 나누어야만 한다. 신의 왕국에 속한 자들, 이들은 그리스도 안에서 그리고 그리스도 아래에서 모두 올바른 믿음을 가진 사람들이다. 왜냐하면 그리스도는 신의 왕국에서 왕이요 주인이기 때문이다" (WA 11, 249, 24). 그런데 기독교인이 아닌 모든 사람은 세상의 왕국에 혹은 법/율법 아래에 속해 있다. 인류가, 아니 전체 피조물이 붕괴된 것은 그 근원을 타락 속에 가지고 있다. 우주는 그 이후로 신의 창조물인 동시에 또한 타락된 세상이요, 신의 질서인 동시에 또한 악마의 무대이다.

루터에 따르자면 그의 두 왕국론은 스콜라철학보다는 아우구스티누스의 것에 더 가깝다. 그는 인간에게 미치는 영향에 있어서 두 왕국의 대립은 심지어 아우구스티누스보다 더 분명하다. 이는 원죄로 말미암아 심각하게 타락된 인간 본성에 대한 그의 이론의 결과이다. 아우구스티누스는 루터와 마찬가지로 두 왕국 사이에 있는 경계선을 분명하고 절대적인 것으로 보았으나 동시에 불가시적인 것으로 여겼다. 그것은, 서로 적대적으로 대립되어 있는, 두 개의 사회적 결사가 아니라, 어떤 상황 하에서는 사회학적으로도 구체화 될 수 있는, 그러나 일반적으로 불투명한 인격들의 공동체들이다. 그런데 루터의 두 왕국론에 비해서 아우구스티누스의 구상은 거의 일차원적으로 보이며 역사적으로 적용하는 과정에서는 거의 직선적으로, 루터에 의해서 논박된, 중세의 신권정치적인 단일한 체계로 된다. 그에 반해서 루터의 사상적 단초는 "세상 왕국"도 역시 신의 왕국으로서 고유의 위엄을 지닌 것으로 파악했으며 신적이고 악마적인 것의 대립이 교회와 국가를 (정말 개인 각자를) 비스듬히 관통해 간다고 생각했다. "단지 국가와 교회의 관계 안에서만 직책들과 과제들 사이에 구분 가능한 경계선이 있지, 기독교인이 세상적 삶에 대한 태도에는 그렇지 않다. 그의 행동 속에 있는 경계선은 덜 분명하지는 않으나 숨겨져 있으며 항상 새롭게 양심을 따라 결단하는 가운데 추구되어야만 한다. 분명히 구분된 영역들로서의 교회와 국가의 모델을 기독교적인 삶에 전용하는 것은 때때로 이원론적으로 분리된 인상을 준다" (Bornkamm). 여기에 루터의 두 왕국론을 신프로테스탄티즘을 통해서 오해하게 되는 원인이 있다.

루터는 자신의 이론을 그리스도의 왕국(*regnum Christi*)으로부터 발전시킨다. 그리스도의 왕국은 단지 믿는 사람들만이 인식할 수 있는 은총과 사랑과 긍휼과 평화의 왕국이지, 결코 권력행사의 왕국이 아니다. 신비스러운 몸(*corpus mysticum*)[60]으로서 그것은 세

60) 이는 밑에 나오는 그리스도의 몸(*corpus Christi*)과 함께 성서적 기원을 가진 용어다. 그리스도는 머리에 그리고 교회는 몸에 그리고 개개인 신자들은 지체에 비유된다.

요소에 의해서 구성되었다. 1) 그리스도의 왕의 위엄에 의해서 2) 그 지체(肢體)들에게 생명을 선사하는 작용으로 이해된, 그리스도의 통치에 의해서 3) 이 복합체에 속한 신의 백성에 의해서. 그것은, 그리스도가 악마의 권력으로부터 구해낸, 인간들로 이루어져 있다. 여기에는 단지 제대로 된 기독교인만을 말하지 단지 이름만의 기독교인은 말하지 않는다. 그리스도의 왕국에 대비해서 세상의 왕국(*regnum mundi*), 즉 이 왕국을 죄악 된 욕망과 신의 진노의 왕국으로 체험하는, 신을 모르는 인류의 왕국이 서 있다. 이것은 동시에 신비적인 육체, 즉 사탄을 우두머리로 하는 바빌론적인 몸(*corpus babylonicum*)을 형성한다.

이것과 그리스도의 몸(*corpus Christi*) 사이에 어떠한 법률 공동체도 없다. 그래서 루터는 하나의 신적인 자연법에 근거한 전체 인류의 하나의 법률 공동체라는 사상도 역시 받아들일 수 없다. 개별적인 인간의 법적 상태는 이 두 왕국 중의 하나의 시민이라는 것과는 상관이 없다. "우선 '아담의 자식들의 두 부분 중에서 한 부분은 그리스도 아래에서 신의 왕국 안에 그리고 다른 부분은 세상 황제 아래에서 이 세상의 왕국 안에 두 종류의 법률을 가지고 있다'는 사실을 알아야만 한다" (WA 11, 262, 3ff.). 아무도 동시에 두 왕국의 시민일 수 없다.

Ⅲ. 법률론

루터의 법률론의 구조는 중세의 스콜라철학적인 법률론과 근본적으로 다르다. 두 왕국이 존재하기 때문에 이중적인 자연법도 역시 존재한다. 그렇지만 이 둘 모두 신의 법의지 안에서 그 통일성을 보존한다. 이 속에서 변증법적으로 서로 연관된 개념 쌍들, "율법"과 "복음" 그리고 "칭의"와 "법"이 상쇄된다. 인간은 —기독교인으로서 의로운 자와 죄인— 이 긴장 속에 있으며 그래서, 자신의 말씀/언어[61]로 모든 것을 포괄하는 자신의 법의지를 두 가지 방식으로 선포하고 모든 곳에 존재하는, 신의 의지와 직접적으로 대면한다.

은총의 왕국 안에서 신의 법의지는, 인간이 타락하지 않았을 때의 자연 상태에서 선포되었던, 방식대로 효력을 발휘한다. 신은 모든 인간을 위해서 이 신적인 자연법(***lex divina***)을 선포했다. 이것은 보편적인 법칙 일반이다. 이것은 그 존재론적 기반을 사랑의 신 안에 가지기 때문에 법률을 받는, 믿는 사람의 의지가 그것을 완전히 자유롭게 구속력 있는 것으로서 받아들일 때에만 법으로서 구속력을 가진다. 이것은 단지 그리스도의 왕국 안에서만 일어난다. 믿지 않는 "자연적인" 사람은 이 법을 어리석고 임의적인 것으로 생각한다. 신적인 법은 "신의 순수한 정신"이다. 그것은 신의 창조적인 말씀/언어이다. 그리스도는 이 자연법에 그 진정한 의미를 다시 부여한다. 그래서 단지 그리스도의 법(***lex Christi***)만이 신의 법(***lex Dei***)을 제대로 이해할 수 있게 해준다. 인간은 자연적인 인식을 통하여서는 결코 신의 정의와 사랑의 본질을 파악할 수 없다.

신적이고도 자연적인 법(***lex divina naturalis***)의 곁에 인간이 만든 것에 따라서, 교회와 가족(***ecclesia et oeconomia***)이라고 하는

---

61) **Das Wort**는 단어, 말, 언어를 의미하는데 기독교인들은 보통 '말씀'으로 번역하는 관습이 있어서 말씀/언어를 병기한다.

인간의 공동생활의 두 개의 질서형태들을 그 원래 상태에서 근거짓는, 실제적인(positiv) 신의 법이 서 있다. 당시에는 인간의 공동생활이 신에 대한 그리고 서로에 대한 내적인 사랑으로 형성된 가족공동체였다. 타락과 함께 존재의 조화된 질서가 무너졌다. 정신적인 자연법에 대립되어 세상적인 자연법이 나타난다. 그런데 타락 이후에도 신의 법의지는 "자연적인", 신과 멀어진 인간에게 심정 속에 새겨져 있다. 이러한 방식으로 신은 아직 타락된 세계에서도 이 땅의 모든 법제정과 법집행을 이끈다. 신의 법의지와 무관한 자율적인 세상의 자연법은 루터로서는 상상할 수 없다. "자연법은 신의 법으로부터 분리될 수 없다" (WA TR[62] 2, 2243). 게다가 이 자연법은 신의 처리에 맡겨져 있으며 신은 성서의 증거에 따르자면 이것을 반복적으로 깨트렸다.[63] 루터는, 정의의 기준을 단지 인간 이성으로부터만 이끌어내려는, 인간의 교만을 날카롭게 비난한다.

그렇지만 루터는 세상적인 자연법을 "이 땅의 법학과 윤리의 보석"으로 찬탄한다 (WA 40,1, 665, 12). 그의 규범적인 표현은 황금률이다. "너희가 '사람들이 너희에게 해주기를 원하는 모든 것'을 그들에게 하라!" (WA 18, 80, 30ff.). 세상적인 자연법은 모든 다른 인간적인 법률의 "규율이고 기준"이다 (WA 17,2, 91, 13). 그것은, 실증적인 인간의 법이 존재할 수 있는 필수조건인, 인간성과 정의와 공정의 한계를 설정한다. 이후 세기들에서 나타난 법실증주의는 루터에게 소급될 수 없다. 정부당국(Obrigkeit)[64]이 실정

62) TR은 Tischreden(식탁 담화)의 약어이다.

63) 신의 기적을 말한다.

64) Die Obrigkeit를 번역할 때 한 편으로는 Regent(통치자), Regiment(통치)와는 다른 뉘앙스를 주어야 하고 또 한 편으로는 일반적으로는 직책이나 기관을 의미하지만, 어떤 문맥에서는 그 담당하는 사람을 가리키기도 하기 때문에 번역하기가 어

법의 스승이 아니라 자연법이 그렇다. 당국은 단지 자연법의 수종자에 불과하다 (WA 11, 272, 15). 자연법으로부터 윤리적 힘과 실정법의 설득력이 나온다. 루터는 한 민족 내에서 각각의 실정법이 실시되는 것을 "건강한" 자연법과 비교하여 생생한 법률 감각이 약화되는 표시로, 즉 "대충 짜 맞추기와 구걸"로 보았다 (WA 51, 214, 18). 그는, 합리적인 방책을 찾아내는 능력을 갖춰서 자연법을 따라 통치하는, 통치자 속에서 이상(das Ideal)을 보았다. 그러나 인간의 실정법도 역시, 신이 세상을 통치하는 가운데 사용하는, 직책과 제도 안에 있는 신의 보존하려는 의지의 도구이다.

Ⅳ. 통치론

신의 통치는 세계 전체로 확장된다. 즉 그것은 두 왕국 모두에게 작용하고 있다. 그것에 대항할 수는 없다. 그러므로 그리스도가 타락된 세계 안에 있는 대적들도 역시 다스린다. 불신자들은 신의 말씀을 그 마음에 받아들이지 않기 때문에 신은 그들을 세상적인 통치라는 외적 강제를 통해서 그들을 다스린다. 그와 반대로 신자들에 대한 통치는 단지 정신적이다. 통치론은 신의 통치행위의 기능적이고 제도적인 성격을 강조한다. 통치론은 단지 신의 외부적인 통치(*regimen Dei externum*)에만 관련되어 있다. 그것은 루터의 정치윤리학에서 고유한 근본 공식을 지니고 있다. "그 때문에 신은 두 개의 통치를 제정했다. 정신적인 통치는 성령을 통해서 그리스도 아래에서 기독교인이자 경건한 사람들을 만들어 낸다. 그리고

렵다. 그러나 대체로 '당국'이라는 표현을 넣어서 번역하고자 한다.

세상적인 통치는 '비기독교인이자 악한 사람들이 외적으로 평화를 유지해야만 하며 소란을 피우지 않고 고요히 있기를' 경고한다" (**WA 11, 251, 15ff.**). 그래서 이 두 통치 모두 직접적으로 신적인 질서에 기원하며 그들의 독자적인 위치를 신의 구원계획 속에서 찾는다.

이것들을 통해서 신은 세상을 이중적인 방식으로 통치한다. 정신적인 통치에서는 신의 법의 설교를 통해서 그리고 구원을 일으키는 복음의 선포를 통해서 그리고 믿음을 결단하게 하는 성스러운 예식을 관장함을 통해서 세상을 부른다. 세상적인 통치에서는 신은 세상의 정부당국의 강제하는 폭력의 도움을 통해서도 역시 그의 창조물을 사탄이 부수는 것으로부터 지킨다. 신의 두 통치는 변증법적인 긴장 관계에 서 있다. "아무 것도 다른 것 없이 세상 속에서 충분하지는 않다. 왜냐하면 그리스도의 정신적 통치 없이는 아무도, 정신적 통치를 통해서 역사하는, 신 앞에서 경건해질 수 없기 때문이다." 그런데 정신적 통치만이 인도하는 곳, "거기에서는 악의가 활동하게 되며 파렴치함이 활동하게 할 것이다" (**WA 11, 252, 14ff.**). 두 종류의 통치를 행사하기 위해서 신은 직책과 제도를 세웠다. 루터는 그것들을 교회와 가족과 국가라고 하는 삼중의 계층적 질서로 요약했다.

교회의 이 땅의 형태 속에서 정신적 통치는 "계시의 소식이 세상으로 퍼지는 수단인 교두보"(**Künneth**)를 사용한다. 루터는 이 땅의 교회를, 즉 많은 교회주의자들이 분류한 보편교회(***ecclesia universalis***)를 정신적인 통치 일반과 동일시하지 않는다. 이 땅의 교회는 이 땅의 제도로서, 이 땅의 교회로서, 이 세상의 법률에 참여하고 이것과 함께 불충분해졌다. 이 점을 이 땅의 교회의 법질서의 불완전성이 증명한다. 그럼에도 불구하고 교회는 타락 이후에도 역시 실제적인 신의 법의 기관으로 남아 있다. 신의 법에 따르자면 교회에는 단지 진실한 신자만이 속할 수 있다. 그런데 진실한 기독교인을 그렇지 않은 사람으로부터 구분하는 것이 인간에게는 가능하지 않기 때문에 세례 받은 사람 모두를 교회에 속한 것으로 여기는 것이 기독교적인 형제애의 명령이다. 단지 신만이 누가 정신적 교회(***ecclesia spiritualis***)에 혹은 위선적인 교회(***ecclesia simulata/Heuchlerkirche***)에 속해 있는지를 안다.

정신적인 직책과 비교해 볼 때 세상적인 통치의 제도는 낮은 단계에 있다. 왜냐하면 그것은 지복으로 이끌지는 못하기 때문이다. 국가는 단지 신의, 죄악에 대처하는, 긴급질서일 뿐으로 보인다. 그러나 국가는 고유의 세상적인 합법성을 가진 공동체라고 신학적으로 제일 처음에 파악된다. 그런데 세상적인 통치가 세상적인 권력의 구조질서들과 동일시될 수는 없다. 국가(좁은 의미에서의 ***politeia***)는 신이 그의 왕국에서 왼 손으로 하는 통치의 하나의 구체적인 예일 뿐이다. 그리스도의 왕국과 교회의 밖에 놓여 있는 세속적인 사회 구조와 사회조직의 전 영역은 세상적인 통치에 속하며 그러므로 결국 루터에게 ***politeia***(국가)이다.

타락 이래로 세상적인 통치의 제도에 가족도 역시 속한다. 아버지의 가정 통치는 우선 법적으로 질서 잡혀진 이 땅의 권력관계이다. 가족은 경제와 국가의 원천이 된다 (WA 42, 354, 23). 루터가 이런 식으로 당국자를 "아버지의 위치"에 놓음으로써 그를 십계명 중 제4계명의 순종의 요구에 (Gerstenkorn) 귀속시킨다. 이 가부장적인 국가관은 루터 당시에 독일 영주국들 내에서 실시되던 통치 관행에 전적으로 일치된다. 이에 따르자면 이상적인 경우에 영주는 좋은 아버지처럼 자신의 사람들을 염려하고 배려했으며 그와 반대로 신민들은 마치 자녀들처럼 그 당국자에게 순종할 책임이 있었다. 정치적인 것을 이렇게 확정함으로써 루터주의자들의 국가관이 수백 년 이상 가부장적 관계로 좁혀졌다고 하는 사실을 부인할 수는 없다. 제도들과 헌법들이 결국 이해되지 못한 어떤 것으로 남게 되었다. 정치적 자유와 정의는 기독교인의 자유와 정의에 대조되는 것이다. 루터는 칼뱅과는 달리 최선의 국가형태나 정부형태에 대해서 실체적으로는 질문하지 않았다.

그에게 있어서 모든 외적 형태보다 더 중요한 것은 —그것이 기독교적이든 이교적이든 간에— 정부 직책의 내용적 형태이고 신은 정부에 세 가지 과제를 부여했다. 1. 정부가 "열심히" 그렇지만 공정하게 평온과 안전을 유지하기 위해서 검을 휘두름으로써 신의 징벌의 심판을 집행하기. 2. 정부가 복음 선포의 기초로서 정의로운 사회적 질서를 설립함으로써 신의 자비로운 사랑의 도구가 되기. 3. 신의 통치 대리인으로서 그의 왕국에서 왼편에서 작용하기. 이 마지막 임무 때문에 루터는 세상적인 정부당국을 "신적인 유용한 질서"라고 부른다. 그는 세상적인 정부당국에 결코 환상을 품지 않는다. 그는 권력 그 자체는 악하다고 여기지 않지만 권력은 인간을 자신과 비슷한 존재, 즉 다른 사람들보다 들어올리고 그래서 정부 관직을 남용할 유혹을 숨기고 있다 (WA 51, 254, 9ff.).

그렇지만 영주가 자신의 직책을 공개적으로 오용한다고 할지라도 신민들도 역시 반란을 획책해서는 안 된다. 반란은 공동체의 존립에 반하고 그래서 자연법 자체에 반하기 때문에 국가의 주요범죄이다. 그러나 신민의 복종 의무는 세상적인 권력이 자연법에 의해서 생겨난 한계를 넘는 곳에서는 끝이 난다. 이 경우에 소극적인 저항이 허용된다. 그 이외에도 정부 당국이 "영혼의 법을 제정하려 하고" (WA 11, 262, 9ff.) 그래서 신의 정신적 통치에 개입하려는 권한을 부당하게 차지하려 한다면 혹은 정부당국이 복음에 공공연히 반대한다면 저항이 요구된다. 국가권력의 법률위반 행위에 공공연하게 대항하는 것은 무엇보다도 성직자의 직책을 요청한다.

루터는 참주론과의 연계 속에서 저항권을 상세하게 다룬다 (WA 39, 2, 39-91). 그는 힘의 행사를 통한 참주(즉 "작은 참주", 이를테면 침략자나 찬탈자)와 보편적인 참주를 구분하는데, 전자의 참주에 대해서는 합법적인 집권자에 대한 자연법적인 부수의무를 이행하기 위해서 그가 집권자가 되기까지 저항권을 행사해야만 하는 데 반해서, 후자의 참주는 자연법을 발로 짓밟을 뿐만 아니라 신의 법의지조차 대신한다. 세계참주는 어떠한 신적인 그리고 세상적인 법질서로부터도 벗어나 있다. 그러므로 그에 대항해서 적극적으로 저항할 것을 명령한다. 세계참주에 대항하는 전투에서 국민은 자연법의 요청에 따라서 혁명을 할 권리와 의무를 지닌다. 루터는 아주 곤궁한 시기에 세계참주의 상을 불러낸다. 즉 그는 세계참주를, 1529년 이래로 제국을 점점 더 강력하게 위협하는 터키인 속에서 발견한다. 그런데 그는 세계참주를 무엇보다도 1539년 이래로 위협적으로 다가오는 종교전쟁과 관련하여 교황 안에서 육화된 것으로 여긴다. 이러한 참주의 상이 시대에 조건지어진 것이기는 하지만 루터의 저항이론은 근대의 거대 이데올로기의 정신적이고 정치적인 전체주의적 요구에 관하여 특별히 시사성을 갖는다.

루터는 당대에 여러가지 관점에서 정신적인 통치와 세상의 통치 서로 간의 관계에 대한 정당한 질서와 그와 함께 신 자신의 통치방식들이 위협받고 있는 것으로 보았다. 그러므로 그가 복음을 곡해하는 것을 세상적인 권력과 정신적인 권력을 뒤섞는 중세의 체계 속에서 보았을 때에 그는 그것과 타협하지 않고 격정적으로 투쟁했다. "교황과 주교들은 주교들이어야 하고 신의 말씀을 설교해야만 한다. 그런데 그들은 이것은 놔두고 세상적인 영주들이 되었으며, 단지 육체와 재화만이 문제가 되는, 법률들로 다스린다" (**WA 11**, **265**, **7ff.**). 그런데 세상적인 영주들이 정신적으로 그리고 정신적인 영주들이 세상적으로 다스림으로써 그들은 단지 사탄의 일만을 돌본다.

루터는 '몽상가들과 농부들이 신의 왕국에 통용되는 자유와 평등의 정신적 원리를 —그리스도 스스로가 미리 살았던 것처럼 폭력이 없는 말로 하는 대신에— 세상적인 검의 도움으로 세상의 왕국에 도입하려고 시도할 때에 동일한 위험을 보았다. "몽상가들"과 재세례파들과 봉기하는 농민들은 두 통치 모두를 위태롭게 한다. 왜냐하면 "마치 우리의 거짓된 군주들이 하는 것과 마찬가지로 이 두 개의 왕국을 하나로 섞기를 원하는 사람은 신의 왕국에서 진노에 처해질 것이고 세상에서는 자비에 처해질 것이다" (**WA 18**, **390**, **5ff.**). 각 사람이 믿음으로 살지 않는 한 세상은 복음에 따라 통치될 수 없다. 그리스도의 왕국을 이 세상에 세우려고 하는 모든 시도는 신을 거스르는 정신적인 율법성으로 마치거나 아니면 "기독교인의 자유"를 남용하는 것으로 마친다.

"두 통치들을 불쾌하게 섞는 것"을 이렇게 언제나 다시금 아주 날카롭게 막는 것이야말로 '루터의 통치론이 단지 기능적이고 제도적인 관점에서만 이해될 수 없으며 오히려 두 왕국 간의 전투라는 놀라운 종말론적인 드라마에 삽입되어 있다'는 점을 입증한다.

Ⅴ. 세상적인 질서 속에 있는 기독교인

루터는 두 왕국 사이의 관계에 대한 조직적인 서술을 전개하지 않았다. 그에게 있어서 결정적인 한계도 역시 두 통치 사이에서 진행되는 것이 아니고 그리스도의 지배와 악마의 지배 사이에서 진행된다. 이 대립은 이 세상의 모든 질서들을 통해서 가로질러 간다. 진정한 기독교인은 그리스도의 지배 안에 있는 시민이다. 그에게는 단지 정신적 법률만이 그리스도의 법을 통해서 해석되는 가운데 효력을 갖는다. 산상수훈[65]의 제한되지 않은 사랑의 명령은 공동체 안에서의 그의 태도에 대한 사회윤리적인 기준을 이룬다. 그런데 이 계명은 신으로부터 멀어진 세상에 상응하지는 않고, 여기서는 세상적인 자연법과 외적인 강제의 질서에 의해서 대체되었기 때문에 기독교인은 단지 세상적인 질서 속에서 자유로운 순례자로서 살고 자유 의지로 세상적인 정부 당국에 자발적으로 순종한다. 그가 이웃의 권리가 침해당했을 때에는 그를 돌보면서도, 기독교인이 아닌 사람들이 그에게 가한, 불의는 기꺼이 참는다. 왜냐하면 신이 그를 세상의 왕국으로부터 끄집어내었기 때문이다. 그래서 기독교

65) 산상수훈이란 예수가 산 위에서 제자들에게 가르친 것으로 인간으로서는 지키기가 어려운 과격한 윤리적 요구를 담고 있다.

인은 전적으로 신의 왕국 안에 있을 수 있으며 산상수훈의 과격한 요구에 맞게, 복음에 맞게 살 수 있다. 그런데 기독교인은 세상적인 통치로부터 제외됨과 동시에 기독교인의 자유와 형제 사랑으로부터 능동적이고 책임 있고 사심 없이 세상의 통치 속에서 사회적이고 정치적인 영역에서 행동하도록 부름 받았다. 왜냐하면 성서는 "신약성서에도 그리고 구약성서에도 정치나 경제에 참여하지 않았던 성도가 없다"는 점을 보여주기 때문이다 (WA 40,3, 207, 8). 그는 종교개혁 시기에, 기독교인이 정치를 멀리할 것을 요구했던, 반대되는 입장들을 날카롭게 비판했다 (WA 32, 390, 8).

세상적인 통치 속에서 일어나는 문제를 해결하기 위해서 기독교인은 무엇보다도, 신과 바른 관계에 있는 인간에게는 "기독교적이고 자유로운 이성"으로 질적으로 상승된, 이성을 사용해야만 한다 (WA 6, 559, 2). 세상적인 행동에서 이성을 자유롭게 사용하는 것은 기독교인이 인간의 경험과 지혜로부터 물려받은 위대한 유산을 공평무사하게 사용할 수 있게 해준다. 신앙과 바로 사용된 이성은 세상에서 기독교인이 모든 직책과 직업에서 항상 신의 왕국과 동시에 세상 왕국 모두를 "만족시키"도록 행동하게 해준다 (WA 11, 255, 13).

그래서 당국자의 지위는 기독교인에게 전적으로 신이 원하는 직책으로서 추천된다. 그러나 이 지위가 그리스도의 왕국의 상태를 국가에 적용하도록 오도해서는 결코 안 된다. 국가에는 단지 세상의 법률이 통용된다. 기독교인이 세상적인 자연법의 기준에 맞추어서 이성적이고 사태에 적합하게 신의 책임 맡은 자로서 그의 임무를 완수한다면 당국자의 직책이나 다른 직책이나 직업 속에서 충분히 한 것이다. 그가 만약 "이를 위해서 자신의 최선을 다한다면 그는 신 앞에서 자신의 책임을 충분히 했다" (**WA 51, 240ff.**). 그는 그가 기독교인이라고 해서 사태에 대한 더 위대한 지식을 갖는 것은 아니다. 그런데 세상적인 통치에서 신의 동역자로서 그는 신의 법의지를 실현하는 것을 돕는 데에 있어서 더 적절하다. 그는 세상적인 직책에서 자신의 동료 인간들에게 자연법에 따라서 지워진 임무만을 수행하는 것이 아니라 무엇보다 신의 자연법에 의해서 부여된 과제도 역시 완수한다. 이 과제는 특히 기독교인 통치자가 자신의 나라에 있는 교회를 위해서 배려하는 데에 있다. 왜냐하면 두 통치를 분명히 구분하라고 결정적으로 요구하지만 인간 공동체와 이 땅의 교회는 간과할 수 없이 결합되어 있기 때문이다. 루터는 '당국자가 기독교 신앙과 국가의 교회를 염려하는 것이 기독교인에 의해서 집행되는 세상의 정부당국의 임무' 라고 생각하는데, 그의 의견에 따르자면 정부당국에 두 율법/법 목록을 지키는 것(***custodia utriusque tabulae***)이 맡겨져 있다. 그에 반해서 설교자는 "모든 당국자들이 시간적인 평화를 유지하도록 인정하고 강화하고 도우며 반란자들을 지도하며 … 모든 세상의 직책들과 계층들을 가르친다" (**WA 30,2, 537, 5ff.**).

이러한 분류로부터 '루터가 세상적인 권력과 정신적인 권력의 이중통치와 함께 본질적으로 "기독교적인 국가"의 관념을 애호한다' 는 주장이 도출될 수도 없으며 또한 '그가 교회의 교파와 법형태를 세상적인 권력에 맡겨버렸다' 고 비난하는 것을 정당화시켜주지도 않는다. 루터 자신은, 후에 그의 영향으로 생겨난, "기독교적인 국가"도 그리고 나라를 다스리는 교회통치도 법-신학적으로 정당화하지 않았다. 후에 개신교회가 정신적으로나 법적으로 순수한 국가기관으로 위축된 것을 그에게 책임지울 수는 없다. 그런데 그는 이러한 발전에 —그가 교회 정치적으로 피상적인 기회주의적 발상에서 나라를 통치하는 자가 종교를 돌보는 직무(***cura religionis***)를 맡긴 결과로 교회를 법적으로 세상적인 정부당국의 아래에 두는 시초에 강력하게 반대하지 않음으로써— 기여했다.

세상적인 권력을 교회를 특정 교파로 새로 건설하는 데에 봉사시키려하고 또한 그 이외에도 바로 "십계명의 하인으로 만들"려하고 그래서 세상적인 권력에게 거룩한 것을 돌보는(***circa sacra***) 직무를 맡기려는 유혹으로부터는 루터도 칼뱅도 그리고 종교개혁자들의 후예도, 종교개혁에 반대하는 16세기의 카톨릭도 벗어날 수 없었다. 그런데 소종파 운동의 교회들도 역시 결국 폭넓은 교회적이고 정치적인 권력을 잔뜩 쥔 절대국가에 봉사하게 될 운명을 피할 수는 없었다.

–한스 칼 셰르처 **Hans Karl Scherzer**

프란치스코 데 비토리아
Francisco de Vitoria(1483~1546)

– 연대표 –

1483년	부르고스(Burgos)에서 출생 (유대적 혈통을 지닌 어머니).
1505년	부르고스에서 도미니코 종단에 입회.
1506~1508년	파리에서 공부 시작. 거기서 도미니코 종단의 유명한 학관(學館)인 생 자크(St. Jaques)에서 살았다. 가장 중요한 스승 페트루스 크로커트(Petrus Crockaert)를 만나다.
1512년	첫 번째 잘 알려진 저서 출판.
1516년	롬바르드의 명제집 강의자로서 독자적인 강의 활동.
1522년	신학박사 학위
1522년	스페인으로 다시 돌아감.
1525년	신학 교수(Magister)
1522~1526년	바야돌리드(Valladolid)의 산 그레고리오(San Gregorio) 신학원에서 교수. 새로 발견된 땅에 대한 종교적이고 정치적이고 법적인 문제와 황제 칼 5세(Karl V.)와 그의 제국적인 목표들을 알게 되다.
1526년	살라망카에서 교수
1527년	비토리오의 명성을 있게 한 첫 번째 『강의(*Relectio*)』
1534년	페루에서의 비인간적인 식민 방법에 대해서 첫 번째로 개인적 증언. 미국에 있는 선교사들과

	서신 교환.
1538/39년	『인디오에 대한 강의』(*Relectio De Indis*)
1539년	비토리오와 다른 사람들이 새로 발견된 국민들의 문제에 관해서 토론하도록 칼 5세의 부탁.
1539년	칼 5세가, 대서양 너머의 나라들에서 왕의 권한에 대해서 발언한, "몇몇의 교사들(Magistri)"의 강의와 설교에 대해서 불평하다. 저서와 평가서를 확산시키는 것을 금지하다.
1540년	마지막 『강의』 (『마술에 관하여』*De arte magica*).
1545년	트리엔트(Trient) 공의회에 참석하도록 칼 5세가 초청.
1546년	8월 12일 비토리아가 살라망카에서 사망.
1557년	『강의들』이 리옹에서 첫 인쇄.
1565년	수정판이 살라망카에서 출판.

I

프란치스코 데 비토리아는 1483년 부르고스에서 출생했다. 그의 아버지 페드로 데 비토리아(Pedro de Vitoria)는 도시 비토리아 출신으로 경제 중심지에서 성장했으며 거기서, 유대적 선조를 가진 유복한 가정 출신인, 카탈리나 데 콤플루도(Catalina de Compludo)와 결혼했다. 스페인에서 유대교로부터 개종(*converso*)한 경우에[66] 어떠한 편견과 법적인 결과가 생기는지에 대해서는 오늘날 정확히 알려져 있으며, 프란치스코 데 비토리아가 1505년에 고향 도시에서 입단했던, 종단을 위해서도 역시 입증될 수 있다. 당시에 카스틸랴 지방의 도미니코 수도사들은, 카톨릭 왕들에 의해서 도입되었으며 엄격히 복종하도록 요구하지만 연구는 너그럽게 장려했던, 개혁운동을 종결해야 할 순간이었다. 이사벨라(Isabella) 여왕의 자문인 알론소 데 부르고스(Alonso de Burgos)가 1487년에 산 그레고리오(San Gregorio) 신학원을 바야돌리드(Valladolid)에 세워서 도미니코 수도사들에게 넘겨주어 엘리트들을 교육시키게 했다. 그 학생들 중에서 유명한 이름들, 예컨대 멜키오르 카노(Melchior Cano)와 루이스 데 그라나다(Luis de Granada)와 바르톨로메 데 라스 카사스(Bartolomè de las Casas)는 더 이상 설명이 필요 없다. 비토리아에게도 역시 심각한 영향을 미친, 다음과 같은 사건은 개혁운동이 새로운 힘들을 풀어놓았다는 점을 보여준다. 1509년에 첫 도미니코 수사들이 라 에스파놀라(La Española)로 선교를 떠났으며 후

66) 유럽에서 반셈족주의는 널리 알려진 현상이다. 어떤 사람이 비록 유대교로부터 기독교로 개종했어도 그가 사회에서 어떻게 대접받느냐 하는 것은 시기적, 지역적으로 달랐다.

에 그에게 새로 발견된 땅들에서의 상태에 대해서 알려주었다. 1508년에 비토리아는 수업을 위해서 파리로 보내졌다. 그 길은 분명히 '고위 성직자들이 그가 재능이 있다고 여겼으며 스페인을 고립으로부터 벗어나게 하기 위해서 지식의 중심지와 접촉하는 것을 바람직하다고 여겼다'는 점을 보여주었다. 파리에서의 기간은 비토리아에게 말할 수 없이 큰 의미를 지녔다. 그 스스로가 학문적 스승들 중의 일부를 언급한다. 이를테면 그가 발렌시아로 돌아가고난 이후에 교황권의 옹호자로서 두각을 나타낸 후안 데 셀라야(Juan de Celaya)가 그렇다. 그가 이 사람으로부터 본질적으로 영향받았는가 하는 문제에 대해서는 당연히 회의적이다. 신학에서의 그의 스승인 장 뒤 페니에(Jean Du Feynier)에 대해서도 동일한 상황이 적용된다. 먼저 몬테규(Montaigu) 신학원에서 가르쳤었으며 1503년에 도미니코회 수도사가 된 브뤼셀 출신의 페트루스 크로커트(Petrus Crockaert)는 사정이 다르다. 그는 몇 백년 이래로 교과서로 인정받던 페트루스 롬바르두스(Petrus Lobardus)(1160년 사망)의 명제집을 더 이상 자신의 강의의 근거로 삼지 않고 토마스 아퀴나스의 『신학대전』을 근거로 삼았기 때문에 그는 아주 중요한 그리고 미래를 열어주는 한 발을 내디뎠다. 이제 학생들이 고전적이고 스콜라철학의 정점을 이루는 텍스트와 친숙할 수 있기 때문에 그의 방식은 토마스 르네상스의 방법론적인 정점을 의미했다. 비토리아는 여기에 고무되어 『신학대전』의 두 번째 부분의, 크로커트에 의해서 준비된, 판본 서문에서 말했다. 이 판본에서, 그가 살라망카에서 실현했던, 프로그램이 반영되기 시작하는 한, 이 판본은 여러 가지 의미에서 중요하다. 비토리아는 아퀴나스의 이론을 따르는 것이 적절한가 하는 회의를 오랫동안 품고 있었다고 고백한다. 그는 '사람이 단 한 사람의 신학자요 철학자만을 의지한다면 이론의 자유를 상실한다고 하는' 반대를 제일 많이 다뤘다. 그는 '사람이 지도자를 의지한다면, 이것은 그렇지 않다'는 결론에 도달했다. 그도 역시 단 한 사람의 사상가의 말을 듣기를 원하지는 않는다. 그러나 그는 학식 있는 사람들의 지속성 있는 가르침을 지침으로 삼을 준비가 되어 있다. 토마스는 그에게 철학 가운데에서 아리스토텔레스의 전통에 대한 포괄적인 지식을 체현하고 있었다. 신학에서 교리 자체라기보다는 오히려 문체나 방법이 그를 추천한다. 상세하게 작업된 논제와 명석성과 가르치는 방식에서의 일관성이 아퀴나스를, 제자들이 신뢰하면 유익한, 교사로 만든다. 이 서론을 읽는 독자 중 아무도 '학문적 혁명이 이 속에서 천명된다'는 점을 알아채지는 못했었다. 비토리아가 몇 년 후에 살라망카에서 대학의 규정에 반해서 『신학대전』을 교과서로 만들게 되고, 이 교과서가 신학의 방법과 내용이라는 점에서 신학교육을 심층적으로 변화시키게 되리라는 것을 아무도 몰랐다.

추측컨대 비토리아는 확실히 요한네스 마이오르(Johannes Maior), 몬테규 신학원의 교장의 학생이 아니었으나 밀접하게 접촉한 것은 분명하다. 비토리아가 그를 동의하기도 하고 비판하기도 하면서 언급하는 것을 볼 때에 그와 생산적인 논의를 했다는 것을 알 수 있다. 마이오르가 처음으로 새로 발견된 나라들과 관련해서 도덕적이고 정치적인 문제를 지적했다는 사정은 흥미롭다. 더 나아가서 비토리아가 마이오르의 정치적이고 교회론적인 사상을 알고 있었다는 사실은 의심의 여지가 없다. 즉 국민주권이론과 교황에 대한 공의회의 우위권 이론을 알고 있었다. 비토리아가 파리의 인문주의자 집단과 접촉했다는 것은 믿을 만하다. 그들은 발렌시아 출신인 루이스 비베스(Luis Vives)를 통해서 알게 되었는데 루이스 비베스는 비토리아가 에라스무스에 대해서 놀라움을 금치 못했으며 공격을 방어했다는 점을 증언한다. 우리는 또한 비베스가 그 젊은 스페인 사람(비토리아)의 성격에 관해서 흥미로운 언급을 한 것을 고마워한다. 그는 예리하고 절제 있으며 어느 정도는 결단성이 부족하다고 한다. 이러한 특성들은 그의 작품에서 입증된다.

1522년에 파리에서 박사가 된 이후에 비토리아는 그의 고향으로 돌아왔다. 1523년 가을에 그는 산 그레고리오(San Gregorio) 신학원에서 자신의 강의를 시작했다. 인디오들의 변호자로 유명한 선교사들이 그의 첫 번째 제자들에 속해 있었다는 점은 언급할 가치가 있다. 바야돌리드에 인디오 위원회가 있었다는 사정도 또한 중요하다. 더 나아가서 거기서 그는 황제 칼 5세와 그 제국주의적인 계획에 부딪혔다. 1526년 살라망카 대학에 신학부의 첫 정교수 자리가 결원이 되었을 때 종단은 비토리아를 추천했고 그는 임용절차에서 경쟁자들을 물리치고 분명한 승리를 거두었다. 새로운 교사는 1526년 10월 18일에 스페인의 지도적인 대학에서 학자적 활동을 시작했다. 바야돌리드에서와 마찬가지로 여기서도 그는 『신학대전』을 강연의 기초로 삼았다. 학생들의 강의록에서 여러 가지로 확인된 논평들로부터 '그가 고전적 텍스트 원본들에도 불구하고 "오래된 가곡을 부르지 않"기 위해 노력하며 열정적으로 새로운 문제들을 제기했다' 는 점을 알 수 있다. 그가 강의에 많은 힘을 쏟아서 교수의 두 번째 의무인 저술 활동에 시간도 힘도 낼 수 없다고 말했을 때 그가 강의에 얼마나 심혈을 기울였는지를 그 스스로 고백한다. 실제로 그는 책을 출판할 수 없었다. 그러나, 그가 아주 높이 평가하고 동시에 우리에게 강의실의 분위기를 전해줄 수 있는 능력을 가진, 제자들이 강의록을 완성했다. 방법론적인 세부 사항도 무시되지 않았다. 비토리아는 '자신의 교훈으로부터 무언가를 얻기를 원하는 사람은 받아써야만 한다'고 생각했으며 그렇지 않다면 다른 동료들을 방문하기를 충고했다. 그는 천천히 불러주려고 애썼다. (받아쓰기는, 살라망카에서는 아직도 공식적인 반대를 받고 있지만 파리로부터 받아들인 개혁이다.)

당연히 현 세기에서야 비로소 편집된 강연들이 비토리아의 명성의 근거가 아니라 그의 『강의들』이 그랬었다. 이 강의들은, **1422**년에 교황 마르틴 **5**세(**Martin V.**)의 조례에 근거하여 제도적 기반을 얻으며 여기서 이 학문적 연습들은 "반복들(***repetitiones***)"이라고 불리었다. 모든 교수들은 강연 논제로부터 중심적 주제를 공개적으로 다룰 의무가 있었다. 대학에서의 활동은 특별한 인기를 얻지 못하는 것처럼 보였다. 단지 소수의 교사들만이 많은 청중들 앞에 설 담력을 가질 뿐이었다. 그리고 그들 중에는 나라의 지도적 인사들도 종종 있었다. 비토리아는 단지 학교 강의를 반복하지는 않았다는 사정이 더 중요하다. 그의 위대한 강의들은 현실성 있으며 종종 논란의 소지가 있는 주제들을 대상으로 했다. 이 주제들은 수년 동안, 정치적이고 교회에 속한 계층을 긴장시키는, 계획에 맞추어졌다. 이 강연들의 내용과, 비토리아가 자신의 학술 활동의 범위 안에서 그 내용을 위해서 선택한, 형태는 주목과 갈등을 야기했다. 그러므로 황제 칼 **5**세가 『인디오에 대한 강의』 직후 **1539**년

11월 10일에 톨레도(Toledo)에서 살라망카에 있는 비토리아의 상관들에게, 분명히 오랫동안 쌓여온 증오를 드러냈으며 대서양 너머의 식민지에 대한 토론과 교황의 관직 수여를 날카로운 언어로 비난한, 편지를 썼을 때에 체념이 그를 엄습한 것은 놀라운 일이 아니다. 강연들의 복사물들과 평가들과 설교들이 압수되어야만 할 것이라고 주장되었다. 황제의 격렬한 반응은 '비토리아가 더 이상 공개적으로 정치적으로 논란이 되는 대상을 논하지 못하게 되는' 결과를 가져왔다. 그 반응은 또한 '『강의들』이나 다른 저서들이 그 교사(비토리아)가 살아 있는 동안에는 출판되지 않게 된' 원인이었다.

비토리아가 살라망카에 있는 기간은, 종종 그가 강의를 하지 못하게 강요한, 병과 두통으로 점철되었다. 그 스스로가 썼듯이 때때로 그는 손가락 하나 움직일 수 없었다. 칼 5세가 그에게 개인적으로 부탁했던, 트리엔트 공의회에 참석하는 것은 더 이상 생각할 수도 없었다. 공의회 문제와 교회 개혁에 관한 중요한 논문들을 쓴 그가, 그의 창작의 정점이 되었을, 영향력을 포기해야만 했다. 그 사이에 몇몇은 고위직에 오르기도 했던, 제자들이 트리엔트 결정에 같이 참여하고 스페인이나 다른 곳에서 이것이 실현되도록 애쓴다고 하는 위로를 그는 이 땅에서 맛보지 못했다. 1546년 8월 12일 아침 프란체스코 데 비토리아는 살라망카에서 죽었다. 그는 콘벤토 데 산 에스테반(Convento de San Esteban)에서 마지막 휴식을 찾았다.

II

1. 국가 권력에 대하여

비토리아의 주요 『강의들』은 세 개의 내적으로 연결된 주제들을 중심으로 하고 있다. 그것들은 국가와 교회의 권력의 본질과 교황과 공의회의 전통적인 갈등과 새로운 나라 정복을 위한 정의로운 법령이다. 그는 초기에 이미 이것들을 국가와 교회의 개혁 계획에 맞추려고 계획했던 것처럼 보인다. 그 시리즈는 『정치 권력에 대하여』라는 강연과 함께 시작한다. 여기서는 우선 국가권력의 기원을 문제 삼는다. 신이 설립(***constitutione divina***)한 덕분에 국가권력이 공동체에 존재하게 된 반면에, 공동체가 자기 스스로를 다스리게 되는 한에서 물질적 원인은 공동체 안에 놓여 있다. 그래서 공동체가 권력을 만들어(***creat***) 냄으로써 공동체는 자신의 권력을 왕들에게 이양했다. 이 말은 '신이 이 권력에 형식을 부여한 반면에, 관리의 권한은 군주들에게 주어진다'는 것을 의미한다. 그러므로 두 개의 서로 다른 권력들, 왕의 권력과 공동체에 속한 권력이 존재하는 것이 아니라, 단 하나의 권력만이 존재한다. (용어가 ***republica***(공화국)에서 ***communitas***(공동체)로 바뀐 것은 아마도 코무네로스라는 반란자들(***comuneros***)의, 칼 1세 (칼 5세) 치하의 카스틸랴 지방에서 살아 있는, 혁명이론에 대한 암시이다.) 더 나아가 이것은 '군주제적 정부형태는 단순히 "위에서부터" 온 것, 그러므로 직접적으로 주어진 것이 아니라, 국민이 왕을 "만들었을" 때, 아무 것도 그리고 아무도 그렇게 강요하지도 않았는데도, 국민은 —구약성서의 예에 나온 것처럼— 자유로운 행위로 이러한 국가

형태를 결의했기 때문에, 국민에 의해서 이양된 것이다. 권력이 한 번 주어졌다면 당연히 그것은 더 이상 빼앗길 수 없다.

당시의 종교적이고 정치적인 긴장—합스부르크가와 프랑스의 갈등과 터키 전쟁을 반영한다—에 직면해서 보편 군주에 대한 요구가 특별히 시급해졌다. 보편 군주는 기독교인의 다수—강력한 반대세력에 대항해서도 역시—에 의해서 선출될 수 있다. 보편 군주에게—그에게 붙여진 칭호는 ***monarcha***(군주제)이다— 모든 지방들과 영주들이 순종해야만 한다. 그의 아래에서 누리는 평화와 터키인들에 대항한 전투는 보편적인 목표이다. 이 둘은 기독교라는 표지를 가지고 있다. 그래서 전체 교회는 동시에 스스로를 '***res publica***(공화국)도 역시 가진 것과 같은 가능성'을 지닌 정치적 공동체로 이해한다. 다시 말해서 전체 교회는 보편 군주를 "만들" 권한을 가져도 좋다. 개별 국가들의 능력을 넘어서는 거대한 갈등의 해법으로 비토리아가 내세우는 군주는 영주들이 참여하지도 않고 왕조를 고려하지도 않고 단지 전 기독교도로부터 위임을 받는다. (황제 칼 5세에 대한 비판이 뚜렷하다.) 어떻게 선출이 이루어질 것인지에 대해서는 당연히 논해지지 않는다. 비토리아는 아마도 공의회를 생각할 것이다. 살라망카의 교사의 사상들이 유토피아적이라는 점은 그 자신도 역시 자각했을 것이다. 그러나 모든 유럽 국가들을 포괄하면서 내적이고 외적인 위협으로부터 지켜낼 수 있는 군주제에 대한 생각은 남아 있다.

2. 정치적이고 교회적인 권력

1532년에 행해진 『교회 권력에 대한 첫 번째 강의』는 비토리아가 특별히 가슴에 담고 있는 문제점을 다룬다. 그는 이 문제점을 —이미 말했다시피— 파리에서 이론과 실천을 통해서 알았다. 그리고 파리에서는 공의회를 통해서 교황의 권력을 제한하자는 공의회주의적이고 갈리아주의[67]적인 이론이 생생히 남아 있었으며 사람들은 성직자 정치적 생각이 자라는 것을 불신의 눈으로 지켜보았다. 성직자 정치적 생각은 교황에게 한계가 없어 보이는 권력을 준다. 비토리아는 특별히 이런 경향을 지닌 당대의 문서들에 대해서 경멸을 날카롭게 나타내지만 사태에 대해서 객관적이려 하고 또한 균형을 맞추려고 하였다. 첫 번째 진술이 이미 강령적인 성격을 갖는다. "교황은 전 지구의 주(主)가 아니다" (Vorles. I 232). 물론 그는 "교회에 대한 염려"를 의식한다. 그러나 교황은 황제가 지배권을 행사하는 것과 같이 보편적으로 지배권을 가지지는 못한다. 교황에게 보편적 지배권을 인정하려고 하는 저자들은, 수령에게 맞장구치는, 아첨꾼으로 불린다. 그는 그러한 요구를 정당화하기 위해서 "콘스탄티누스의 선물"[68]을 지적하는 것을 우습게 여긴다. 그에 반해서 비토리아는 정신적인 것과 시간적인 것을 엄격하게 구분하는 것을 지지한다. 그래서 성직자는 통치자와는 다른 질서에 속해 있기 때문에 교황은 왕들을 임명하고 파면할 권한을 갖지 못한다. 또한 동시에 그는 두 권력들 사이에 어떠한 관계도 없다고는 말하지 않는다. 우리 인간의 궁극적 목표는 단지 세상 속에서만 이루어질 수는 없다. 그래서 이 땅의 권력은 특정한 방식으로 초자연적인

67) 갈리아주의자들은 로마 교황에게만 돌리던 최고 권위를 공의회(公議會)와 교회법에 두었으며 프랑스 교회의 독립적 입장을 주장하였다.

68) 교황이 콘스탄티누스 대제(大帝)로부터 라테란 궁전과 세속(世俗)의 재판권을 받은 것을 말한다. 이것이 교황권의 근거로 생각되었었다.

권력의 아래에 있다. 인간의 최종 목표가 문제가 된다면 교회의 수장이 폭넓은 전권을 지닌다. 교회의 수장은 어떤 수단이 사태에 걸맞은지를 결정해야만 하고, 갈등이 생기는 경우에는 무엇이 초자연적인 목표에 봉사하며 무엇이 그로부터 벗어나는지를 결정해야만 한다. 남용하는 것을 막기 위해서 당연히, 교황이 세상의 직책에게 속한 전권을 가지지 않게 할, 기준들이 발전되어야 한다. 일반적인 규칙으로서, 세상적인 행위능력이 더 이상 행위능력이 되지 않는 그런 특수한 경우가 존재해야만 한다. 남용 하나만으로는 당연히 충분치 않다.

그 경향은 분명하다. 시간적인 것에 대한 교회의 권력은 가능한 한 제한되어야 하고 정신적인 분야로 향해야만 한다. 이것은 '교회의 최고 직책이 영적인 권위에 집중하기 위해서 그것은 정치적인 일에 연루되지 말아야만 한다'는 것을 함축하고 있다. 이것은 곧바로 '국가가 시간적인 사물들 속에서 완전한 절대권에 도달하기 위해서 성직자 정치적인 감독으로부터 벗어나야만 한다'는 결과를 가져오며 이를 통해서 교회도 역시, 자신의 특별한 사명을 위해서 필요한, 자유 공간을 확보한다. 두 권력들의 배치에 대한 논거 뒤에 무엇보다도 교회 개혁의 기획이 있다는 사실은 단지 부수적으로만 언급된다. 그러나 그것은 눈에 뜨이는 부분에서 분명하게 드러난다.

3. 교황과 공의회

비토리아는, 카톨릭 왕들 이래로 스페인의 교회와 왕권에서 전형적인, 개혁운동 가운데 있었는데, 이 운동은 '교회가 전통적인 길위에서 지도자에 의해서 새로워질 것이라는' 희망에 대해서는 회의적이었다. 그래서 이제까지의 노력은 가치를 인정받지 못했다. 단지 공의회만이 위기로부터 벗어날 길을 제시할 수 있다고 그는 확신했는데, 여기에 파리의 공의회주의적인 사상이 강력히 드러난다. 그는 1534년 『교황과 공의회의 권력』에 대한 강의에서 '이것이 유일하게 효과적인 수단이라' 고 논했다. 그러나 교황은 공의회 안에서 어떤 지위를 차지하는가 그리고 그는 어떤 역할을 공의회에서 하는가? 그는 전 교회 총회보다 위에 있는가 아니면 아래에 있는가? 비토리아는 고전적인 두 대답 모두를 그럴 듯하게 여겨서 하나를 선택하고 싶어하지 않았다. 그 근거는 그의 의도만큼이나 단순하다. 이제까지의 경험이 보여주듯이 이렇게 어려운 문제에 있어서는 결정적인 입각점을 찾아야만 한다. 역사적인 첨예한 대립 너머에 있는 착상이라면 현재의 상황에서 '열망하던 교회개혁을 드디어 이루기 위해서 논쟁의 적수들을 공통의 활동으로 끌어들이는' 유익이 생길 것이다. 그에 따라서 공의회주의적 이론과 합치는 것은 생각해 볼 수 있다. 당연히 한 가지 중요한 문제에 있어서 비토리아는 양보할 용의가 없다. 교황의 전적인 권력을 제한한다는 것은 불가능하다. 그러나 이 풀 수 없는 개혁이란 과제에서 실행 가능하고 모든 사람이 받아들일 만한 해결책이 어떻게 가능하겠는가? 비토리아는 혁신을 실시할 유일한 가능성을 공의회의 의결문에, 교황에게 금지와 규정으로부터 면제되는 권한을 허용하지 않는다고 하는, 무효약관(*decretum irrtans*)을 첨가하는 데에 있다고 생각한다. 그는 이제까지 로마 교황이 면제받아 왔던 것을 진정한 불행이라고 여긴다. 다른 말로 하자면 교회의 한탄할 만한 처지의 궁극적 근거는 로마 교황청이 권력을 남용하는 데에 있다. 이것은 단지 적절한 공의회의 의결문에 의해서만 저지될 수 있다. 그러나 교황이 면제된다면 그는 심각한 죄를 짓는다. 해결책으로서 제시된 무효약관의 의결문은 교회사에서 전례가 없었던 것이라고 하는 예상했던 반대는 비토리아에게, 이전과는 달리 교황들이 의무를 망각해서 규칙들이 더 이상 지켜지지 않았다고, 당대의 교황들을 날카롭게 비판할 기회를 주었다.

그러므로 특별한 경우에는 교황에게 대항해도 된다고 하는 생각이 암시적으로 표현되었다. 비토리아는 중세 후기에 관한 지식으로부터 자신이 아주 민감한 문제를 건드렸다는 사실을 알고 있다. 적절한 형태의 저항이 있는가? 모든 공의회주의적인 사상가들이 교황을 거부할 경우에도 공의회에 요구할 권리는 불가침의 것으로 여기기 때문에 비토리아는 ―균형을 생각하는 그의 입장에 맞추어― 그들과 공동작업을 확인하기 위해서 그들의 입장을 승인했다. 얼마간 주저한 후에 즉 무효약관의 의결문이 통과되고 난 이후에 주교들이나 지역 공의회의 저항이 허용되었다. 비토리아는 자신의 주장의 대담성을 알았다. 그러나 교회의 상황과 로마 교황청의 자기 개혁의 불가능함이 그에게 심각한 의심을 극복하게 했다. 결국 적절한 공의회의 의결문이 그의 눈에는 '주교들과 영주들이 영향력을 행사해도 되느냐는 논란을 더 이상 계속할 필요를 없앤다는' 장점을 가졌다. 그와 동시에 그는 그가 요구한 것 속에 공의회가 교황에 대해서 법적인 권력을 가지는 것은 포함되어 있지 않음을 암시한다. 그러나 교황이 정당화될 수 없이 규칙들을 어기거나 다른 "수치스러운 지시를 내릴" 때에는 공의회를 소집할 수 있는 근거가 된다, 그것도 교황의 의지에 반해서라도 (Vorles. I 432). 이 말은 비토리아가 —양측에 의해서 받아들여진 중도의 길을 제시한다고 하는 자신의 의도에 반해서— 당대의 교황측에 선 신학자들에게 분명히 대항하는 입장에 섬으로써 공의회주의로 들어가는 문턱을 넘어서려고 한다는 것을 의미한다.

비토리아가 염려에 가득 차서 격정적으로 기획한 교회 개혁 프로그램은 단지 약간의 반향만을 일으켰다. 그의 학생들 자체가 이 점에 있어서 그를 따르지 않았다. 살라망카 학파를 특징짓는, 엄격하게 이해된, 교황의 우위에 대한 아주 극심한 논쟁들은 그와는 다른 조짐을 보였다. 1545년에 아직 비토리아가 살아 있는 동안에 열린 트리엔트 공의회는 결국 —살라망카 학파의 수장(비토리아)의 비관주의에도 불구하고— 교황들은 교회 개혁을 착수했다고 하는 점을 보여주었다.

4. 아메리카 대륙의 정복의 문제

비토리아가 1538년 말이나 1539년 초에서야 비로소 『인디오에 관한 강연』을 했다는 사실은 다루는 대상이 어려우며 또한 그가 오히려 소심한 성격이라는 점과 부합된다. "선량하고 학식 많은 사람들"이 검토했던 정복의 정당성에 대해서는 그가 의심하지 않는다. 그러나 잔학한 행위에 대해서 경고하는 소식들 때문에 여기서 중대한 불의가 저질러진 것은 아닌가 하는 점은 물어야만 한다. 그래서 왕과 마찰이 일어날 것이라고 여겨지기는 했지만 그에 관해서 강의를 해야만 하는 필연성은 입증되었다. 거기에 다른 근거도 있다. 비토리아의 견해에 따르자면 이제까지는 왕의 법률가들이 이 문제를 다루었으나, 신의 법률들에 대해서 반성을 하는, 신학자들이 다루지는 않았다.

다른 모든 사색의 출발점은 다음 문장이다. "(스페인 사람들이 오기 전에는) 의심할 나위 없이 기독교인들과 꼭 마찬가지로 야만인들이 공적인 영역에서뿐 아니라 사적인 영역에서도 주인이었으며 또한 그들이 진정한 주인이 아니었다고 하는 법적 근거를 가지고서라도 주인으로부터도 또한 일반인들로부터도 그들의 재화를 강탈할 수는 없다" (Vorles. II 403). 이 말은 국민의 권리라는 관점에서 보자면 기독교인이든 이방인이든 동등하다는 것을 의미한다. 이로부터 '일상적으로 인용되는 법적 주장은 입증능력이 없다고 하는' 결과가 나온다. 황제나 교황의 세계지배권이나 지리상의 발견을 통해서 얻은 권리나 기독교를 받아들이지 않음이나 야만인들의 범죄나 인디오들의 명목상의 자유로운 동의나 신이 스페인 사람들에게 부여한 독특한 재능으로부터의 추론 등이 그렇다. 단지 이러한 법적 주장들뿐이라면 실제로 통치자(칼 5세를 말한다)와 그 자문단의 구원을 제대로 돌보지 못한 것이 될 것이다.

논거들이 논파되는 경우에, 특히 40년도 넘는 세월이 더 이상 되돌릴 수 없는 현실이 되어 버렸다고 해서, 그것이 그대로 있을 수는 없다. 아메리카에서 스페인 사람들이 존재하고 활동하는 것은 받아들어져야만 하며, 동시에 그 땅 거주민들의 권리들도 존중되어야만 한다. 스페인의 지배를 정당화하는 첫 번째 법적 근거는 "자연적인 공동체와 (문화의) 전달"[69]의 근거이다. 비토리아는 이 명제를 누구나 손님과 이방인을 잘 대접해야 한다는 로마의 이방

69) 여기서 전달이란 결국 선교를 의미한다.

인법과 결부시킨다. 세계의 시초에는 그랬었다. 누구나 자신이 선택한 곳에 갈 수 있었다. 그것이 다른 사람들에게 피해를 끼치지 않는 한 오늘날도 스페인 사람들에게 허용되어야만 한다. 아무도 다른 나라로부터 배제되어서는 안 된다. 결국 자연법에 따라서 모든 사람에게 모든 것은 공동의 것이다. 공기와 강과 바다와 항구와 거리가 그러하다. 이것은 스페인 사람들이 야만인들과 상거래를 해도 된다고 하는 사상으로 넘어간다. 그래서 자유로운 상품교역은 사업이 양측 모두에게 이익이 될 수 있도록 보증해야만 한다. 이것은 단지 다른 나라에 오래 거주한다는 것만이 아니라 정주하고 결국은 귀화하는 것도 역시 포함한다. 거기서 태어난 아이들에게 시민권이 주어지지 않아서는 안 된다. 왜냐하면 그렇지 않다면 그들은 "국가 없는" 사람이 될 것이기 때문이다. 이것은 최소한 두 번째 세대는 그곳의 정치적 공동체의 완전한 일원이 될 수 있어야 함을 의미한다.

만약에 스페인 사람들에게 이 거주 이전의 자유가 허용되지 않는다면 무슨 일이 일어날까? 첫 걸음에서 그들은 법이 그들 편이며 야만인들을 감언으로 속이기 위해서 오지 않았음을 증명했어야만 할 것이다. (그들이 서양의 국민의 권리를 이해할 수 있느냐 하는 점은 논의되지 않는다.) 그러는 사이에 논거들이 성공을 거두지 못한다고 하면 스페인 사람들은 스스로를 지키고 자신들의 안전을 배려할 권리를 얻을 것이다. 더 나아가서 요새를 쌓고 무력에 무력으로 대답하는 것도 허용될 수 있을 것이다. 모든 평화적인 노력들이 허사로 돌아간다면 야만인들은 더 이상 무죄일 수 없기 때문에 전쟁을 사용해도 될 것이다.

기독교의 전파라고 하는 두 번째 법조항은 특별한 의미를 지닌다. 기독교인이 모든 나라에 신앙을 선포한다고 하는 권리를 지녔다는 점은 비토리아에게는 자명하다. 교황이 선교를 단지 스페인 사람들에게만 —포르투갈 사람들에 대해서는 언급이 없다— 허용했다고 하는 사실은 당연히 어려움을 가져온다. 비토리아는 교황에게 한 나라에 전권을 허용하는 권력을 인정하기를 주저하지 않는다. 그는 정말 종교에 필요하다면 어떤 특정한 민족들에게 아메리카와의 무역을 금지할 수 있다. 그리고 그 근거는? 여러 나라들이 참여한다면 다툼과 경쟁이 생길 것이기 때문이다. 그 논거는 기이할 수도 있지만 당시의 상황에는 어울린다. 왜냐 하면 비토리아는 어떻게 정치와 무역과 선교가 뒤섞여 있는지 알고 있었기 때문이다. 그가 그렇게 강력하게 비난한 유럽의 분열은 수출해서는 안 된다. 더 나아가 스페인의 지배자들이 바다 여행의 경제적 부담을 담당하기 때문에 단지 그들만이 이득을 향유할 수 있어야만 한다.

선교와 폭력이 결합될 수 있는가? “지배자들”이나 “대중”에게 스페인 사람들이 들어가는 것을 설명하고 난 이후에도 그들이 저항하는 경우에, 비록 피해가 이득보다 더 클 것이냐 하는 질문을 해야만 하지만, 전쟁으로 대항하는 것이 정당화되었다. 비토리아가 생각하기를 보통은 폭력이 복음에 유익하지 않다. 그러나 개별적이거나 혹은 아주 많은 새로운 기독교인들이 그들의 통치자에 의해서 예배에 참여하도록 강요된다면 상황은 분명하다. 이 경우에 전쟁을 할 수 있는 권한이 적용될 수 있다. 더 나아가 국민의 “상당한 부분”이 개종했다 치면 교황이 개입해서 신앙의 존속을 보장하기 위해서 기독교적인 왕을 세울 수 있다. 참주적인 법률이나 심지어 인

신제물은 스페인 사람들의 개입을 정당화한다. 폭력이란 당연히 무역과 바다의 자유와 선교를 관철하기 위한 최후의 수단(*ultima ratio*)이라는 것을 비토리아는 의심하지 않았다.

만약에 "많은 야만인들"이 개종하고 논의된 법적 근거를 받아들인다면 먼 장래에는 어떤 일이 일어날까? 스페인 왕실은 통치권을 유지할까? 한때 직접적인 개입을 정당화했던 법조항이 이제부터는 시대에 뒤떨어졌기 때문에 새로운 나라들은 광범위한 정치적 자립으로 해방될 수 있다. 그런데 스페인 왕실과의 일정한 결합은 계속 남아 있어야만 한다. 비토리아는 이를 적절한 개념으로 언급하지 않고 단지 "원조(*administratio*)"라는 말로 표현한다. 그는 아마도 정치적 의존성으로서의 "염려"를 의미할 것이다.

무엇보다도 『인디오에 관한 강의』를, 스페인에 있던 책임감 있는 사람들에게 문제시되었던, 비상한 도덕적이고 법적인 문제라는 배경에서부터 읽는다면, 그것의 지위와 의미는 분명하다. 강의와 그와 연결해서 스페인의 법률가들과 신학자들이 17세기에까지 벌여온 토론들은 유럽의 어떠한 다른 나라에서도 유례를 찾아볼 수 없는 것이다. 새로운 땅에서 벌이는 반성의 본성상 구성하기보다는 부정하는 것이 성공하게 되어 있다. 비토리아가 불법적인 법률 조항에 대해서 가한 비판은, 그것이 성직자주의적이고 제국주의적인 요구로부터 그 기반을 빼앗았고 또한 동시에 원주민이 통치하는 것의 정당성을 돋보이게 하는 한, 위대한 작업이었다는 점을 의심하게 할 여지는 없다. 무역과 (문화의) 전달에 근거한 국민들 간의 공동체라는 사상도, 비록 우선 유럽의 해외로의 일방통행을 다루었으며 또한 각 민족들의 차이가 제대로 주목되지는 않았지만, 역시 획기적이다.

비토리아의 사상이 살라망카 학파에서 끝나지 않았다는 사실은 이를테면, 살라망카 학파를 황제 친화적이라고 비판했던, 멜키오르 카노(Melchior Cano)와 주안 데 라 페나(Juan de la Pena)와 바르톨로메 데 라스 카사스(Bartolomé de las Casas)를 통해서 지속적인 영향을 미친 것이 증명한다. 그런데 영향은 더 확대되었다. 휴고 그로티우스(Hugo Grotius) 같은 중부 유럽의 법률가는 비토리아와 다른 살라망카 신학자들을 인용했다.

–울리히 호르스트 Ulrich Horst

장 보댕
Jean Bodin(1529/30~1596)

– 연대표 –

1529/30년	앙제(Angers)에서 재단사 아버지에게서 출생.
1545~48년	앙제의 주교의 후원을 받아 카르멜회 수도사들에게서 수도사로 교육을 받음. 자유사상가인지 재판을 받은 후에 수도원을 나옴.
1550~61년	툴루즈(Toulouse) 대학에서 법학을 공부하고 거기서 가르침. 거기서 『보편법 개념의 분해』(*Juris universi distributio*, 1578년)와 『역사의 용이한 파악을 위한 방법』(*Methodus ad facilem historairum cognitionem*, 1566년)과 함께 정치철학의 초석이 생겨남.
1561년	파리 고등법원(Parlement)의 변호사
1567~70년	프랑스 왕 샤를 9세(Charles IX.)를 위해서 근무 (푸아티에Poitiers의 그랑 주르Grands Jours에서 검사, 나르본Narbonne의 도시들에서 고문, 노르망디Normandie의 숲을 위한 대리인)
1571~73년	왕의 동생이자 위그노파와 카톨릭교도 사이를 중재하는 정치학파(Politique) 집단(Parti)의 창설자인 프랑스와 달랑송(François d' Alençon) 공작의 고문. 1572년의 바르톨로메오의 밤[70]에 위그노파의 학살로부터 애를 써서 벗어났다.
1574~75년	앙리 3세(Henri Ⅲ.)의 고문

70) 카톨릭교도들이 1572년 성 바르톨로메오의 경축일인 8월 24일과 25일에 위그노파를 학살했다.

1576년	왕에 대항해서 블르와(Blois)에 모인 여러 신분들 중에서 베르망두아의 제3신분의 대리자; 주요저서인 ***Les six livres de la republique***『국가에 관한 6권의 책』의 출간.
1576년	라온의 재판소에서 그의 자형의 후임자가 되기 위하여 미망인인 트루이야르(Trouillart)와 결혼.
1577년	라온의 재판소의 검찰, 거기서 생을 마칠 때까지 머무름, 마녀재판의 판사를 위한 편람(『마녀의 악마』***Demonomanie des sorciers***, 1580년)과 윤리학 (『모순들』***Paradoxon***, 1596년)과 자연의 역사 (『보편적 자연의 무대』***Universae naturae theatrum***, 1596년)와 관용을 구하는 종교 담화 (***Heptaplomeres***, 사후저작 1841년)를 완성.
1581~84년	다시 한번 알랑송(Alençon) 공작에게 봉사 (영국 여행, 네덜란드의 자유 투쟁에 참여).
1596년	사망, 랑(Laon)의 코르들리에(Cordelier) 성당(Eglise)에 묻힘.

Ⅰ. 시대

장 보댕은 근대국가의 토대로서 주권(Souveränität) 개념을 만들었기 때문에 혹은 그것을 최소한 보편타당하게 만들었기 때문에 유명해졌다. 1572년 8월 24일/25일 바르톨로메오의 밤 3만명의 위그노파들이 카톨릭교도의 단독대표권 주장에 희생되었을 때에, 이 사건은 보댕을 국가론과 주권론으로 이끌어간 피의 사건이었다. 프랑스에서의 종교전쟁, 정말 전체 유럽에서의 종교전쟁(1531년 독일에서는 슈말칼덴 동맹[71]이 생겨났고, 1534년에는 영국 헨리 8세가 영국 교회를 로마로부터 분리했다)은 강력한 국가와, 평화와 통일과 안전을 다시 세울, 분리되지 않은 권력을 요청했다. 하나의 왕, 하나의 법, 하나의 신앙(*un roi, une loi, une foi*), 프랑스 통일의 세 기둥은 종교전쟁의 혼란 속에서 금방이라도 깨질 것 같았다.

프랑스에서의 상황은 절망적이었다. 양측 모두 많은 사망자와 폭력적 행위들이 있었다. 낭트의 관용-칙령(1598년)까지 수만 명의 숙련된 노동력인 위그노파들이 떠나갔다. 토지와 마을은 황폐화되었고 경작은 광범위하게 중단되었으며 농부들은 폭동을 일으켰다. 물가상승과 통화팽창은 경제를 완전 파괴했다. (그래서 보댕은 1568년에 인플레이션의 원인에 관한 책인 『말레트루아씨의 패러독스에 대한 회답*La reponse au paradoxe de M. de Malestroit*』을 저술했다). 왕의 권위는 무너졌으며 삼부회[72]는 금방이라도 분열되어

---

71) 종교개혁 기간에 카톨릭을 옹호하는 칼 5세에 대항해서 독일에서 영주들이 루터파를 옹호하기 위해서 슈말칼덴 동맹을 맺었다.

72) 구제도하에서 성직자 · 귀족 · 평민으로 구성된 프랑스 신분제의회로서 전국삼부회 및 지방삼부회가 있었다. 전국삼부회는 1302년 필립 4세가 최초로 소집했다.

나라를 조각낼 것 같았다. 행정의 난맥과 부패와 부채는 국가를 파괴했다. 사람들이, 국가 통일의 원천이고 안전한 통치와 질서의 원천인, 주권이야말로 이 불행한 상태의 구제책이라고 기대한 것은 전혀 놀랄 만한 일이 아니다.

주권사상은 시대정신에 부합했다. 그것은 근대 정치이론의 생성의 한 부분이다. 이 사상에서는 신적인 창조질서의 조화 대신에 자립적이고 단호한 개인이 만물의 척도이다. 윤리적 규범 대신에 계산과 타산성이 행동의 동기이다. 합리성과 실행가능성이 사회와 국가의 기초로서 신앙과 전통을 대신했다. 중세적인 법보호국가(Rechtsbewahrstaat)가 근대적인 법제정국가(Rechtsetzungsstaat)[73]에 의해서 교체되었다.

주권론은 이탈리아나 영국이나 독일에서가 아니라 프랑스에서 16세기에 생겨났으며 1576년 보댕의 *Les six livres de la republique*(『국가에 관한 6권의 책』)에서 자세히 형성되고 조직적으로 발전되었다. 왜냐하면 여기서 주권이론의 모든 전제조건들이 겹쳐졌기 때문이다. 즉 국민국가의 형성과 귀족으로부터 왕권의 격상과 귀족의 독자적 권한의 토대의 소멸과 동시에 종교 분열과 내란으로 인한 국가와 왕권의 위협과 개인과 통치자에 의한 독자적인 법제정. 결국 정치적 토론은 자의식이 강하고 로마법을 공부한 법률가 계층을 통해서 규정되고 개념화되었다. 법률가 보댕은 그의 시민적인 출신과 그의 교육에 의해서 주권이론을 체계적으로 발전시키도록 운명지워졌다.

---

73) 중세의 법보호국가(Rechtsbewahrstaat)가 신적인 질서에 근거해서 법을 수호한다고 하는 이념을 가졌었다면, 근대 절대주의적인 법제정국가(Rechtsetzungsstaat)는 절대 군주가 법률을 독자적으로 제정한다고 하는 이념을 가졌다.

당시에 프랑스에서 로마법의 중심지였던 툴루즈(Toulouse)에서 공부하고 가르치는 동안에 그는 알치아티(Alciati)와 부다에우스(Budaeus/Budé)에 의해서 설립된 (이탈리아 학풍*mos italicus*과는 다른 갈리아/프랑스 학풍*mos gallicus*[74]의) 법학상의 인문주의 추종자가 되었다. 그는 이를 당시에 툴루즈에서 동료인 포르카델(Forcadel)과 쿠이아키우스(Cuiacius/Cujas)로부터 배웠다. 법학상의 인문주의는 원천으로 돌아갔으며 후대의 봉건법적이고 봉건제적인 첨가물로부터 로마법을 정화했다. 그러나 이렇게 정화된 로마법은 당시의 요구에는 더 이상 충분하지 않다는 점이 드러나서 그것 혼자로는 더 이상 보편타당하고 보편적인 법이 될 수 없었다. 보편법은 법들을 비교해 봄으로써 비로소 걸러내질 수 있었다. 보댕의 업적은 그가 여러 국민들의 헌법으로부터 모든 사용 가능한 규범들을 최초로 체계적이고 문헌비평적으로 평가했다는 점에 있다. 보편법은 그에게 경험적 보편성에 근거해 있었다.

이성과 법이 역사에서 다양하게 전개되어 온 이렇게 넓은 분파들을 관찰한다면 그것은 법의 일반 원리를 논리적으로 추론해 낸 체계가 정당하다는 점을 입증한다. 보댕에게 이성으로 추상화한 보편성은 자연법과 국제법의 규범체계와 국가의 근본원리들과 국가형태들의 유형체계와 끝으로 법학사에 대한 그의 '사회학적인' 이론으로 구성되어 있다.

그에게 역사는 계시를 통해서 종말론적으로 규정되지 않는다 (네 왕국 이론, 즉 황금기로부터 철의 시대로의 질서 같은 것을 그는

74) 고전 로마 시민법을 연구하는 가운데 이탈리아 학풍*mos italicus*과 갈리아/프랑스 학풍*mos gallicus*이 생겨났다. 후자는 좀 더 인문주의적 성격이 강했다.

거절한다). 그도 역시 일차적으로는, 세계를 문명들의 생성과 소멸의 순환 속에 분배하는, 역사철학자가 아니다. 역사를 기록하는 것이 아니라, 역사를 도덕적-정치적으로 행동하는 인간을 위한 이론과 경험의 보고로 이용하기 위하여 역사를 읽는 것이 중요하다. 역사란 정치적 삶에 실천적으로 방향을 제시하기 위한 원천이다.

법률과 앞서 논한 의미에서의 역사는 세 가지 중요한 기능을 갖는다. 그것들은 국가론의 경험적 토대이다. 그것들은 보편타당하고 이성에 의해서 추론되어서 계시와 신앙의 차이 너머에서 보편적으로 인정받을 수 있는 법률이다. 그것들은 결국, 정치적인 투쟁과 신앙의 싸움 속에서 붕괴될 위기에 처한, 프랑스 국민국가의 안전한 토대이다. 그래서 보댕이 초기 저작들, 『보편법 개념의 분해』(*Juris universi distributio*)와 『역사의 용이한 파악을 위한 방법』(*Methodus ad facilem historiarum cognitionem*)에서 발전시킨 것은 구체적인 프랑스 국가에 연관된 것과 마찬가지로 국가에서의 보편적 질서, 즉 국가이론에 연관되었다.

화해시키는 것과 마찬가지로 예외가 없이 보편적인 프로그램을 구상했기 때문에 주권이론의 창시자는 자기 시대의 선두들의 중간에 위치했다. 즉 위그노파들과 카톨릭교도들 사이, 왕과 계층들 사이, 조정자와 카톨릭 동맹의 테러 사이에 있다. 그는 중재하는 집단, 즉 알랑송(Alençon) 공작의 정치학파 집단(*parti politique*)에 제일 가까이 속한 것으로 생각했다. 그러나 앙리 4세와 함께 이 방향이 권력을 쥐었을 때 역설적으로도 그는 단지 정치로부터 지방으로, 즉 라온으로 퇴각하고 말았을 뿐이다. 왜냐 하면 온건한 왕권의 대리자에게는 그가 너무 왕당파적이었으며 왕당파에게는 충분히 공손하지는 않았기 때문이다. 그는, 종교전쟁의 시기에 중립이라고 불리는, 카인의 표를 지녔다.

Ⅱ. 세계이해

주권 이론의 창시자가 많은 사람들에게 현대적으로 여겨지는 만큼 그의 세계이해는 전통적-중세적이다. 세계는 그에게 신의 창조계획에 따른 통일적 전체, 즉 플라톤의 모범을 따르는 계층적 우주이다. 전능, 즉 신의 전체 원인성과 창조된 세계 사이의 모순과 은총론과 인간의 자유의지 사이의 모순과 자연 종교와 초월적 신 사이의 모순, 신의 마음에 드는 삶과 세계 내적인 덕 사이의 모순은 '신의 창조가 여러 계층으로 된 모상이며 인간은 그의 이성을 통해서 신에게 참여하고 있다고 하는' 사실을 통해서 해소된다. 보댕의 인문주의는 창조로서의 세계를 항상 신에게 연결시키며 인식과 신앙을 결합한다. 스콜라주의적인 모상이론과 참여이론에 상응해서 세계 내적으로 자립적인 세계인식을 위한 제한된 활동 영역이 생긴다. 만약에 신과 세계가 서로 상응하고 또한 신이 세계의 법칙성 속에서 단번에 세계에 자신을 드러낸다면 이 세계는 근원적인 계시를 제외하고도 자기 스스로부터 이해될 수 있다. 이 세계는 자신의 고유한 법칙들을 따르고 이성과 인간의 논리를 통해서 그 궁극적인 원리들로 소급될 수 있다. 신은 직접적으로는 인식될 수 없다 (그노시스 학파와는 반대로). 그러므로 신은 인간을 이성적 인식이라고 하는 길로 지시했다. 자율적인 인간 인식 자체는 근원적인 계시가 아니기 때문에 세계이해는 궁극적 근거로서의 신앙에 결부된다.

그런데 인식의 빛은 세계 내적이다. 이 제한된 의미에서 세계상은 인간 중심주의적이고 세속화되었다.

이것이 윤리학을 위해서는 '신이 인간의 최고선이요 목표이기 때문에 윤리학이 신학적으로 정초된다'는 것을 의미한다. 그러므로 세계 내적인 행동 속에서 인간은 자유의지와 법에 대한 자연스러운 인식 가능성을 힘입어서 자기 책임이다. 그러므로 아리스토텔레스의 윤리학이 세계 내재적인 토대를 가졌기 때문에 그것이 비판되지만, 인간 행동을 위한 규범들의 구조물로서 이용된다.

포괄적인 세계이해를 요구하며 사물들의 마지막 근거를 추구하며 세계원리를 통일적으로 본다는 점에 있어서 세계이해와 마찬가지로 학문의 체계도 역시 보편적이다. 학문은 창조의 해명으로서 그 원인에 따라서 신에게 연관되었으며 그러므로 은총을 입은 내적 통찰이다. 그러나 그 타당성의 영역과 그 인식으로 보아 학문은 세계적-합리적이다. 보댕의 학문은 '자연과학'의 맹아들에도 불구하고 그의 후기 저작인 『보편적 자연의 무대』(*Universae naturae theatrum*)에서 인간 중심주의적이다. 이성으로 학문을 발전시키는 인간은 또한 학문의 가장 고상한 대상이기도 하다. 학문은 자연법칙성의 발견으로부터 인간의 역사적 경험들과 윤리적 규범들을 거쳐서 공동체와 특별히 국가에서 인간의 책임 있는 행위에 이르기까지 발전한다. 학문 체계는, 전적으로 아리스토텔레스적으로, 신학에서가 아니라 정치학(*science politique*)에서 정점에 도달한다.

Ⅲ. 정치학

보댕의 정치학은, *Les six livres de la republique*『국가에 관한 6권의 책』에 있는 국가이론은, 근대로 넘어가는 문턱에 서 있으면서, 그의 세계관과 상응하게, 전통적인 요소들과 현대적 요소들의 혼합이다. 사려 깊게도 제목이 우선 플라톤의 『국가』와 키케로의 『국가에 대하여』를 연상시킨다. 거기서는 영주, 즉 이 땅에서 신의 대리자의 중세적 원리가 문제되는 것도 아니고 개인의 권리가 문제되는 것도 아니다. 고대에서와 마찬가지로 보댕에게도 인간은 국가에서 자신의 고유한 성취를 발견한다. 국가는 신이 준 질서 일반이다. 적대자는 이 질서의 파괴자들이다. 즉 마키아벨리와 군주반대자(Monarchomachen)[75]가 그렇다. 그런데 『국가에 관한 6권의 책』은 단지 국가철학적인 작품일 뿐만 아니라, 당시 프랑스 국가를 위해서 실천적으로 길을 제시하는 것이기도 했다. 이 책은 이상국을 초안하려고 하지 않고 실제적인 국가를 실현하려고 한다. 이 책은 격렬한 폭풍우에 흔들리는 국가라는 선박을 구조하기 위한 충고이다 (서론 II v). 그러므로 플라톤과 토머스 모어는 거절된다.

국가의 정의를 가지고 질서 잡힌 국가의 구조를 언급하기 시작한다. 전통적인 특징과 현대적 특징의 혼합은 여기서 이미 눈에 뜨인다. "국가는 많은 가족들을 올바르게 통치하는 것이며 그들에게 공통된 선을 주권적인 권력으로 통치한다*Republique est un droit gouvernement de plusieurs mesnages, et de ce qui leur est commn,*

75) 16세기와 17세기에 프랑스에 있었던 일군의 정치사상가들로서 그들은 군주의 권력을 신분제 의회를 통해서 견제하려고 했다.

avec puissance souveraine" (1). 국가(*republique*)는, 그리스의 폴리스처럼 생활 연관의 통일성과 정치적 영향력을 통해서가 아니라 단지 지배권의 공통성을 통해서 규정되는, 거대한 영토국가를 의미한다. 이 국가의 구성원은 시민(*citoyen*)이 아니라 신민(*sujet*)이다. 국가는, 자율적인 정치적 결정을 통해서 법률을 정하며 또한 전통이나 신적인 질서에 근거해서 법을 보호하는 것이 아닌, 공동체이다. 주권적인 권력(*puissance souveraine*)이란 법률을 제정하는 권력이다. 주권에 의한 법률은 일차적으로 의지의 행위 (자의의 행위)이지 이성적 규범이 아니다 (133). 주권자는 자신의 법률에 굴복하지 않는다 (*legibus soluta potestas 122*, 131f.). 지배자와 피지배자가 서로 돌아가면서 권리와 의무를 갖는다는 봉건법적인 표상은 여기서 폐기된다. 절대 주권자는 항상 지속되며 (122ff.) 절대적인 지배권 (128ff.)이다. 국가 개념과 주권 개념은 보댕의 이론의 현대성을 말해 준다.

그런데 이제 전통적인 요소들이 나온다. 많은 가족들(*plusieurs mesnages*)은 국가가 자연적이고 양도할 수 없는 권리를 지닌 개인들 위에 세워지는 것이 아니라 가계와 가족 (10ff.) 위에 세워짐을 말한다. 국가는 사회계약과 개인의 동의를 통해서 합법화된다고 주장하는 현대의 개인주의는 아직 출현하지 않았다 (69). 법에 대해서 국가보다 전 단계의 공동체에 남아 있는 낡은 표상들은 보댕에게 아직도 영향을 미친다. 올바른 통치(*droit gouvernement*)는 좋고 행복한 삶이라고 하는 아리스토텔레스적이고 스토아적인 국가 규정을 받아들이며 (4) 지배자의 신적이고 자연적인 법에 대한 중세적인 의무도 받아들인다 (128, 131). 주권 개념의 자의성을 이를 통해서 보충해서 국가는 정의의 사상과 (150ff.) 진정한 국가 규정에 부응해야 할 의무가 있다. 의지의 작용으로의 법률과 이성적 규범으로서의 법률은 '영주가 신의 모상으로서 올바른 것을 원할 수 있다고 하는' 점을 통해서 일치된다. 이것은 폭넓은 결과를 지닌다. 단지 군주만이 완전한 신을 모방할 수 있기 때문에 군주제는 주권 원리의 가장 완벽한 체현이고 (961f.) 국가의 이상이다. 정의를 지향함은 단지 사상사적인 전통의 산물만이 아니고 현대의 자연권에 근거한 국가의 제한을 선취한 것이기도 하다.

국가는 단지 그들 사이에 공통적인 선(*ce qui leur est commn*)만을 잡으려고 한다는 (14f.) 표상에 대해서도 유사한 것이 통용된다. 국가 권력의 통용 범위가 제한되어 있으며 계속해서 존립하는 하위의 지배권과 경쟁한다고 하는 봉건법적인 전통이 여기에서 수정되어 살아 있다. 동시에 현대에서 사적인 선과 공적인 선을 구분하고 국가와 사회를 구분하는 것이 그리고 근대 헌법에 있는 사유재산의 사회적 의무라는 사상까지도 선취되어 있다. 이러한 생각으로 보댕은 —주권에 결부된 자의에 근거한— 법률들과 —영주가 지킬 의무가 있으며 시민들에게 고유한 권리를 제공하며 그들을 전제주의로부터 지켜 주는— 계약들을 구분한다 (134f., 153).

사람이 국가 표상에 들어 있는 주권 개념을 과대평가할 수 없는 것과 마찬가지로 보댕의 주권 이론의 독창성도 과대평가할 수 없다. 주권 개념은 종교전쟁 시대에 떠올랐다. 많은 정치적 저작들과 논쟁서들이 이 개념을 받아들였다. 주권 이론이 현대에 형성되는 데에는 군주반대론자적인 이론들이 (드 베즈De Bèze의 *Du droit des magistrats sur leurs sujets*, 1575; 오트만Hotman의 *Franco*

Gallia, 1573; *Le reveille matin*, 1573; *Vindiciae contra tyrannos*, 1579; 뷰캐넌Buchanan의 *De iure regni apud Scotos*, 1579) 더 적절하다. 왜냐하면 이 이론들이 주권을 국민 내지는 전체 국가에 귀속시키며 군주는 단지 그 대표자일 뿐이라고 주장하기 때문이다. 비토리아의, 국민들의 권리와 그 제한으로부터 나오는, 주권 개념도 역시 더 현대적이다. 그러나 보댕은 주권을 자신의 정치 이론을 세우기 위해서 체계적으로 사용했던 첫 사람이다. 국가 형태론에서 그 점은 특별히 분명하다.

세 개의 국가 형태는 주권의 담지자에 따라서 군주제와 귀족제와 민주제로 나뉘어진다. 주권이 군주에게 혹은 소수에게 혹은 국민의 다수에게 있다 (252ff.). 국가 형태들은, 고대의 평가가 선과 정의에 따라 전개되었던 것과는 달리, 평가되지 않는다. 여기서부터 '주권이라는 기준에 따라서는 어떠한 쇠퇴의 형태도 그리고 어떠한 혼합 정체도 없으며 (272f.) 또한 최선의 국가형태에 대한 물음도 없다' 고 결론지어진다. 그러나 보댕은 이제 국가형태들과 통치형태들을 구분한다. 통치형태들은 '올바른 통치' 라는 기준을 따른다. 그리고 각각의 국가형태는 민주적으로나 혹은 귀족적으로나 혹은 군주제적으로 통치될 수 있다 (272f.). 9개의 조합들은[76] (273, 269, 338f., 1050) 주권의 분리 불가능성을 건드리지 않고서도 좋은 통치라는 관점에 따라서 평가될 수 있다. 좋은 통치란, 모든 사회적 그룹들이나 신분들을 업적이나 중요성에 따라서 통치에 참여시키는, 지나치지 않은 통치이다. 주권 개념에 의해서 국가형태 이

76) 군주제, 귀족제, 민주제의 세 국가형태와 군주적 통치, 귀족적 통치, 민주적 통치의 세 통치형태를 조합하면 9개가 된다.

론으로부터 추방된 혼합 정체는 통치형태라는 뒷문을 통해서 다시 권리를 보장받는다. 정의는 조화로운 혼합(*proportion harmonique*)을 통해서 실현되어야만 한다.

그런데 좋은 통치의 이상은 국가형태와 통치형태의 체계 안에서는 더 이상 확고한 위치를 차지하지 못한다. 아마도 올바로 통치된 군주제(*monarchie royale ou legitime*, 279ff.)는 특정한 의미에서 국가의 이상으로 나타난다. 왜냐하면 그것은 우주와 신의 조화를 가장 완벽하게 모방하기 때문이다 (946ff.). 그러나 극단적인 참주제와 자의적인 대중지배를 제외한 모든 국가형태들은 지나치지 않은 통치의 가능성을 제공한다. 제왕적 군주제(*monarchie royale*)는 추상적인 국가의 이상이다. 구체적인 것은 무언가 다른 것일 수 있다. 민주적으로 다스려지는 귀족제는 베니스이고 (955ff.), 귀족적으로 다스려지는 민주제는 로마이다 (1050). 실제에 있어서는 지리적 위치와 역사적 전제조건들과 국가의 성격과 인간들의 실천적 행동과 통치자의 정치적 총명이 문제가 된다. 보댕은 이론과 실천을 이렇게 결합함으로써 실천철학의 요구를 수용한다.

보댕의 국가형태 이론은 또 다른 세 번째 차이를 가지고 있다. 그가 국가를 *souveraineté*(주권)과 *droit gouvernement*(올바른 통치)와 *communauté*(공통성[77])이라는 개념들 속에서 파악한 것처럼 그는 국가들을 주권에 따라 그리고 통치에 따라 분류하는 것 이외에도 또한 공통의 선에 따라 시민들의 사회적 상태와 사유재산에 따라 분

---

77) 불어 *communauté* 는 공유, 공통(성), 혹은 공동체를 의미하는데, 이어지는 병렬문장에서 '공통의 선'이라고 번역된 것이 이 *communauté* 와 연결되고 있다. 그래서 의미상 '공통성'으로 번역한다. 여기서 '공통성'은 국가의 구성원들이 공통적으로 선으로 인식하는 것을 의미한다.

류하기도 한다. 그에 따라 제왕적 군주제(*monarchie royale*)와 가부장적 군주제(*seigneurale*)와 참주적 군주제(*tyrannique*)가 있다 (273). 이 구분을 단지 군주제에만 적용했으나 민주제나 귀족제에도 타당하다 (273). 제왕적 군주제에서는 자연적인 자유와 사유재산이 시민들에게 남아 있다. 그리고 가부장적 군주제에서는 시민들과 그 소유가 통치자의 사유재산이다. 그리고 참주적 군주제에서는 어떠한 사유재산도 어떠한 법도 어떠한 정의도 없다 (273). 그런데 너의 것과 나의 것(의 구분)은 국가의 토대이기 때문에 (948) 가부장적 군주제와 참주적 군주제는 (그에 더해서 올바른 통치[*droit gouvernement*]도 없기 때문에) 전적으로 유효한 국가형태는 아니다. 보댕은 이미 제왕적 군주제에서 정치적 권리들을 시민들의 사회적 지위와 결부시킴으로써 '정치제도는 국가에서 차지하는 중요성에 따라서 모든 사회적 집단들에게 그 위치와 작용을 분배해야만 한다'고 생각했다. 그 다음에 몽테스키외는 그 생각을 신분적 구분과 국가형태 이론을 결부시킴으로써 상세하게 실현시켰다.

국가형태 이론은 참주제와 저항권을 다루는 데 있어서 특별한 결과를 지닌다. 주권 개념에 따르면 참주는 없다. 참주제는 신적이고 자연적인 법률들도 그리고 자연적인 자유와 사유재산도 존중하기 않기 때문에, 단지 그 때문에만 참주제는 군주제와 구별된다. 참주제는 그 제도를 통해서가 아니라 통치 방식을 통해서 드러난다. 모든 국가형태들은 그러므로 참주적일 수 있다 (273). 저항권에 있어서 보댕은 (옛 이론들을 따르면서) 찬탈자와 참주를 권력 남용을 통해서 구분한다. 찬탈자는 분명히 참주여서 그리스적 전통과 마찬가지로 여기서도 저항권의 마지막 결과, 즉 참주 살해가 허용된다.

그는 주권을 결코 가진 적이 없기 때문에 주권은 손상되지 않는다. 법에 따라서 통치자가 되었으나 후에 권력을 남용하는 통치자의 경우에는 저항권이 주권의 소유에 의존된다. 주권을 가졌든 그렇지 않든 간에 참주는 다른 나라의 주권자에 의해서 파면되거나 살해될 수 있다 (300). 그에 반해서 그 신민들은 단지 주권을 지니지 못했으면서도 법률적 지위를 누리는 참주만을 파면할 수 있다 (301). 그러나 참주가 주권을 지녔다면 그에 대항한 저항권은 있을 수 없다. 왜냐 하면 만약에 그렇게 된다면 참주 살해를 통해서 신하들이 법률과 국가를 파괴시킬 수도 있겠기 때문이다(302).

보댕의 참주에 대한 생각이나 저항에 대한 생각은 특별히 독창적이지는 않다. 라 보에티(La Boétie)로부터 시작해서 드 라 누(De la Noue)와 뒤 플레시-모르네(du Plessis-Mornay)와 드 베즈(De Bèze)를 거쳐서 오트만(Hotman)과 뷰캐넌(Buchanan)에 이르는 모든 후기 칼뱅주의적(nachcalvinistisch)이고 군주반대론적인 이론들과 유사하게 들린다. 이 사람들은 저항권에 대한 칼뱅주의적 거부에 영향을 받아서 좀 더 머뭇거리기조차 하면서도 주권을 갖지 못한 통치자에 반대하는 저항권은 인정한다. 다른 한편 그들이 통치자의 주권이 아니라 국가 전체의 주권이나 '국민' 주권을 생각하기에 그들은 저항권을 과격하게 부정하지는 않는다. 보댕과 군주반대론자들과 알투지우스(Althusius)에게 공통점은 '단지 주권을 가진 자만이 적극적으로 저항해도 된다'는 점이다.

보댕은 자신의 정치학에서 역사적 전환을 위한 자리도 역시 마련했다. 변화(*changements*), 주권의 변화는 가능한 한 피해야만 한다. 왜냐 하면 이것이 나라를 위태롭게 만들기 때문이다. 그러나 그는 풍습과 관습과 법률들(*altérations*, 504)의 역동성은 인정했다. 왜냐 하면 역사적 변천이 막을 수 없다면 그것은 진화의 길로 인도될 것이기 때문이다 (서론 III). 국가는 그의 올바르고 일반적인 헌법(*l'estat universel des Republiques*)을 항상 새롭게 국민들의 차이(*diversité des peuples*, 663)와 자연적인 환경의 차이와 심지어 기후의 차이에도 맞춘다. 역으로 지리와 역사와 국민의 자연스러운 주어진 상태는 잘 질서 잡힌 국가라고 하는 보편적 원리들로부터 그 규범을 발견한다. 여기서도 역시 보댕은 몽테스키외의 선구자이다. 교조주의와 결정론 사이에서 국가는 각각의 국민이 어느 정도는 의식적으로 그 독특한 개성을 실현시키는 장소이다.

Ⅳ. 변화하는 주권 이론

보댕의 주권사상은 국민국가와 함께 유럽 역사에서 확고한 지반을 얻었다. 늦어도 1648년의 베스트팔렌의 평화(조약)로 주권 국가들은 옛 독일 제국을 희생시키고서 유럽에서 국제적인 관계들을 규정한다. 주권의 행사를 위한 수단들이 역사적 전개 과정 속에서 증대되었다. 즉 시민들의 일상생활을 엄격히 규정하려고 노력했던 복지국가에서 그리고 계층들과 집단들과 시민들의 영향을 배제했던 절대국가에서 그리고 ―기술과 미디어와 감시로 시민들의 모든 동요들을 통제하고 지배하고 대량살상 무기를 가지고 이전에 있어 본 적이 없는 권력수단을 소유했던― 20세기의 전체주의 국가에서 증대되었다.

다른 한편 국가주권으로부터 국민주권으로 이행하는 경향은 근대의 민주주의의 생성으로 이미 주권 개념의 붕괴의 맹아를 감추고 있다. 국가적 활동에 대한 책임을 많은 사람들이 규정한 국가적 기관에게 귀속시키는 것이 어렵게 된다. 모든 주권이론가들은 실제적인 국민과 —정치적 위원회와 주권의 담지자로서의— 국민을 나눈다고 하는 문제에 직면한다. 예컨대 루소에게는 정말 인위적으로 공동의지(***volonté générale***)가 개인의지의 기계적 집합(***volonté de tous***)으로부터 구분된다. 그러나 민주주의가 '매일 하는 국민투표(***plébiscite de tous les jours***)' (에르네스트 르낭Ernest Renan)라면, 국가적 활동이 시간적인 면에서 지속적일 수 있는지가 의심스럽다.

민주주의에서 국가와 사회의 구분이 점점 더 폐지되어 가기 때문에, 국가와 사회적 집단들이 서로 영향을 주기 때문에, 주권과 책임의 소재를 분명히 하기가 어려워진다. 사회의 다원주의와 국가 활동의 책임자들과 권한들의 분할은 "주권적" 결정을 어렵게 하고 자명성과 결과를 의심스럽게 만들며 결국 개혁을 방해하며 구조적인 근거에서 보수주의와 동의 민주주의(Konsensdemokratie)[78]가 된다. 그래서 주권적 결정이 더 이상 불가능해 보인다. 시민들은 그것을 게으른 타협이라고 인식한다. 다원주의는 분리주의로 발전해 갈 수 있다 (예컨대 미국에서 통합될 수 없는 종족들의 다문화적인 사회와 동부와 동남부 유럽에서 종족들로 조각난 사회). 그래서 주권의 기본전제들인 통일적 국가민족과 물리적 강제성의 독점(내란과는 다른)이 더 이상 존재하지 않는다.

---

78) 동의 민주주의(Konsensdemokratie)는 소수자를 포함해서 가능한 한 많은 사람들의 동의 속에서 결정하는 민주주의이다. 여기서는 다수결의 원칙이 지배하는 것이 아니고 소수자의 목소리도 충분히 존중된다. 그런데 이에 대립되는 경쟁 민주주의(Konkurrenzdemokratie)는 정당과 다수결의 원칙을 통한 민주주의이다.

현대의 주민 투표에 의한 독재도 역시 주권에 반대되는 것으로 드러난다. 국가사회주의와 공산주의는 어떠한 국가적인 것도 불신하고 정당은 혁명운동의 책임자로서 국가를 넘어서게 되고 국가적인 기관들에 병존해서 사회를 전체적으로 감시하게 된다. 독재적인 권력은 주권의 법제화와 모든 윤리적 구속을 포기하고 무절제하다. 지도자의 의지가 법이다.

한편으로는 경제와 정보와 의사소통의 세계화의 시대 그리고 다른 편으로는 지역화와 "작은 생활공간들이 정체성을 확립하는 힘" (로만 헤르쪽**Roman Herzog**)이 증대하는 시대인 오늘날 국민국가들은 역사 무대에서 배타적이고 주권적인 행위자로서의 중요성을 상실하고 있다. 주권적 통치영역의 구성요소로서의 경계들이 점점 더 의미를 상실한다. "국민국가들은 거대한 문제들을 해결하기 위해서는 너무 적고 작은 문제들을 처리하기엔 너무 크다" (다니엘 벨**Daniel Bell**). 그러므로 국민국가의 주권이라는 개념은 한 편에서는 국제적인 협동작업과 초국가적인 결합 (예컨대 유럽 연합)에 의해서 그리고 다른 편에서는 지역들의 성장하는 자의식에 의해서 토대가 무너진다. 그러나 국민국가와 주권으로 돌아가는, 반대로 흐르는 운동도 역시 존재한다. 동구에서 공산주의적 세계주의의 압제에 의해서 억눌렸던 나라들은 국민국가로 해방된다. 국가 안에서 억눌렸던 종족들은 때 늦은 국민국가로서 자립을 향해서 도약한다.

유럽의 차원에서도 역시 결합이 진척되면 될수록 그리고 국민국가들로부터 권한들이 빠져나가면 나갈수록, 국민국가들은 아직도 남아 있는 권한에 점점 더 완고하게 집착한다. 예컨대 영국에서는 —의회주권의 전통으로부터— 유럽의 환율체제와 유럽 연합의 발전을 위해서 자신의 자립성을 포기하는 것이 어렵다. 작은 나라들과 중간 정도의 나라들의 독자적인 외교정책이 점점 더 효력을 상실해 감에도 불구하고 유럽의 공동 외교정책과 방위정책에 대해서 타협을 보는 것이 거의 불가능하다. 회원국가들이 비록 이미 시대에 뒤졌으며 단지 벌써 지나가버린 지위의 상징에 불과하지만 그것들은 자기 자신의 고유한 국가적 이해타산과 특별한 관계에 집착한다.

그러나 국민국가는 그 핵심 내용에 있어서 아직 다른 것으로 대체되지 않았다. 국민국가가 물리적 강제력을 독점해서 육체와 생명을 지키며 개인의 권리와 자유를 확보한다. 만약에 이런 것이 없다면 IRA(아일랜드 공화국군)와 ETA(바스크 조국과 자유)와 마피아가 지배한다. 코소보의 예가 가르쳐주는 것처럼 인권을 보호하고 국민을 학살하는 것을 막기 위하여 인도주의적인 개입이 국민국가의 주권을 침해하는 것은 최소한 그 결과에 있어서는 회의적이다. 그런 한에 있어서, 봉건 영주들의 자의에 대항하고 내전이나 종교전쟁에 대항한 치료제로 작용한다고 하는, 근대의 주권적인 헌법국가의 근원적 과제는 오늘날까지도 현실성이 있다.

–호르스트 덴처Horst Denzer

휴고 그로티우스
Hugo Grotius(1583~1645)

– 연대표 –

1583. 10. 4.	휴고 그로티우스(원래 **Huigh de Groot**, 라틴어식으로는 **Hugo Grotius**)는 네덜란드의 델프트(**Delft**)에서 출생한다. 그의 비상한 지적 능력은 일찍 알려져서 후원을 받는다.
1594년	라이덴 대학에서 고전문헌학과 법학과 신학을 공부함. 조제프 쥐스티스 스칼리제르(**Joseph Justus Scaliger**)의 후원; 이미 청소년 나이에 그는 탁월한 고전 문헌학자의 명성을 얻는다.
1598/99년	프랑스 왕 앙리 4세(**Heinrich IV**)의 궁전으로 가는 네덜란드의 사신 중 일원. 오를레앙(**Orléan**) 대학에서 법학박사 학위를 획득.
1599~1607년	헤이그(**Haag/Den Haag**)에서 변호사. 무수한 탁월한 고문헌학적이고 역사적인 논문들 이외에 **1604~1606**년 사이에 『약탈권』(***De Iure praedae commentarius***)을 저술하였는데, 이 글은 —**12**장(바다의 자유에 관하여/***De mare liberum***, **1609**)을 제외하고는— 그가 새롭게 재평가된 이후인 **1868**년에서야 비로소 출판된다.
1607~1618년	네덜란드와 서부 프리즐란트(**Westfriedland**)와 젤란트(**Seeland**)의 검사로서 재직(**1607**년) 그리고 로테르담 도시의 차관이자 지방 신분의회의 회원(**1613**년) 그리고 네덜란드 의회의 평의회의 회원 (**1616**년). 네덜란드의 공식적 국사

	편찬자로 임명. 마리아 반 레이헤르스베르흐(Marie von Reigersbach)와 결혼 (1608년). 칼뱅의 예정론의 바른 이해를 둘러싼 논쟁에서 그로티우스는 아르미니안주의자들 중 "자유주의적" 입장의 대변자들 중의 하나가 된다.
1618~1621년	지방에서 시작된 분쟁이 전국적으로 퍼진 후에 1618년 8월 29일에 체포되고 종신형을 받음. 부인의 도움으로 1621년 3월 22일 책상자 속에 숨어서 루베스테인(Loevestein) 성으로부터 탈출에 성공한다.
1621~1631년	루이 13세의 보호 하에 프랑스로 망명. 그의 법학적 주저인 『전쟁과 평화의 법률에 관한 세 권의 책』(*De jure belli ac pacis libri tres*)이 1625년 파리에서 출간된다.
1631~1634년	네덜란드로 돌아가려 했으나 실패. 함부르크에 체류.
1634~1645년	스웨덴의 대사로 파리로 감. 특히 신학 분야에서 학문적 저작, 무엇보다도 성서 해석에서 저작 활동.
1645년	자신의 소망에 따라 대사의 지위가 해임되고 스웨덴으로 여행. 오스나브뤼크(Osnabrück)에서 열린 평화협상에서 새로운 과제를 위임하려고 노력하였으나 실패. 귀향길에 오스트제(Ostsee)에서 배가 난파되었으나 오스포머른(Ostpommern) 해안에서 구조됨.
1645. 8. 28.	휴고 그로티우스는 탈진하여 로스톡(Rostock)에서 사망한다. 방부처리된 시체를 그의 출생지인 델프트로 이송.

I

휴고 그로티우스(Hugo Grotius)는 당대의 위대한 정치적이고 정신적인 발전에 직접적으로 참여하였다. 그는 오래된 칼뱅주의적인 명문가에서 출생해서 국가의 여러 고위직을 두루 거치면서 신생국가 네덜란드의 상승과 공고해짐과 최초의 커다란 국가적 위기에 참여하였다. 그 외에도 그는 칼뱅주의의 바른 이해를 둘러싼 종교적 논쟁에서 지도적인 인사에 속했다. 그는 식민지 확장의 초기에 해양국가들 사이에서 벌어진 법률적이고 정치적인 논쟁에 적극적으로 참여하였다. 공식적인 역사가로서 그는 스페인의 요구에 대항해서 네덜란드의 독립을 정당화해야만 했다. 그리고 결국 프랑스 왕궁 주재 스웨덴 대사로서 그는, 비록 성과가 없기는 했지만, 30년 전쟁의 배경 속에서 외교적 무대의 배우였다.

광범위한 인문주의적인 교육을 받아서 최고의 학문적 능력을 지녔으면서도 또한 정치적이고 법률적 실천에 지속적으로 참여했다고 하는 보기 드문, 그의 이력은 그의 문필 작업에도 영향을 미쳤다. 구체적인 나포 사건의 자극으로 1604~1606년에 네덜란드의 동인도 회사의 위탁을 받아서 그는 『약탈권』(*De Iure praedae commentarius*)을 저술했다. 그런데 이 책은 그의 자연권의 근본 특성들을 내포하고 있으며, 그 책의 '바다의 자유에 관하여/*De mare liberum*' 라는 장은 오늘날까지도, 그로티우스가 "자연권"이라고 여기는, 바다의 자유에 관해서 논하는 모든 사람의 토대를 이룬다. 이 저작의 '선구자' 격이면서 이전이나 이후에도 잘 알려지지 않은, 1601~1602년에 나온 『국가유례(類例)』(*Parallelon rerum*

publicarum liber tertius)도 역시 구체적인 역사적 정황으로부터 생겨난다. 네덜란드와 프랑스가 스페인에 대항해서 전쟁을 계속하는 것이 네덜란드적-개신교적인 애국심을 가지고 정당화된다. 이 초기 저작들은 그 핵심 속에 이미 전체 법률적인 프로그램—실증적인 국가의 법제정과는 무관하고, 신학적 족쇄로부터 벗어나서 모든 인간과 모든 인간 공동체에 타당한 법률을 기초하고 발전시킨다고 하는—을 내포하고 있다. 그런데 이 프로그램은 1625년에 출간된 대표작 『전쟁과 평화의 법률에 관한 세 권의 책』(***De jure belli ac pacis libri tres***, IBP)에서 완성된다. 국제법학 일반의 고전작가인 그로티우스도 역시 단지 그의 속에서 체화된 무시간적이고 확고한 법과 정의에 대한 신념 때문에만이 아니라, 그의 실용적이고 실천지향적인 조짐 때문에도 역시 그의 사후에 명성을 얻었으며, 그 명성은 오늘날까지 유지되고 있다. 그런데 그의 실천적인 경향이 학문적 측면에서 *IBP*[79]에 비록 많은 비판을 가져다 주었지만, 또한 몇 백 년 동안이나 구체적인 법률 문제의 해결책을 위한 개요가 되게 해 주기도 했다. 여기서 스웨덴 왕 구스타프 아돌프(Gustav Adolf)가 첫 발을 디뎠는데 그는 30년 전쟁 동안에 독일로 원정을 갔을 때에 IBP의 판본을 가지고 가서 그로부터 자문을 구했다. 이로부터 20세기 90년대에 독일 내부의 경계에 놓여 있는 베를린 장벽에서의 사격(Mauerschützen)을 정죄하는 판결[80]—이 판결도 역

79) 『전쟁과 평화의 법률에 관한 세 권의 책*De jure belli ac pacis libri tres*, IBP』에서 보여 주었듯이 *IBP*는 의 그로티우스의 주저인 *De jure belli ac pacis libri tres*약어이다.

80) 동 · 서독 분단 시기에 동독을 장벽을 통해서 탈출하려는 사람들을 경비병들이 총을 쏘아 죽였다. 그리고 1998년에 장벽이 무너지고 나서, 아직 90년대에 벌써 이에 대한 재판이 시작되었다.

시 그의 펜에서 나온 논거로 기초를 마련했다—에 이르기까지 그의 영향력이 두루 미쳤다. 그 사이에 우선 1899년과 1907년에 열린 헤이그 평화조약이 열렸으며 여기서 "헤이그 중재 재판소"와 "헤이그 국가전쟁질서"를 그로티우스의 이름 아래에 결의하였다. 그 다음에 독일 제국은 1920년에 승전국들에 당시의 황제를 인도할 것을 그로티우스를 인용하여 거절하였다. 그리고 결국 뉘른베르크의 전쟁범죄자 재판들(Nürnberger Kriegsverbrecherprozessen)과 아이히만 재판(Eichmann Prozeß)의 기소의 논고들 속에서 그로티우스의 국제법 사상이 그 각각의 법률적 논점을 지지해 주었다.

그로티우스가 비록 수세기를 넘어서 대체적으로 그의 대표작인 *IBP*와 동일시되기는 하지만, 그는 정신적 삶으로 위대한 인물들 가운데서 학문적이고 문학적인 작품의 주제가 광범위하다는 점에서도 독특한 지위를 차지한다. 그의 작품은 120개의 제목을 넘어서 시와 드라마와 신학과 교회정치와 역사서술과 고전 문헌학과 자연과학과 정치철학과 결국 법학의 거의 전 분야—로마법으로부터 네덜란드의 국내법을 지나 국제법에 이르기까지—와 같이 서로 다른 분야들을 포괄한다. 이 모든 분야에서 그로티우스는 중요한 작업을 성취했다. 그래서 그는 살아 생전에 이미 아주 놀라운 보편적 지식인으로 인정을 받았다. 프랑스 왕 앙리 4세가 그의 나이 15세에 이미 "네덜란드의 기적"이라는 칭호로 불렀으며 다른 당대인은 후에 그를 심지어 "델프트의 신탁"으로까지 칭했다.

이 네덜란드인은 당대에 중요했던 논쟁거리를 자주 다루었는데, 그 저작들의 대다수는 오늘날 잊혀졌다. 이 점은, 100년 후에 이미 30개의 라틴어 판과 무수한 번역들을 가지게 되었던, 당대에 성공적이었던 신앙의 변호인 『기독교의 진리에 관하여』(*De Veritate Religionis Christianae*)에 대해서도 마찬가지다.

그런데 이와는 반대로 *IBP*에 관해서는 그로티우스가 죽기 몇 달 전에 그의 친구 이삭 보시우스(Isaac Vossius)에게 자부심에 차서 "나는 내 당대인들만을 위해서가 아니라 수백 년을 위해서 글을 쓴다"고 적은 몇 줄은 의심할 나위 없이 타당하다. 이 작품이 생겨난 것은 아주 구체적인 역사적 사건들, 즉 단지 유럽에서만이 아니라 미국의 정복(바르톨로메 데 라스 카사스Bartolomé de las Casas의 보고)과 네덜란드가 영국과 식민지에서 벌인 전투에서도 역시 나타난 전쟁의 전율들 때문이었다. 그런데 학문이나 정치적이고 법률적인 실제에서 지속적으로 그를 수용하는 열기는 '이 작품의 중심적 주장이 오늘날까지 그 현실성이 조금도 떨어지지 않았다는' 점을 인상적으로 보여준다.

Ⅱ

그로티우스의 세계상은 교조주의적이지 않으며 아르미니안주의적으로 완화된 칼뱅주의 신앙에 확고하게 뿌리를 내리고 있으며 로테르담의 에라스무스의 전통에 선 인문주의적 사상 전체—드라마 『고난당하는 그리스도』(*Christus patiens*)(1609)에서 표현된 정신적 태도—에 의해서 각인되었다. 이러한 의미에서 정치가인 그로티우스는 당대의 격렬한 신학적이고 교회정치적인 질문에서 단호하게 입장을 밝힐 뿐만 아니라, 그는 네덜란드의 정치적 형태를 둘러싼 논쟁에서도 역시 대변자가 되었다. 그로티우스는 칼뱅의 예정론에 대해서 이중 예정을 부정하는 "자유주의적인" 아르미니안주의의 입장 혹은 항변파(Remonstranten)의 입장을 취했다. 즉 "단지 믿는 사람만 축복받은 것이 아니다. 그리스도는 모든 사람들을 위해서 —믿지 않는 사람들을 위해서도 역시— 죽었고 그들을 구속했다." 라고 주장했다. 그런데 예정론의 바른 이해에 관한 격렬한 신학적 투쟁을 통해서 자극된, 적대적 입장이 곧 일반적인 교회정치적인 논쟁으로 확대되었으며, 결국은 신생 네덜란드를 그 토대부터 흔드는 국가 위기로 이어졌다. 귀족주의의 지도 하에 있으면서도 신분상의 관용에 근거한 연방주의적인 질서의 대변자로서의 그로티우스는, 오라녀공(公) 마우리츠(Maurits prins van Oranje)[81]의 인격 안에 육화되어 있는, 국가이성과 중앙집권주의와 절대주의의 정치적 형성원리들을 공개적으로 비판하였다. 이론적 논쟁과는 전혀 다른 이 투쟁 속에서 —여기서는 결국 이제 막 성취된 네덜란드의 일치가 문제되고 있다— 그로티우스는 패배했기에 1618년에 모든 관직의 상실과 종신형의 판결이라는 대가를 지불했으며, 이 벌로부터 벗어나기 위해서는 1621년에 탈출해서, 평생 동안 망명생활을 할 수 밖에 없었다.

프랑스에서 여러 해 동안 유배되면서 그는 서로 모순되는 상황에 부닥쳤다. 칼뱅주의자 그로티우스는 카톨릭 왕으로부터 비호를 받았으며 또한 귀족적인 통치형태와 신분상의 자유를 믿는 이 네덜란드 애국자는 특히 절대주의적 지배자에게 의존되었으며 그리고 마지막으로 국가들 간의 평화를 알아채며 전쟁의 전율스러움을 혐오

81) 원문에는 독일어식으로 Prinz Moritz von Oranien으로 되어 있으나 네덜란드식으로 표기한다.

하는 인문주의자는 스웨덴의 전쟁 정책의 촉진자로 활약했다. 이러한 모호함과 분열은 그의 인격에 접근하는 것을 어렵게 할 뿐 아니라, 그의 저작을 평가하는 것도 어렵게 만든다. 그리고 여기서 특별히 IBP를 평가하는 것을 어렵게 만든다. 몇몇 사람들에게 그로티우스는, 이성에 호소하면서 전통적 권위를 의심하는, 혁명적 사상가이다. 그러나 또 다른 사람들에게 그는, 전래된 질서를 옹호하는, 전적으로 보수적인 사람이다. 한편으로 그가 중세 스콜라철학에 의존되어 있다고 비난받으며 또는 그가 살라망카 학파의 위대한 대변자들(비토리아**Vitoria**와 수아레스**Suarez**)의 옹호자에 불과한 것처럼 보인다. 그러나 다른 한편 그는 탁월한 세속적인 자연법 사상의 건설자로서 존중되며 인문성의 고전작가로서 칭송된다.

그런 다음 그의 생애의 마지막 10년 동안 그로티우스는 거의 전적으로 신학적이고 교회정치적인 연구에 몰두했다. 그 사이에 그는 기독 교회들 사이의 대립들을 극복하고 기독 교회들을 다시 통일시키는 것을 자신의 고유한 일생의 과제로 여겼다.

Ⅲ

다음의 두 가지가, 우리가 *IBP*에서 부닥치는, 거대한 법률적이고 철학적인 기획에 특징적이다. 한편으로 저자가 전체 인류와 그 부분들을 포괄하는 연결고리로서의 법에 대한 신념을 지니고 있으며, 다른 한편에서 이 법에 가치중립적이 아니라, 관용적이고 인문주의적이고 정의의 이념에 의무 지워진 방식으로 형태를 부여하고자 노력한다. 에릭 볼프(**Erik Wolf**)는 정당하게 단언한다. "그로티우스에 따르자면 어떠한 법사상가나 그리고 또한 어떠한 훈련된 정치가라도 유럽의 정치사에서 법적으로 정당화하거나 한계를 정하지도 않은 채, 권력 신장을 통해서 역사적 사실로 기정사실화하려고 시도한다면, 벌도 받지 않은 채 내버려 두어서는 안 된다. 1600년 이후 서구 세계에는 '법적으로 자유로운 어떠한 공간'도 더 이상 존재하지 않는다". 그로티우스는 비인간적이고 무법한 시대("나는 기독교적인 국가들 안에서 심지어 야만족들조차 수치스러워했을 만한 타락된 작전을 목도했다" [*IBP*, 서론 28] 그리고 "만약에 한번 법률에서 떠난다면 모든 것이 불확실해진다는 사실은 전적으로 참이다" [*IBP*; 서론 22])에 대해서 깊은 확신을 가지고 다음과 같이 주장한다. "만약에 어떠한 공동체도 법 없이 존속할 수 없다면 … 인간 종족 혹은 많은 국민들을 결속시키기 위해서는 확실히 법이 필요하다." (*IBP*, 서론 23) 창과 칼을 가지고 경계를 정한 국가가 가장 행복한 국가가 아니라 "정의를 경계로 지닌" 국가가 그렇다 (*IBP*, 서론 24).

실제로 17세기에는 국민들을 포괄하는 법질서를 위한 설득력 있는 해명이 결여되어 있었다. 정치적 행동을 윤리적 기준들에 묶어 두기 위해서 신학적으로 정초된 자연법이론에 기초한 규칙들은 그로티우스의 생전에 그 효력을 상실했다. 이렇게 중세를 지배하는 정신적 조류는 후기 스콜라철학 속에 들어온 지식과 신앙의 분리(무엇보다도 윌리엄 오컴)을 통해서 이미 결정적으로 약화되었다. 믿음의 명제와 이성의 통찰력이 서로 모순될 수도 있다는 점이 한번 인정되자마자 자연법이론의 토대로서의 신학은 전체적으로 의심스러워졌다. 그 외에도 16세기에 보편황제와 로마 카톨릭의 보편

교회 속에 상징화된 서양의 통일성이 종교개혁과 근대 영토국가의 성립을 통해서 결정적으로 붕괴된 이후에는, 종파 간의 경계와 주권적인 지배권의 요구를 극복하는, 법질서를 찾는 것도 역시 이념적으로가 아니라, 실제적으로만 유효한 질문이 되고 말았다. 그로티우스의 목표는 국제 간의 관계에서 종파 간의 투쟁과, 전술의 전율스러움 가운데에서 공개적으로 되고 있는, 법적인 진공 상태와 관련해서 정의의 요청들을 자연법 속으로 통합시키는 것이었다. 그리고 자연법은 기독교를 넘어서 "종교의 차이를 무시하며" (*IBP*, II 15 III) "인간 종족이나 많은 국민들을 결속시킨다." (*IBP*, 서론 23)

그런데 그로티우스는 단지 인문주의자이기만 한 것이 아니라, 실천할 의무를 느끼는 법률가로서 그는 법률의 세계에 직접적으로 형성하는 영향력을 발휘하기 원했다. 한스 벨첼(Hans Welzel)이 말하듯이 그에게는 —그 맹아에 있어서 그는 확실히 그가 높이 평가했던 알베리코 젠틸리(Alberico Gentili)에 연결되어 있었는데— 국가의 생활과 국민들의 생활에서 실제적인 분쟁의 경우들을 자연법적인 근본명제들에 따라 판단하는 것이 우선적으로 문제가 되었다. 이것으로, 백과사전식이고 모든 생활환경들의 완전한 파악을 목표로 하면서 동시에 스콜라철학과는 달리 이성적인 자연법 인식의 최고 원리(prima principia)를 무시하는, IBP의 특성도 역시 설명된다. 그는 "가능한 한 간명한 서술 방식에 열중했다. 그렇게 해서 실제적인 정치가들은 다양한 종류의 논란의 쟁점들과 그것들을 판단할 수 있는 원칙들을 한눈에 파악할 수 있게 된다" (*IBP*, 서론 59).

Ⅳ

그러나 그로티우스가 강조한 자연법의 원칙들에는 법철학적으로 토대를 세우는 것도 들어 있다. 자연법은 "[올바른] 이성의 명령이다. 그런데 이 명령은 '행동이 이성적인 자연 자체에 일치하거나 일치하기 않기 때문에 도덕적으로 추하거나[***turpitudinem*** = 더 나은 것은: 나쁜/비난받을 만한] 혹은 도덕적으로 필연적이라는' 점을 보여준다. 그래서 신은 자연의 창조자로서 그러한 행동을 명령하거나 금지한다" (***IBP***, **I 1 X 1**). 이로써 출발점은 인간 이성에 대한 무조건적인 믿음이다. "최고의 생물"로서 인간은 "일반적인 규칙들을 파악하고 그에 따라서 행동할 수 있는 능력이 있다. 여기에 함께 연결된 모든 것은 … 인간 본성의 고유성이다" (***IBP***, 서론 **6/7**). 인간 이성은 인간이 단지 자연법을 인식할 수 있게만 하는 것이 아니라, 그 규칙들에 복종할 수 있게도 한다.

그런데 만약에 사람이 —순전히 가정으로— "신이 없거나 혹은 신이 인간사를 돌보지 않는다"고 (***IBP***, 서론 **11**) 가정해 볼지라도 이 규칙들은 역시나 존속하게 될 것이다. 왜냐하면 "자연법은 결코 변하지 않아서 신이라 할지라도 그것을 변화시킬 수 없기 때문이다" (***IBP***, **I 1 X 5**). 이 말로써 —유명한 "만약에 우리가 …라고 가정한다고 할지라도(***etiamsi daremus***)"— 그로티우스는 이미 서양 중세 철학을 분열시킨 논쟁 속에서 입장을 정한다. 신이 그것을 원하기 때문에 선이 선하고 정의가 정의로운가 아니면 그것이 선하고 정의롭기 때문에 신이 선과 정의를 원하는가? 그로티우스는 전적으로 실재론의 전통에 서서 후자의 견해를 대변한다. 그러므로 법에 관한 생각과 법 속에서 실현되는 실질적인 정의도 역시 인식에 선행하는 실재를 지닌다. 그로티우스를 정신사적으로 볼 때 스페인의 후기 스콜라철학에 사로잡힌 사람으로 여길 것인지 아니면 근대의 자연법과 국제법의 창시자로 볼 것인지, 그리고 그는 자연법을 그 신학적 지지대로부터 풀어내서, 늦어도 계몽주의와 프랑스 혁명에서 그러나 역시 (계몽된) 절대주의 속에서도 강한 영향력을 주었던, 세속화된 자연법 이해의 창시자 속에 들어가는 것이 사실인지 하는 문제가 남아 있다. 자연법의 실존과 내용이 변하지 않고서도 신이 비록 단순히 사유실험을 통해서 —이전에 벌써 리미니의 그레고르(Gregor von Rimini)와 가브리엘 바스케스(Gabriel Vasquez)에 의해서 시도되었다— 없는 것으로 생각될 수 있지만, 그렇지만 그 이성적 능력과 함께 인간은 —당시에 자명하게 여겨졌던 것처럼— 신의 창조물로 남아 있었다. 자연법은 결국 그 근본 원천을 다시 신에게서 발견한다. "자연법이 인간의 내적 본질로부터 나오기는 하지만 그것은 참으로는 신에게로 소급되어야만 한다. 왜냐 하면 신이 이 인간의 본질이 존속하기를 원했기 때문이다" (*IBP*, 서론 12). 그러므로 자연법의 세속화는 신을 제거하는 것을 의미하지 않는다. 법질서의 기초는 단지 더 이상 신의 의지에 놓여있지 않고 신에 의해서 창조된 세계에 놓여 있다. 자연법을 보편-인간적인 이성 속에 위치지음으로써 그로티우스는 한 토대를 구축했는데 그 토대 위에서는 단지 각 종·교파의 기독교인들만이 아니라 오히려 "올바른 이성"을 가진 모든 인간들이 —마치 정복자들 혹은 유럽에서 피를 흘리기까지 배타적이 된 서로 다른 종파들 간에 논쟁이 그랬던 것처럼, 특정 기독교적인 법 이데올로기와 도덕 이데올로기의 명령에 따르지 않으면서도— 서로를 이해할 수 있었다. 이를 통해서 비로소 그로티우스가 간청한 공통의 법망 아래에서 인류의 통일이 가능하게 되었다.

그로티우스는 낙관주의적인 인간관의 토대 위에서 이성에 맞는 자연법 질서의 내용을 발전시킨다. 인간의 본성은 "고요하고 자신의 통찰력의 기준에 따라서[더 나은 것은: 통찰력 있게] 자신과 동일한 존재들과의 공동체로 향하게 마련인 사교적인 본능을" (*IBP*, 서론 6) 지녔다고 특징지어질 수 있을 것이다. 그런데 이런 식의 자연에 맞는 공동체를 실현시킬 수단은 법률이다 (*IBP*, 서론 7). "인간 본성에 상응하는 공동체에 대한 염려는 사람이 원래 법이라는 이름으로 부르는 것의 원천이다." (*IBP*, 서론 8) 그리고 "자연법의 어머니는, 우리가 비록 욕구를 느끼지 않더라도 우리가 공동체를 필요케 만드는, 자연 자신이다" (*IBP*, 서론 16). 그로티우스가 이렇게 자연적-이성적인 인간의 사교성(*appetitus societatis*)을 인간 공동체의 구성 원리로 설명함으로써 그는 대조적으로 그리고 당대의 교육받은 사람들이 알아챌 수 있도록 마키아벨리의, 당시에 극도로 대중적인, 비관주의적 인간학과는 거리를 둔다. 마키아벨리의 인간학은 다음 문장에서 정점에 달한다. "인간을 선으로 강요하지 않는다면 그들로부터는 단지 나쁜 것만 기대할 수 있다." 그런데 전체 *IBP*에서 전형적으로 그러하듯이("우리가 잡다한 적대자 무리들과 싸우지 않기 위해서" [*IBP*, 서론 5]) 그는 실제적인 적수를 거명하지 않고, 그보다는 오히려 대표자로서 그리스 철학자 카르네아데스(Karneades)의 주장과 논쟁한다. 카르네아데스는 마키아벨리의 사상과 유사하게도 인간 속에는 단지 유용성으로 향하는 충동만 있는 것으로 보고 그래서 정의를 향한 모든 추구는 "아주 어리석은 것"으로 여겼다. 그러나 그로티우스에게는 "법률이 [바로] 단순히 유익 때문에만 있는 것이 아니다" (*IBP*, 서론 22) 그리고 또한 법률이 —사분의 일 세기 후에 홉스에게 처럼— 그에게도 야수인간(***homo homini lupus est***인간은 인간에게 늑대이다)을 위한 단지 입마개나 혹은 철창으로 작용하지는 않고, 오히려 법률은 "인간의 사회성과 판단력의 윤리적으로 이해된 근거"(하소 호프만Hasso Hofmann)로부터 생겨난다.

미봉책이기도 하지만 또한 신과 인간에 의해서 공포된 "실증"법을 위한 "규준"이기도 한 자연법은 이렇게 해서 이성적으로 질서잡힌 공동체의 규칙들을 담고 있다. 이 이성에 맞는 법을 그로티우스는 주로 고대 저자들과 성서의 일군의 진술들을 수단으로 해서 "입증한다". "왜냐 하면 만약에 서로 다른 시대로부터 그리고 모든 장소에서 많은 사람들이 동일한 것을 확실하다고 주장한다면 이것이 보편타당한 근거를 지녔음을 암시한다. 그리고 이 근거는 … 사태의 본성으로부터 나온 것과 같은 올바른 추론 이외에 다른 것일 수 없다…" (*IBP*, 서론 40). 이 이외에도 사람은 "아마도 어떤 규정이 자연법에 일치한다는 점을 '그것이 모든 국민들에게 혹은 윤리적인 모든 국민들에게 그렇게 여겨진다'는 점으로부터 추론해낼 수 있다. 왜냐 하면 … 그렇게 보편적인 의견의 근거는 단지 사람이 건전한 인간 오성이라고 부르는 것 속에서만 발견될 수 있기 때문이다." (*IBP*, I 1 XII 1) 이것은 당연히 현대적 의미에서의 경험적 탐구와는 아무 관계도 없는데 하물며 "수학적인 방식"과 (*IBP*, 서론 58) 더 더욱 관련이 없다.

그로티우스에게 계약을 충실히 지키는 것은 자연법의 중심적 기본원칙이다. “계약을 지키는 것은 자연법에 부응한다. 왜냐 하면 어떠한 방식으로든 약속을 하는 길은 인간들에게 필수적이고, 계약보다 더 자연스러운 길은 찾아 낼 수 없기 때문이다.” (*IBP*, 서론 15) 여기에 그의 전적으로 통일성 있는 법 이해—이 이해는 법의 서로 다른 실제적 대상들도 분명하게 구분하지 않으며 또한 법의 규칙들의 해당자들에 따라서도 구분하지 않는다—가 분명해진다. 그래서 그에게 “계약들은 지켜져야만 한다(***pacta sunt servanda***)”는 명제는 개인이든 국민이든 어떠한 종류의 정치체이든 또한 모든 당국자들에게든 차별 없이 동일하게 타당하며, 시민법에서 그리고 국제법에서 타당성을 요구한다. 이러한 자연법적인 근본명제는 —당연히 단지 단편적으로 언급되긴 하지만— 그로티우스의 국가론의 주요 요소를 구성하고 있다.

국가는 바로 “법의 보호와 공동 이익 때문에 연대하는 자유로운 인간들의 완전한 결사”(*IBP*, I 1 XIV 1)이다. 그러므로 홉스와는 달리 인간의 파괴적인 충동을 통제하기 위한 단순한 강제질서가 아니라, 그보다는 오히려 —그로티우스에게도 당연한 질서 유지를 위한 권력으로서의 기능 이외에도— 또한 사회적 과제를 공동체적으로 해결하기 위한 결합이기도 하다. 그로티우스는 하나의 정부형태에 집착하지 않고 민주주의와 귀족주의와 군주제와 일군의 혼합 형태들을 동등한 가치를 지닌 것으로 병렬해 놓는다. 왜냐 하면 다양한 삶의 방식이 존재하는 것과 마찬가지로 한 국민도 역시 원하는 대로 자신의 정부형태를 선택할 수 있기 때문이다. 법률은, 그에 대한 판단이 각각 다른, 이런 저런 형태의 상위의 가치에 의존되지 않고 국민의 의지에 의존된다"(*IBP*, I 3 VIII 2). 비록 예외적인 경우에는 폭력을 통해서 무너지거나 단념을 통해서 효력을 상실할 수는 있지만(노예국가 이론, 즉 ***imperium berile***주인의 지배처럼), 그에게 국민주권은 일반적으로 국가형성의 토대를 이룬다.

그로티우스가 국가권력의 법적 구속력에 대해서 극도로 서로 다른 태도를 취하면서 보댕 이래로 매우 시급해진 주권담론에 대해서 미래를 제시하는 방식으로 입장을 취한다. 이미 최고의 권력(***summa potestas***)은 "그 권력의 실시와 중지가 어떠한 인간의 법에도 맡겨지지 않아서, 그 권력이 그 법의 의지 혹은 판단에 따라 효력을 상실하게 될 수는 없는 그런 권력"(*IBP*, I 3 VII 1)이라고 정의함으로써 그로티우스는 법적 구속력에서 면제될 수 있는 가능성을 국가의 실정법이라는 규범들로 한정하고 있다. 왜냐 하면 국가권력의 담지자는 어차피 항상 "신적인 법과 자연법과 국제법을" 이행한다는 의무를 지고 있기 때문이다(*IBP*, I 3 XVI 1). 보댕에 대한 일반적인 이해와는 반대로 그로티우스는 최고 국가권력의 주권은, "그 소유자가 신민들에게나 혹은 신에게 맹세를 하고 이 맹세가 자신의 통치 방식과 관련된다고 할지라도"(*IBP*, I 3 XVI 1), 위태롭게 되지 않는다고 생각한다. 이와 마찬가지로 어떤 "국민은 왕을 선출할 때에 많은 권한들을 유보할 수 있으며 다른 사람들은 왕에게 무제한적으로 허용할 수 있다"(*IBP*, I 3 XVII 1). 그래서 국가의 (헌법의) 기본법들을 통해서 "국가권력은 일정한 정도 제한되었다". 그리고 "약속에 반하는 행동은 무효이다"(*IBP*, I 3 XVI 2). 그런데 이러한 혁명적 인상을 주는 귀결은 단지 국가권력의 소유와 실시를 (많은 결과를 야기하도록) 구분하는 한에서만 타당하다("사람은 국가권력에서 법률을 그 실시와 … 구분해야만 한다"[*IBP*, I 3 XXIV]). 전자("소유")가 통일적이고 나눌 수 없는 반면에 후자("실시")는 실제로 "그 해당 문제의 법률에 따라서 혹은 개인에 따라서" 구분될 수 있다(*IBP*, I 3 XVII 1). 그로티우스는 자신이 후대의 헌법이론과 실재에 아주 중요한 국가주권(Staatssouveränität)과 기관주권(Organsouveränität)[82]의 구분의 선두 사상가임을 보여주었다. 그는 —국가권력의 헌법적인 구속력에 관련된 것뿐 아니라 권력을 서로 다른 기관에 분산하는 것에 관련된 것도 역시— 18세기와 19세기의 헌법 투쟁을 위해서 자연법에 근거한 이론적 토대도 역시 마련한다.

V

그런데 그로티우스 사상의 인간학적인 토대인 인간의 사회적 충동(*appetitus societatis*)은 국민들 차원에 제한될 뿐만 아니라, 그보다는 오히려 전체 인류를 포괄한다. 통일적인 법사상이라는 의미에서 이러한 인간 연대(*societas humana*)를 신학적 구속과 정치적 의지주의로부터 해방시켜서 (자연)법적으로 근거 지어진 연대로 파악한 것이 *IBP*의 고유의 그리고 오늘날까지 영향력을 발휘하는 진술이다.

국가이성과 절대주의와 종교적인 지상권의 요구들을 한꺼번에 극복하는 법질서에 대한 믿음 때문에 그로티우스는 응당 "근대 국

82) 국가주권(Staatssouveränität)이 통일적으로 국가 전체에 속한 주권 그 자체를 말하는 반면에 기관주권(Organsouveränität)이란 국회와 같은 특정 기관들이 지닌 주권으로 서로 대립될 수도 있고 이 경우 조정이 필요해진다.

제법의 아버지"라는 수식어를 획득하기도 한다. "인간 종족 혹은 많은 국민들을 결속시키기 위해서" "필요한"(*IBP*, 서론 23) 이 법은 그에게 있어서 신이 인간에게 선사했던 이성에 근거한다. 이것이 그를 참으로 "실제적인" 국제법 이해의 창시자로 만들어준 출발이다. 그 이래로 국제법은 —근대적인 영토국가들의 주권 요구를 감싸고, 한계 지으며, 그를 통해서 국민들과 그 정치적 조직들을 결합하는 그의 방식에 따라서— 충분히 가치가 있으면서도, 실행 가능하며, 구체적인 법규칙들로 구분해 볼 수 있는 법질서라고 인정된다. 그리고 국제법은 더 이상 단순한 도덕적인 준칙들 혹은 최고의 법 원리들에 국한되지 않았다. 실제로 오늘날에도 역시 타당한 무수히 많은 법규범들과 국제법상의 기구들이 국제적인 교역에 있어서의 그의 행동규범들로부터 발전되었다. 이 점은 인도주의적인 국제법의 토대를 위해서도 타당하다. (왜냐 하면 전쟁에서도 역시 "영원하고 모든 시간에 타당한 [자연법의] 법률"이 통용되기 때문이다[*IBP*, 서론 26~9]). 또한 사절단의 법의 토대를 위해서도 ("치외법권, 면책특권") 그리고 계약법의 토대를 위해서도 그리고 바다의 자유의 기본원칙을 위해서도, 즉 중립적인 법정 기구를 위해서도 그리고 중재재판소를 위해서도 타당하다. 정의로운 전쟁의 근거에 대한 그의 견해("단지 법이 침해를 받는 것만이 전쟁을 치룰 정의로운 근거를 제공한다"[*IBP* II 1 I 4])가 비록 전쟁을 위한 권리(***ius ad bellum***)를 본질적으로 실제로 제한하기에는 충분치 않다. 그러나 —전형적으로 그로티우스적으로 말해서— 그것은 최소한 전쟁을 수행하는 사람들에게 자신을 정당화하도록 강요하고 이 정당화는 단지 법의 기반 위에서만 성공할 수 있다. 그 외에도 의심스러운 경우에는 중재 계약을 수단으로 해서 투쟁을 평화적으로 종식시키려고 노력해야만 한다는 그의 주장은 유명하다(*IBP*, II 23 VIII).

그로티우스는 인류와 그 부분들—개인들—의 결속이라는 그의 생각을 가지고서 결국 국가들 사이의 법률을 넘어서는 법질서를 위한 초석을 놓는다. 이것이 아주 역설적으로 들릴 수 있지만, 그것은 바로, 고전적인, 즉 단지 국가들에 관련된, 국제법의 아버지를 오늘날도 아주 유효하게 만드는, 이 관점이다. 사람은 그로티우스의 사상적 유산을 가지고 국제법상의 개인의 권리와 의무를 해명할 수 있을 뿐 아니라, 집단의 권리(국민들이나 소수자들이나 가족들이나 종족들의)의 존재에 대해서 그리고 개인의 국제적인 형법적 책임이라는 아주 실제적인 질문에 대해서 이론적인 근거를 마련해 줄 수도 있다. 새롭게 고전기 이후의 나타난 국제법을 위한 수많은 자극들이 그로티우스에 의해서, 이제까지는 국가가 모든 것을 지배하는 역할을 맡았었다면 이제부터는 그 역할을 다른 행위자들과 함께 점점 더 많이 나눌 수 있게 해주는, 법질서로부터 출발할 수 있다. 그런데 이 관점 하에서 위대하고 비전을 지닌 휴고 그로티우스의 기획은 여전히 광범위하게 그 (재)발견을 기다린다.

-다니엘-에라스무스 칸 Daniel-Erasmus Khan

토머스 홉스
Thomas Hobbes(1588~1679)

– 연대표 –

1588년	4월 5일 맘스버리(Malmesbury)에서 출생.
1602~08년	옥스퍼드에서 스콜라주의적 전통에 따라서 논리학과 물리학을 공부해서 문학사(*Baccalaureus artium*) 학위로 졸업. 단지 몇 년 동안만 윌리엄 카벤디시 경(William Lord Cavendish)의 아들이자, 후에 데본셔(Devonshire)의 백작이 되는 젊은 윌리엄 카벤디시의 가정교사.
1610~15년	윌리엄과 함께 이탈리아와 프랑스로 유럽 여행. 거기서 철학을 혁신하려는 노력이 진척된다. 마지막으로 고대 작가들을 탐구.
1629년	이탈리아와 프랑스로 가는 클리프턴(Cliffton) 경의 아들을 동행. 거기서 유클리드의 『원론(原論)』(*Elemente*)을 알게 된다.
1634~36년	세번째 데본셔 경과 함께 이탈리아와 프랑스로 여행. 홉스는 메르센(Mersenne)과 가상디(Gassendi)를 만나고 갈릴레이(Galillei)를 방문한다.
1640년	『자연법의 원리』를 완성. 그가 혼합정체를 거절했기 때문에, "단기 의회"[83)]가 그를 박해할

83) '단기 의회(short parliament)' 는 찰스 1세가 스코틀랜드와 전쟁을 하기 위한 비용을 마련하기 위해서 1640년 4월 13일에 열었던 국회였다. 그러나 여기서 세금 징수에 동의를 얻지 못하자 국왕은 5월 5일에 의회를 해산해 버렸다. 그래서 '단기 의회' 로 불린다. 그리고 그 해 11월에 열린 국회는 12년 이상을 가서, 이를 '장기 의회' 로 부른다.

	것을 두려워하여, 11월에 파리로 도망.
1642년	영국 내란이 발발한 후 42년 초에 익명으로 『시민론』(*De Cive*)(수정하지 않은 2판이 1647년, 인용은 'Ci, 장'으로 할 것). 이어서 자연과학을 위한 논문들.
1646년	영국 왕실이 파리로 유배된 시기에 영국 황태자의 수학자라는 칭호를 줌.
1651년	『리바이어던』(*Leviathan*)(인용은 'L, 장'으로 할 것)을 출판. 11월에 왕실로부터 면직됨.
1652년	영국으로 귀국.
1655년	『물체론』(*De Corpore*)(인용은 'Co, 부 장 절'로 할 것)을 출판.
1658년	『인간론』(*De Homine*)(인용은 'Ho, 장 절'로 할 것)을 출판.
1660년	스튜어트 왕조의 복고
1666년	무신론과 자유사상으로 고소를 당했으나 판결은 받지 않음. 더 이상 출판 허가를 받지는 못함.
1679년	11월 3일에 사망.

Ⅰ. 근대 정치철학의 정초

토머스 홉스의 저작들은 주제의 폭에 있어서 인상적일 정도로 다양하다. 그것들은 철학의 근본문제들과 인식론과 수학과 기하학과 물리학과 또한 윤리학과 정치철학과 영국 내전의 분석을 고찰하고 투키디데스와 호머를 영어로 번역하기도 했다. 홉스의 정치적 시사문제에 대한 관심은 그의 당대의 자연과학에 대한 관심과 당대의 철학적 토론에 참여함 못지않게 분명하다. 그래서 그는 마랭 메르센(Marin Mersenne)과 피에르 가상디(Pierre Gassendi)와 활발한 접촉을 했으며 르네 데카르트의 『성찰』에 반박문을 쓴 작가들 중의 하나이다. 데카르트와 마찬가지로 그도 역시 '스콜라철학을 극복하고 예컨대 아우구스티누스나 토마스, 플라톤이나 아리스토텔레스 같은 권위자들에게 의존하는 대신에 체계적이고 방법론적으로 엄밀한 논증을 하겠다는' 공명심에 사로잡혔다. 신학에 대항해 싸워서 철학의 자율성을 획득하려고 노력하는 중에 홉스는 데카르트를 능가했다. 데카르트의 인식론이 인간 인식의 진리 능력을 해명한다는 점에서 아직도 신의 존재에 의존한다면 홉스의 국가철학은 정치철학의 순수하게 세속적인 개념을 처음으로 체계적으로 기획하는 것으로 특징지어질 수 있다. 그의 국가철학은 개인주의적이고 순수하게 인간의 이성 능력에 기초해서 그것을 설명함으로써 신학적이거나 우주론적으로 근거지어진 정치 질서 개념과 마찬가지로 정치적 아리스토텔레스주의와도 단절한다. 이와 함께 근대의 정치철학이 시작한다.

『자연법의 원리』와 『시민론』(*De Cive*)과 『리바이어던』(*Leviathan*)

에서의 서술과 논증이 완전히 일치하지는 않지만, '평화를 보증하는 법에 의한 상태를 구성하는 조건들과 그 타당성의 조건들을 밝힌다고 하는' 요구가 모든 구상들에서 토대를 이룬다. 이 세 책 모두에서 홉스는 이 목적을 위하여 국가가 아닌 상태로서의 자연 상태에 관한 논증논리적인(argumentationslogisch) '도해(圖解)(**Figur**)'[84]를 가지고 진력한다. 이 자연 상태는 결코 역사적 발전단계로 이해되어서는 안 되고, 지배가 없는 사회를 가정함으로써 개별적인 법인의 공존조건을 상세히 서술하는 가정적인 모델로 이해되어야만 한다. 특정한 가치 이론적이고 행동 이론적인 가정(**IV**을 볼 것)을 기초로 삼는다면 무정부 상태라는 조건 하에서는 개별적인 권리주장들이 조화될 수 없다. 그러므로 홉스는 자연 상태를 전쟁 상태로 특징짓는다, 즉 만인의 만인에 대한 투쟁(***bellum omnium contra omnes***)이다.

자연 상태의 불쾌함은 국가적 상태를 제도화함으로써 이 상태를 극복할 이성적 근거를 묘사한다. 그러나 홉스의 진정한 관심은 국가의 구성 조건들과 정당화 조건들로 향한다. 그리고 이 조건들은 자연 상태 분석에 관해서 규정된다. 이로써 국가의 설립은 정치철학의 중심이 된다. 자연 상태의 극복은 인간 고유의 언어의 구사와 이성의 사용에 근거해 있다. 즉 계약에 대한 국가의 지배를 제도화한 것에 근거해 있다. 국가의 지배는 이러한 의미에서 평화와 권리를 확보하기 위한 순전히 인간적인 능력으로 이해해야만 한다. 그리고 이 능력은 자유로운 개인들이 인격적으로 스스로를 속박하는

---

84) **Figur**를 '도해'로 번역한 것은 홉스의 정치철학에서 특징적인 방법론이 기하학이기 때문이다. 정치철학을 기하학에 비교하는 것이 우리가 보기에는 어색한 유비로 보이지만, 홉스에게는 그것이 학문성의 보증이었다.

행위를 통해서 구성된다. 홉스의 고유의 국가론이 비록 절대주의적이기는 하지만 계약 당사자와 국가 개념에 대한 그의 이해는 근대의 철학적 자유주의의 기초를 세운다. 그러나 『리바이어던』에서 비로소 자연 상태의 논리와 계약 개념에 대한 성숙한 견해가 들어 있다. 그러므로 이하의 서술은 주로 『리바이어던』으로부터 기인하며 다음과 같은 관점들의 핵심에 집중한다. 방법(II)과 정치적 아리스토텔레스주의에 대한 비판(III)과 실천적 인간학과 윤리학(IV)과 법이론과 계약이론(V)과 국가이론(VI).

Ⅱ. 방법

토머스 홉스의 정치철학으로 향한 유익한 통로를 확보하기를 원하는 사람은 정치철학의 기초를 세웠다고 하는 홉스의 주장을 심각하게 받아들이라는 충고를 받는다. 『물체론』의 헌사에서 그는 '국가철학은 그의 작품 『시민론』보다 더 오래되지 않았다' 고 쓰고 있다. 이 자의식적인 평가는, 인식의 가능성은 무엇보다도 철학적이고 과학적인 과정의 올바른 방법의 선택과 준수에 근거를 둔다고 여기는, 철학 이해에 근거한다. 이러한 방법의 이상이 향하는 주도적 학문은, 17세기의 대부분의 철학자들과 과학자들이 가장 정확하고 가장 진보한 분과로 여기는, 기하학이다. 그러므로, 갈릴레오가 아주 효과적으로 물리학에다 적용했던, 분해와 결합 내지는 분석과 종합이라는 기하학의 방법을 이제는 생리학과 심리학과 형이상학(데카르트의 『성찰』 참고)과 —홉스의 선두적 업적으로— 정치철학에 적용하려는 노력 뒤에는 무엇보다도 확실하고 정확한 인식에 대한 추구가 있다. 거기에 17세기의 대부분의 철학자들에게 또한 홉스에게도 역시 인식은 무엇보다도 그 실제적인 유용성 때문에 추구할 만한 가치가 있다. "장기 의회"의 기간과 영국 내전을 겪은 바로 그 홉스는 사용 가능하고 확실한 평화의 학문을 수립하려는 희망을 국가철학을 방법론적으로 새로이 공고히 하는 것과 결부시켰다. 『물체론』 못지않게 『시민론』에서도 그는 "응용된 기하학" 예컨대 토지 측량과 건축술과 수학적 물리학의 성공을 이제까지의 도덕철학자들의 단지 "울리는 소리"들과 대조시켰다. 그런데 이 도덕철학자들은 단지 어떠한 인식획득도 보장하지 못할 뿐 아니라, 그 결함 가운데에서 의견의 차이들과 분열과 내전을 촉진하는 데 기여하기도 했다.

분해하고 결합하는 방법의 매력은 그 창조적이고 구성적인 잠재력에 있다. 항상 단지 진리라고 여겨지는 전제들로부터 더 작은 보편성을 지닌 진술을 추론해 낼 수 있는 영역적인 진행 방법과는 달리 그리고 관찰의 결과들로부터 점차적인 일반화라고 하는 베이컨의 방식과는 달리 기하학적 방법은 분해 속에서 복합적인 표상들이나 개념들을 단순한 부분들이나 (법칙과 같은) 원리들로 소급시키며 결합의 과정 속에서는 다시금 단순한 부분들이나 원리들로부터 (또 다른) 복합적인 표상들이나 모델들이나 개념들을 발전시킬 수 있게 해준다. 홉스가 추론과정과 철학의 서술형태로서 연역은 전적으로 유지한 반면에, 그는 경험주의적 경향에 대해서는 회의적인 태도를 취했다. 경험들과 관찰들은 그 일반화와 과거의 경험을 통해서 미래를 예견하는 것—홉스는 이를 총명의 업적이라고 부른다—과 마찬가지로 학문적인 의미에서 혹은 철학적인 의미에서 어떠한 지식 내지 어떠한 인식도 구성해내지 못한다.

홉스는 이성적 사고와 철학이라는 말로 "그 원인들 내지 생성방식들의 개념을 출발점으로 해서 올바른 추론을 통해서 얻어진 결과들 내지는 현상들의 인식과 역으로 결과들의 인식을 출발점으로 해서 올바른 추론을 통해서 얻어진 가능한 생성방식들의 인식"을 의미한다(Co I.1.2; L 46). 여기서 "올바른 추론"은 계산으로 이해해야만 한다(Co I.1.2; L 5). 덧셈과 뺄셈의 작업은 수에만 한정되지 않고 "크기들과 물체들과 운동들과 시간들과 질의 단계들과 행동들과 개념들과 비율들과 말들과 이름들 (그리고 거기에 있는 철학의 모든 분과들이 함께 생각되었다)"에도 역시 적용된다(Co I.1.3). 그래서 예컨대 "인간"이라는 표상은 "육체"와 "살아 있는"과 "이성적인"의 결합이고 또는 "사각형"이라는 표상은 "사각"과 "등변의"와 "직각의"의 결합이다.

이렇게 철학을 이름들의 계산으로 파악함은 홉스에게 있어서 명목론적인 기본입장과 결부되어 있다. 개개의 인식과정의 출발점은 우리가 자의적인 이름으로 부르는 구체적인 표상들이다. 각 개인을 위해서 이 이름 붙이기는 표지 내지 부호의 기능을 한다. 다른 사람과 소통을 하는 경우에 명명은, 이를 통해서 어떤 표상을 지적하거나 보여주기 위해서 특정한 이름을 붙이는 데에 합의하는 것을 가능하게 해주는, 의사전달 기능을 수행한다(L 5). 홉스는 보편자를 이름들의 이름으로 즉 여러 사물들이 해당하는 표상들에 대한 표지들의 표지로 이해한다. 홉스의 언어이론이 하나하나에 있어서는 별로 설득력이 없는 바로 그만큼, 이를 통해서 해명되어야만 하는, 언어의 인습적이고 인위적 성격에 대해는 논란의 여지가 없기도 하다. 언어야말로 이름들 사이의 관계를 탐구하는 합리적인 사상과 철학과 학문을 가능하게 해준다. 그래서 "모든 사람은 죽는다"와 같은 명제는, 그 진리치를 우리가 특별한 생물을 "인간"이라고 부르고 이 생물에게 "죽는"을 적용하기로 합의하는 가운데에 기초 지어지는, 그러한 이름들의 결합이다. 이와 유사하게 한 행위를 "정의로운"이나 "불의한"이라고 이름 붙임은 그 행위가 상응하거나 반하는 그러한 법칙들의 표상을 전제로 한다. "법칙"에 대한 언급은 다시금 법칙들을 부여하는 권위를 지닐 뿐 아니라 그를 준수할 것을 관철시킬 권한을 가지기도 한 "법제정자"의 표상을 내용으로 갖는다. 그러한 법제정자가 없는 곳에는 "정의로운"이나 "불의한"에 대해서 말할 수도 역시 없다. 이렇게 개념을 분석한 것 위에 홉스의 자연상태와 시민적 상태의 구분이 기초해 있다.

만약에 홉스가 위에서 인용된 정의로 철학을 내용적으로 "그 원인들 내지 생성방식들의 개념을 출발점으로 해서 결과들 내지 현상들"의 인식으로 규정한다면 이것은 '원인들 내지 생성방식들이 현상들과 결과들의 언어적으로 파악된, 생성과정에 주목하는 정의(定義)를 말하고 있다는' 식으로 이해되어야만 한다. 그러한 생성과정에 주목하는 정의에 관한 홉스의 규범적인 예는 고정된 중점을 중심으로 물체를 돌림으로써 생기는 원의 생성이다. 확실한 인식은 단지, 그 속에서 우리가 확실한 정의를, 즉 생성방식을 소유한, 영역 내에서만 존재한다. 그리고 이것은 홉스에게는 기하학과 국가철학이다. 그에 반해서 자연과학에서는 우리가 가정적인(hypothetisch) 지식으로 만족해야만 한다. 왜냐 하면 단지 신만이 확실한 인식을 보증하는 생성방식을 소유하고 있기 때문이다. 신의 존재와는 달리 신의 속성들과 의도들은 인간에게 인식될 수 없다. 그러므로 물리학은 알려진 결과들로부터 출발해서 단지 가정적으로(hypothetisch)만 가능한 원인들을 추론할 수 있다. 예컨대 감각적인 표상들로부터 출발해서 그 성립방식을 그리고 격정들로부터 출발해서 그 생리학적인 원인들을 추론할 수 있다. 그에 반해서 국가, 즉 리바이어던은 언어적 표지들로 이루어진 "결과"이다. 사람들 사이에서 계약을 말하라, 우리는 그 결과들과 원인들에 대해서 확실한 지식을 가지고 있다. 왜냐 하면 우리 스스로가 그것을 만들어내기 때문이다. 『리바이어던』 서문은 '인간의 기술은 자연을, 즉 "신이 세상을 만든 기술"을 많은 사물들 속에서 모방하고 인공적인 인간을 만들 수 있다, 즉 국가 혹은 정치적 물체를, 즉 리바이어던을 만들 수 있다'고 하는 단언으로 시작한다. 국가의 기능적 부분들과 특징들과 자연적 물체의 기능적 부분들과 특징들 사이의 유비는 다음과 같이 마친다. "그런데 결국 정치적 물체의 부분들을 만들고 결합하고 하나로 만드는 수단인 계약들과 협정들은 신이 창조 시에 말했던 그 '그렇게 될지어다' 혹은 '우리가 인간을 만들자'와 유사하다."

정치철학의 서술에서 강조점은 당연히 결합적 부분에 놓여 있다. 즉 안정적인 평화를 보장할 국가적인 법인의 구성에 놓여 있다. 이 법인의 헌법은 『리바이어던』에서 비로소 '위임 계약(Autorisierungsvertrag)'[85]이라는 '도해(Figur)'[86]로 만족스럽게 해결된다. 인간의 특성들과 능력들을 임시적으로 분석하는 것과 결부해서 홉스의 국가철학은 시민적인 상태, 즉 법에 의한 상태의 "원인"들을 규정할 수 있고,

85) '위임 계약(Autorisierungsvertrag)'에 대해서는 뒤에 'V. 법 이론과 계약 이론'에서 자세히 설명된다.

86) 앞의 각주 84) 참고

그 존속의 조건들과 그 안에서의 법제정자의 무제한적인 권력을 논리적으로 증명할 수 있어야 한다는 요구를 한다. 기하학적 방법을 국가철학에 적용하는 것은 법개념 분석의 형식 그리고 국가와 그 "결과들" 혹은 귀결들의 법개념 위에 건조된, 조합하는 구성의 형식으로 이해될 수 있다. 즉 군주와 시민들의 권리들과 의무들의 형식으로 말이다.

Ⅲ. 정치적 아리스토텔레스주의의 비판

기하학적 방법으로(***more geometrico***) 하는 국가철학의 개념과 국가의 인위적 성격의 강조와 함께 홉스는 이중적인 의미에서 철학적인 전통을 깨트렸다. 인간을 정치적 생물(***zoon politikon***)로 보는 고전적이고 아리스토텔레스적인 이해는 정치 공동체를 인간의 자연스러운 생활형태로 이해했다. 단지 정치적 결사 안에서만 인간은 그를 특징짓는 윤리적이고 지성적인 그의 능력과 솜씨를 완성시킬 수 있다. 그러므로 인간은 자연에 의해서 정치적 실존을 목표로 삼는 생물로 규정된다. 아리스토텔레스에게는 '정치 공동체가 논리적으로 우위에 있는 것으로 이해되어야만 한다는' 주장이 정치적 존재-주장과 결합된다. "왜냐 하면 전체는 그 부분보다 더 근원임에 틀림없기 때문이다"(『정치학』 **1253a**). 이 주장으로 그는 개별적이고 자족적으로 사는 인간은 그 자질을 완성할 능력이 없다는 것을 의미한다. 그래서 아리스토텔레스의 정치학에 각인을 하는 중심적 문제제기는 정치 공동체의 성공적인 조직을 향하며 주로 "좋은" 혹은 "최상의" 정체에 대한 질문으로 나타난다. 무엇보다도 시민들의 윤리적 자질도 역시 최상으로 계발할 수 있는 그런 정체에 대한 질문, 그러므로 윤리학과 정치학은 정치적인 아리스토텔레스주의에서는 통일체를 형성한다. 그런데 "최상의 정체"에 대한 규범적인 질문은 존속해 있는 가치에 대한 공감대 혹은 객관화시키는 가치이론의 배경으로 인도된다. 바로 아리스토텔레스가 실천철학을 '그 대상을 실천으로부터 획득하며 실천에 관계하며 그래서 이론철학의 진리와는 달리 실천에 알맞음을 추구하는' 학문으로 이해했다. 비록 아리스토텔레스의 개념이 스토아적-기독교적으로 굴절되고 자연법적으로 변형되기는 했지만 그것은 홉스의 시대까지 표준적인 개념으로 남아 있었다. 비록 보편주의적인 개념에 맞게 아리스토텔레스의 윤리학 이해를 개별주의적으로 조정해서 무게 중심의 이동이 분명히 있었지만 정치적 생물-전제와 정체 이론적인 문제제기와 정치학을 방법론적으로 (학문 대신에) 수사학을 지향하게 함은 인문주의의 정치철학에도 여전히 남아 있었다. 결국 정치적인 아리스토텔레스주의는 홉스를 훨씬 지나서까지 영향을 미치고 오늘날까지 항상 반대모델로서 파악된다.

그에 반해서 홉스의 노력은 지배권의 규범적 재구성을 목표로 한다, 즉 지배권의 정당화를 목표로 한다. 그는 정치적 아리스토텔레스주의에서는 자명한 것, 즉 정치 공동체를 문제시하며 정치 공동체가 토대적인 이유에서 우위에 있다는 주장에 반대한다. 반-아리스토텔레스적인 반대방향은 『리바이어던』에서보다는 『시민론』에서의 간결한 서술 속에서 더 분명히 드러난다. 그러나 『리바이어던』에서도 정치적 생물-주장뿐 아니라 정치철학을 이상적 정체에 대한 질문으로 방향 잡는 것도 역시 분명하게 거절한다. 홉스가 전통을 단절시킨 것은 결국 자연 이해와 인간학적인 자기 이해의 획기적인 변화라는 배경으로부터만 제대로 이해될 수 있다. 그리고 이 변화는 자연과학의 당대의 발전과 기계주의적인 세계상의 대두에 따라 온 것이다. 여기서는 자연의 의미적이고 가치적인 질서의 소멸이 결정적인 요소이며, 이 소멸은 작용인을 가지고 목적인을 교체한 것과 결부되어 있다. 기계주의적인 세계상의 자연적인 세계는, 연속적으로 작용하고 그 운동은 작용과 반작용의 원리에 의해서 설명될 수 있는, 물체들로 이루어져 있다. 홉스에게 있어서는 인간 육체도 역시, 그것의 생물학적인 특성들이 관찰될 수 있는 한에 있어서는, 이러한 기계주의적인 설명모델에 예속된다. 부분적으로는, 인간 육체의 "자연적인" 운동의 요소라고 여겨지며 윤리학의 대상을 이루는, 심리학적인 특성들, 특히 격정과 가치에 대한 태도도 역시 거기에 속한다. 인간 "자연"에 대한 그런 식의 기계주의적인 견해의 토대 위에서는 정치적 결사의 "자연적인 설명"도 또한 "자연적인 가치질서"로의 방향성도 지탱될 수 없다. 그 대신에 "인위적인" 업적이며 인습적 성격을 지니는 언어행위, 즉 계약이 들어선다. 홉스가 국가를 개별적 인간들의 "계약과 협정"이라는 행위들로 재구성하려고 시도함으로써 절대주의적인 국가개념의 옹호자인 그가 정치적 자유주의가 생겨나기 위한 개인주의적인 설명모델과 근거모델에 길을 열었다.

Ⅳ. 실천적인 인간학과 윤리학

인간 자연의 실천적인 속성들과 능력들에 대한 홉스의 연구가, 자연 상태의 구조와 상호작용의 논리를 특징짓는, 행위 이론과 가치 이론의 가정을 규정한다. 실천적인 인간학은 기계주의적으로 구상되었다. 그 중심 개념은 운동 개념이다. 여기서 쾌와 불쾌를 정의하는 살아 있는 운동들과 의지적 운동들, 즉 행위들이 구분되어야만 한다. 행위들은 표상들에 의해서 작동되며 “두 가지 방향”을 취할 수 있는 운동들이다. 즉 표상된 대상을 향하거나(욕구) 그로부터 벗어난다(혐오). 인간의 표상능력의 시간 구조와 결부된 이 운동들 위에 격정 이론이 세워진다. 다음의 두 개의 근본가정은 인간학과 자연상태의 상호작용 논리가 체계 속에서 차지하는 위치를 이해하기 위해서 결정적이다. 첫째로 개별적 의지적 행위는 해당 인물을 위한 재화를 추구한다고 하는 홉스의 거의 공리적인 견해와 둘째로 인간 의지의 방향과 행위의 방향이 미래의 재화들로 확대되는 인간의 미래지향성이다.

홉스의 행위 이론적인 근본주장과 인간의 격정에 대한 그의 서술이 비록 초창기부터 ‘그는 이기적이고 자기 이해타산으로 환원되는 인간학을 대표한다는’ 비난을 초래했지만, 그 인간학의 체계적 위치는, 재화 이론과 가치 이론에다 그 인간학을 위치시키는, 그러한 주관주의적이고 상대주의적인 전회 속에 놓여 있다. 재화 이론과 가치 이론을 기계주의적-생리학적으로 설명하는 가설과 그와 연관된 자유의지의 해석이 비록 설득력은 없지만, 가치들이 대상들이나 상태들의 속성들이 아니라 개인적인 입장들이라고 하는 홉스의 통찰력은 타당하다. “그러나 항상 인간의 충동과 욕구의 대상인 것, 바로 이 대상을 인간은 그의 측면에서 볼 때 좋다고 부르고, 그의 미움과 혐오의 대상을 나쁘다고 부르며, 그의 경멸의 대상을 경멸할 만하다 혹은 중요하지 않다고 부른다. 왜냐 하면 좋은, 나쁜, 경멸할 만한 같은 단어들은 항상 그 단어들을 사용하는 개인과의 관계 속에 있기 때문이다. 왜냐 하면 그냥 그리고 그 자체로 그런 것은 없기 때문이다.”(L 6) 설득력이 적은 것은 홉스의 가치 이론과 재화 이론의 상대주의적인 방향 설정과 행위 연관을 기계주의적인 모델과 결부시켜서 단편화한 것이다. 삶은 홉스에게 단지 더 많은 운동을 의미하고, 더 높은 목표를 향해서 개별행위들을 포괄하게 되는 통일성을 지칭하지 않고 단지 실제적이거나 혹은 미래의 재화를 추구하는 행위들의 연속을 지칭할 뿐이다. 그러므로 삶은 그 종국은 죽음이지만, 재화들을 추구하는 것에 불과하다. 그러면서 ***primum bonum***(기본적인 선)인 자기 유지를 추구하는 것 내지는 ***primum malum***(기본적인 악)인 폭력적인 죽음을 피하는 것을 기초로 하는 운동들이다. 홉스는 정치적 아리스토텔레스주의의 윤리학을 이끄는, 최고 선(***summum bonum***)에 대한 표상을 거절하고 그 대신에 순전히 양적으로 그리고 미래 지향성을 배려해서 경향상 무제한적으로 이해될 수 있는, 재화들에 대한 추구(***maximum bomum***최대 선)로 대체한다. 윤리학과 정치학을 논증 논리적으로 가르는 지점이 하는 기능은 최대 선을 더 이상 충족시킬 수 없다.

윤리학과 정치학의 분리는 홉스에게서 자연 상태를 만인에 대한 만인의 투쟁으로 특징짓는 것 속에서 그 노골적인 표현을 볼 수 있다. 가치와 관련된 입장의 주관주의적이고 상대주의적인 성격을 자연 상태에 있는 개인들 사이에 재화를 둘러싸고 어떠한 경쟁도 없다는 식으로 이해해서는 안 된다. 그 반대로 재화에 대한 추구가 경향상 무제한적인 데에 반해서 재화는 단지 제한된 양만 존재한다는 가정 하에서 자연 상태에서 권력추구가 전쟁으로 확대된다고 하는 정리(定理)를 이해할 만하다. 권력은 우선 "미래의, 외관상의 재화를 확보하기"(**L 10**) 위한 능력과 수단을 지칭한다. 권력이 재화들을 획득하고, 획득된 재화들을 지키는 선택권을 열어주기 때문에, 권력 자체가 모든 사람이 추구하는 재화이다. 그러나 경쟁한다는 조건 하에서는 권력이란 단지 한 개인의 권력이 자신의 경쟁자들의 권력을 넘어서는 한에서만 유용하다. 그러므로 권력 획득은 자기 유지와 미래의 복리에 대한 염려의 명령이다. 그리고 이 명령은 권력의 상대적 성격으로 인해서 상한선을 모른다. "그래서 나는 첫 번째로 항상 새로운 권력에 대한 지속적이고 쉼 없는 욕구를, 단지 죽어서라야만 끝나는, 전 인류의 보편적인 충동이라고 생각한다. 그리고 그 근거가 항상 사람은 이미 획득한 것보다 더 커다란 쾌락을 희망한다는 데에 놓여 있거나 인간이 소박한 권력에 만족할 수 없다는 데에 있는 것은 아니다. 오히려 인간은 현재의 권력과 쾌적한 삶을 위한 수단을 추가적인 권력을 획득하지 않고서는 확보할 수 없다는 데에 있다."(**L 11**) 홉스가 인간들이 육체적이고 정신적인 능력에 있어서 동일하다는 데에서부터 출발하기 때문에 권력을 둘러싼 경쟁은 "자연적인 지배"라는 형태로 "자연스러운" 끝을 볼 수는 없다. 그러나 이 해명은 인간들 사이의 자연스러운 차이들에 비추어 볼 때 설득력이 떨어진다. 더 그럴 듯한 것은 동등성 주장을 '"각자는 다른 사람들에 대해서 자연에 의해서 자신과 동일한 존재로 여겨야만 한다"는 9번째 자연법칙 속에서 그 규범적인 표현을 발견하게 되는 규범적 전제'로 해석하는 것이다. 모든 자연법칙과 마찬가지로 이것(동등성)도 역시 하나의 격정에 반대된다. 여기서는 경쟁과 불신 이외에 자연 상태의 호전성의 세 번째 원인을 지칭하는 자부심이 반대한다(L 13; L 15). 자기 보존에의 추구와 폭력적인 죽음에 대한 공포는 자연 상태를 벗어나겠다는 동기를 이룬다. 그러나 이성이 비로소 길을 제시한다.

V. 법 이론과 계약 이론

자연 상태에 있는 개인들의 법적 지위는 자연법을 통해서 규정되었다. 즉 "각자가 자신의 권력을 자신의 의지대로 자신의 고유한 본성을 유지하기 위해서, 즉 자신의 고유한 생명을 유지하기 위해서, 사용하는 자유와 결과적으로 자신의 판단과 이성을 따라서 이 목적에 가장 적합한 수단이라고 여겨지는 모든 것을 할 자유"이다. 전쟁 상태라는 전제 아래에 이것은 "각 사람은 모든 것에 대한 권리, 심지어 다른 사람의 육체에 대한 권리조차 가지고 있다."(L 14) 홉스가 비록 자유 개념을 자연주의적으로 외적인 방해의 부재로 좁힌 것이 불만스럽기는 하지만, 그가 자유가, 법률 개념을 특징짓는, 의무보다 증명 논리적으로 더 우위에 있음(L 14; L 21)을 인정한다는 점을 간과해서는 안 된다. 자연법칙들은 원래적 의미에서의 법칙들로 이해할 수는 없고, 이성에 의해서 중재된 규칙들이거나 자유스러운 공존의 조건들을 형성하는 자기 유지의 명령들로 이해되어야만 한다. 기독교적인 자연법과는 달리 홉스에게 자연법칙들은, 정치적 정의와 합법적 지배권 행사와 "자연적인 의무들"의 실질적인 기준을 확정하는, 실정법을 넘어서는 법이 아니다. 상호성이라는 조건 하에서 모든 것에 대한 자연적 권리의 포기와 이 목적을 위한 적절한 수단으로서의 자연적 자유의 제한으로 특징지어지는, 두 번째 자연법칙이 정치적 지배권을 세우기 위한 길을 제시함으로써, 그것은 비로소 구속하고 의무지우는 법률의 인위적인 설립을 위한 토대를 마련한다.

계약(*contract*)의 형태 혹은 협정(*covenant*)의 형태로 된, 즉 상호간의 신뢰의 토대 위에 있는 계약의 형태로 된 권리 포기는 자기 구속의 언어적 활동이다. 즉 권리 포기는, 그 구속력이 유일한 토대를 '특정한 형태의 언어 행위들을 자기에게 의무를 부과하는 활동으로 볼 수 있다는' 점에 둔, 그러한 의지 설명이다. 계약 체결의 조건들도 그리고 계약의 내용도 그 구속력에 영향을 미치지 않는다. 이로써 홉스는 언어를 구속력을 갖기 위한 인간 고유의 원천으로 발견할 뿐 아니라, 또한 어떠한 형태의 계약 이전의 의무들이나 규범성의 구조들을 부인하기도 한다. 당연히 개인들은 그들이 의무를 진 대로 항상 하게 되어 있는 것은 아니다. 이성에 반해서 항상 격정이 대립한다. 인간 본성의 연약성이 '협정을 이행하지 않을까 하는 정당한 두려움이 존재하기 때문에 자연 상태에서의 협정들(*covnenants*)은 유효하지 않다'는 점을 함축한다. 이성의 통찰력과 말의 효력은 인간들을 그들의 계약들과 협정들을 준수하게 만들기에는 너무 약하기 때문에 그들은 격정, 특히 준수하지 않을 경우에 올 벌에 대한 두려움이 필요하다. 상호간의 권리 포기와 자유

제한이 협정들의 범주에 속하기 때문에 협정들의 체결에는, 공포라는 동기를 활성화하고 그래서 협정들을 확실하게 만들 만큼 충분히 강력한, 처벌하는 기관을 동시에 설립하는 것이 필요하다. 즉 리바이어던의 권력독점이 필요하다. 그러므로 홉스는 '위임 계약(Autorisierungsvertrag)' 에 대해서 법적인 형태를 발전시킨다.

'위임하는 계약' 은 개인들 사이의 협정—이 협정 가운데에서 각각의 참여자는 계약에 참여하지 않은 제삼자를 위해서 자신의 자연스러운 권리로부터 물러난다—이다. 정치적 통일성과 정치적 지배권을 단숨에 구성하는 수단인 계약문건은 다음과 같이 말한다: "나는, 당신이 당신의 권리도 역시 그들에게 넘기고 모든 행위들을 허용한다고 하는 조건 하에, 이 사람에게 혹은 사람들의 이 회합에 위임하며 그들에게 나를 다스리는 나의 권리를 넘긴다."(L 17) 이러한 구조로써 홉스는 계약이론에 새로운 형태를 부여한다. 그리고 또한 시민이 성립되는 수단인 하나로 만드는 계약(*pactum unionis*)과 계층들과 지배자 사이의 관계를 규정하는 지배권 계약(*pactum sujectionis*)의 전통적인 이원론을 깨트린다. 시민의 통일성은 의지 규정의 통일성을 넘어서 성립된다. 그리고 이 의지 규정의 통일성은 허구적 인격, 즉 군주의 법인을 만들어 냄으로써 도달될 수 있으며 이 통일성에게 각 개인들의 지배하는 권한을 이양한다. 이로써 정치적으로 정당화하는 독자적인 기관으로서의 국민이라는 전통적이고 정치적인 범주가 더 이상 고려되지 않는다. 홉스의 국가에는 단지 군주와 신민들만이 존재한다. 법률적으로 고찰해보자면 군주는 모든 것에 대해서 자연적인 권리를 소유하는 데 반해서, 신민들은 군주의 모든 행동과 모든 의지의 표현을 마치 자신의 것처럼 인정하고 따를 의무가 있다. 왜냐 하면 권한을 자기 유지로 한정시키거나 권한을 자기 유지로 전용하는 협정은 항상 무가치하기 때문이다. 개개의 의지적 행위와 마찬가지로 계약들도 비록 자기 자신을 위한 재화를 목표로 하고 군주에게 권한을 위임하는 것도 평화를 확보하고 시민들의 복지를 증진하기 위해서 일어나기는 하지만, 군주는 법적으로 책임을 지지 않는다(***legibus absolutus***). "자연의 법과 시민의 법"은 심지어 서로 함축하고 "동일한 외연을 가진다"(L 26). 그러나 자연적인 법들의 지시들과 규칙들은 아마도 주권적인 지배권의 행사를 이성적으로 방향 짓게 한다. 그렇지만 어떠한 형태로든 군주를 시민들에 대해서 구속하거나 의무지우는 법률-기준은 만들지 않는다. 즉 ***Auctoritas non veritas facit legem***(진리가 아니라 권위가 법을 만든다)(L 26). 법실증주의와 '(입법적 권력이 잘못하는 경우에 그) 입법 권력을 그 권력을 위임하기로 계약한 사람들에게 다시 반환하는 규범적 의무'—이것이 홉스의 법 이론의 이러한 근본명제 속에서 들려온다— 사이의 긴장은 해소될 수 없다. 이와 마찬가지로 국가창립의 자유롭고 자유주의적인 근본구조와 국가주의적인 국가개념도 함께 결합하기가 거의 불가능하다. 그 평가는 홉스 연구 내에서 중심적인 논쟁점이 된다.

Ⅵ. 국가 이론

위임 계약(Autorisierungsvertrag)은 국가의, 즉 *persona civitatis*(국가 인격)의, 생성을 위한 이상적인 구성 지침을 묘사한다. 그리고 이 지침은 국가의 속성들을 규정할 작정이다. 즉 시민들의 자유들과 군주의 권리들과 권한들이다. 이 권리들은 "탈취를 통해서 된 국가의" 군주, 즉 폭력을 통해서 획득한 국가의 군주에게도 같은 방식으로 통용된다(**L 20**; 이미 당대인들이 이 장에서 크롬웰에게 환심을 사려하고 있음을 추측했다). 군주 권력의 무제한성은 위임 계약이라는 형태에서 기초된다. 그리고 위임 계약은, 군주에게는 모든 것에 대한 자연적 권리를 위임하지만 신민들에게는 군주의 각종 조처를 자신의 것으로 인정하는 의무를 지우는, 우대 계약(**Begünstigungsvertrag**)이다. 그와 마찬가지로 저항권과 집단적인 불복종의 배제가 계약 형태에 근거해 있다.

그에 반해서 주권의 분할 불가능성, 즉 입법권과 행정권과 사법권의 통일은 평화의 확보라는 계약의 목표로부터 나온다. 홉스는 특별히 혼합정치 이론이 이것을 위협한다고 보았다. 의견과 가르침을 허용하는 문제를 군주가 독점하는 것도 같은 목적에 봉사한다. 이 두 조처는 홉스가 의견의 다원주의와 거기에 기초한 당파들의 형성을 평화의 최대 위험으로 여겼다는 점을 보여준다. 보헤모트(***Bohemoth***)[87]에서 영국 내전의 원인 분석이 명확히 해주듯이, 그의 염려는 특별히 종교 분쟁들과 성직자들의 권력 요구들과 신학적 기초 위에 세워진 지배권 이론들을 향해 있었다. 그러므로 군주에게는 성서 해석과 성례의 문제에 있어서도 최고의 권위가 주어진다. 『리바이어던』의 제3권과 제4권은 이러한 결론을 옹호한다. 물론 홉스가 신민들에게 그들의 사적인 신앙도 역시 명령하는 데에까

87) 보헤모트(***Bohemoth***)는 성서에서 괴물을 뜻한다. 리바이어던이 바다의 괴물이라면 보헤모트는 육지의 괴물이다. 이들은 모두 권력의 강력한 힘을 상징한다.

지 가지는 않고, 군주의 지시 권한을 행위들과 공개적인 입장 표명에 제한한다. 신민들의 자유는 그들에게 남아 있는 것을 사적으로 생각하는 것, 그러나 법적으로 금지된 것을 하지 않는 것으로 구성되어 있다. 그에 반해서 가장 적절한 정부형태로서의 군주제를 옹호하는 것은 오히려, 의심스럽고 실용주의적이고 경험이 주도하는, 논증들에 기초하고 있다. 그러므로 이 옹호는 위에서 논했던 의미에서 논리적으로 입증된 것으로 여겨지지는 않는다.

홉스의 주권 이론은 이미 당대인들에게도 거추장스러운 것이었다. 시민적인 권한의 결핍에 대한 이론적인 원인들은 별로 설득력 있지도 않은 자유개념과 재화이론과 가치이론의 과격한 상대주의 탓으로 보인다. 바로 이 지점에서 존 로크가 홉스의 국가 이론에 가한 비판도 역시 시작한다. 그리고 그는 양도할 수 없는 개인적 권리들을 가정하는 데에서 출발하여, 계약 이론을 지배권의 제한을 근거 짓는 논증으로 바꾸게 된다.

Ⅶ. 수용

홉스에 대한 당대의 반응은 광범위하게 부정적이지만, 무신론-비난 문제에 있어서는, 홉스의 정치철학이 암시하는, 전통과의 과격한 단절에 대해서 민감하게 반응한다. 존 로크의 계약 이론이 비록 다시금 기독교적인 자연법사상으로 복귀했지만, 계약 논증은 장 자크 루소를 거친 다음에, 임마누엘 칸트의 정치철학에 있는 성숙하고 설득력 있는 이성법적인 형태로부터 그의 오래되고 기계주의적이고 체계 철학적인 가정을 벗겨낸다. 페어디난트 퇴니스

(Ferdinand Tönies)를 통해서 홉스를 재발견하고 난 이후에 20세기의 철학에서 홉스와 논쟁하는 두 지류들이 나타난다. 칼 슈미트(Carl Schmitt)는 홉스의 국가 이론의 반-자유주의적이고 반-다원주의적인 근본 경향들을 과격화한 반면에, J. 뷰캐넌(Buchanan)과 J. 롤스(Rawls)와 R. 노직(Nozick)의 현대 자유주의적 계약 이론에서는 계약 이론적인 증명 논증이 비판적으로 계속 발전되었다. 그런데 현대 계약 이론들의 관심은 지배권의 구성으로 향하지 않고, 정치적 정의를 내용적으로 규정하는 데로 향한다. 그러므로 홉스와는 달리 현대 계약 이론가들은 계약 형태를 합의의 형태로 해석한다. 제임스 뷰캐넌(James Buchanan)에 연결되었으며, 당연히 현대화된 형태로이긴 하지만, 홉스의 과격한 개인주의와 도구적인 이성 이해를 받아들이는 경제학적인 계약 이론들이 홉스에 제일 가까이 있다. 토마스 홉스의 정치철학의 많은 세부 사항들은 아주 비판적으로 평가되어야만 하지만, 정치철학을 인간 중심주의적이고 합리적인 토대 위에 세웠다고 하는 절대적인 공적은 그에게 남아 있다.

–흐리스티네 흐바시차 Christine Chwaszcza

참고 문헌

플라톤

A. 1차 문헌과 번역본

이후의 모든 판본과 오늘날까지 통용되는 인용방식의 기본: Henricus Stephanus, 3 vol., Paris 1578.
그리스어 본문의 대부분의 판본과 번역은 Les Belles Lettres, Association Guilaume Bude, Paris 1991에 근거한다.
독일어 번역의 기본은 Friedrich Schleiermacher의 것이다.
추천할 만한 대조본:
Platon. Sämtliche Werke, *10 Bände, Griechisch und Deutsch, übers. von* Friedrich Schleiermacher, Hg. Karlheinz Hüsler, Frankfurt/Main, Leipzig 1991
Platon. Werke in acht Bänden, Griechisch und Deutsch, übers. v. Friedrich Schleiermacher, Hg. Günther Eigler, Darmstadt 1991 ff.
Plato in Twelve Volumes. The Loeb Classical Library, ed. G. P. Gould, engl.-gr., Harvard UP/Cambridge, London 1977 ff.
이 이상의 번역본:
Platons Staatsschriften, übers. v. Kurt Andreae, Jena 1925.
『국가』의 번역본:
Platon. Der Staat, übers. v. O. Apelt, Hamburg 1989, 11판.
Platon. Der Staat, übers. v. K. Vretska, Stuttgart 1958
The Republic of Plato, v. A. Bloom, New York 1968.

B. 2차 문헌

1950년 이후의 포괄적인 문헌 목록
L. Brisson/H. Ioannidi, Addenda a Platon 1950-1985, in: *Lustrum 30* (1992), 330-338
R. D. Mc Kirahan JR., *Plato and Socrates. A Comprehensive*

Bibilography 1958–1973, New York, London 1978.

플라톤 저작의 연대순

L. Brandwood, *The Chronology of Plato's Dialogues*, Cambridge 1990

George Klosko, *The Development of Plato's Political Theory*, New York, London 1986.

Gregory Vlastos, *Socrates – Ironist and Moral Philosopher*, Cambridge 1991 (이 작품은 내용 분석을 통해서 저작 순서를 설명하고 구체적으로 해명하고 있다.)

색인

L. Brandwood (Hg.), *A Word Index to Plato*, *Compendia – Computer-Generated Aids to Literary and Linguistic Research*, vol. 8, Leeds 1976.

20세기 전반에 나온, 정치적 대화편들을 위한 저작들(그 구체성 때문에 읽을 만하다)

Werner Jaeger, *Paideia*, Bde. 1–3, Berlin 1934ff

Paul Friedlander, *Platon*, Bd. III: *Die platonischen Schriften*. *Zweite und dritte Periode*, Berlin [2]1960

Ernest Berker, *Greek Political Theory*. *Plato and his Predecessors*, London, New York 1960 (Org. 1918)

특별히 독일 내지 영미 정치 이해가 분명히 인식될 수 있다. 튀빙겐학파에 대표적인 것: Giovanni Reale, *Per una nuova interpretazione di Platone*, [13]1994.

플라톤의 주변환경 – 폴리스 세계

Jürgen Gebhardt, The Origins of Politics in Ancient Hellas, in: J. M. Porter (ed.), *Sophia and Praxis*. *The Boundaries of Politics*, Chatham, New Jersey 1984, 33–64

__, Zum Begriff des Politischen in der hellenischen Antike, in: W. Merkel, A. Busch (Hg.), *Demokratie in Ost und West*. *Für Klaus von Beyme*, Frankfun/Main 1999, 36–54

Mogens H. Hansen, *Die athenische Demokratie im Zeitalter des Demosthenes*, Berlin 1995

Christian Meier, *Athen*. *Ein Neubeginn der Weltgeschichte*, Berlin 1993

Walter Burkert, *Griechische Religion der archaischen und klassischen*

Epoche, Stuttgart 1977
Eric Voegelin, *Order and History*, Bd. 2. *The World of the Polis*, Louisiana State 1957.

추천할 만한 플라톤 개설서

Barbara Zehnpfennig, *Platon zur Einführung*, Hamburg 1997
Alexandre Koyre, *Vergnügen bei Platon*, Berlin 1997.

『국가』와 『정치가』와 『법률』을 강조하는 짧지만 포괄적인 개설서

Helmut Kuhn, Platon, in: *Klassiker des politischen Denkens I*, H. Maier et alt. (Hg.), München [6]1986, 15-44
Peter Weber Schäfer, Piaton, in: ders., *Einführung in die antike politische Theorie* II, Darmstadt 1976, 1-36.

『국가』에 관한 개설서

Otfried Höffe, Einführung in Platons Politeia, in: ders., (Hg.), *Platon. Politeia*, Berlin 1997, 3-28
Wolfgang Kersting, *Platons "Staat"*, Darmstadt 1999 (상세한 내용 제시와 함께)
Paul Shorey, *Introductions to Plato V/VI*, *Republic I/II*, *Books I-V/VI-X*, The Loeb Classical Library, transl. by Paul Shorey, Harvard UP/Cambridge, London 1978.

문제 중심의 해석들

Peter Scholz, *Der Philosoph und die Politik*, Stuttgart 1998 (철학과 정치학의 관계라는 테마를 다루고 역사적으로 접근).
Ada Neschke-Henschke, Der Ort des ortlosen Denkens. Über Platons Politik, in: *Zeitschrift für Philosophische Forschung*, Bd. 42, Heft 4 (10월~12월 1988), 597-619 ('플라톤 구상이 유토피아적인가 아니면 현실성 있는가' 하는 물음)
Leo Strauss, *The City and Man*, Chicago 1964 (투키디데스과 플라톤과 아리스토텔레스를 근거로 하여 철학과 정치학의 관계)
Eric Voegelin, *Order and History*, Bd. 3. *Plato and Aristotle*, Louisiana State 1957 (철학과 정치학 사이의 긴장에 대한 해석학적인 연구)
A. E. Taylor, *Plato. The Man and his Work*, Trowbridge, London 1969 (전체 플라톤의 정치사상에 대해서 시사하는 바가 많다)

Zdravko Planinc, *Plato's Political Philosophy*, Columbia, London 1991 (Strauss와 Voegelin에 의지해서 잘 이해할 만한 해석).

문제 중심의 『국가』 해석

C. D. C. Reeve, *Philosopher Kings*, Princeton UP 1988 (폴리스 성립 과정에 집중)

Robert Spaemann, Die Philosophenkönige, in: Otfried Höffe (Hg.), *Platon. Politeia*, Berlin 1997, 161–177 (무엇보다 『국가』의 현실성)

Helmut Kuhn, *Der Staat. Eine philosophische Darstellung*, München 1967 (『국가』에 있는 국가 개념)

Reinhart Maurer, *Platons "Staat" und die Demokratie*, Berlin 1970 (철인의 영혼의 질서에 집중한, 『국가』에 대한 추천할 만하고 광범위한 작업).

『국가』의 정치 이해를 비판하고 연구한 것

Egon Flaig, Weisheit und Befehl. Die "Politeia" und das Ende der Politik, in: *Saeculum*, Bd. 45 (1994), 34–70

Wayne A. R. Leys, Was Plato non-political?, in: Gregory Vlastos (ed.), *Plato. A Collection of Critical Essays II: Ethics, Politics, and Philosophy of Art and Religion*, Macmillan 1971, 166–173

F. E. Sparshott, Plato as anti-political thinker, in: ebd., 174–183 (이 책은 플라톤을 비정치적이거나 반정치적이거나 정치적이 아니라고 평가한다. 왜냐 하면 플라톤은 자신의 철학을 통해서 정치학을 나름대로 이해해서 그러한 정치학을 끝냈기 때문이다.)

Daniela Deibel-Hüttinger, Zum Begriff des Politischen bei Platon, in: Peter Nitschke, Jürgen Lietzmann (Hg.), *Klassische Politik*, Opladen 2000 (문헌학적이고 정치적 입장에 선 탐구를 통해서 정치학의 개념을 설명하려는 노력).

플라톤에 대한 근본적인 비판

Karl Popper, *Die offene Gesellschaft und ihre Feinde I. Der Zauber Platons*, Tübingen [7]1992 (플라톤을 전체주의의 아버지로 근본적으로 비난하는 유명한 저작)

Hannah Arendt, *Vita Activa oder Vom tätigen Leben*, München, Zürich 1994

—, *Vom Leben des Geistes I. Das Denken*, München [3]1993 (플라톤을 자주 그리고 비판적으로 언급하는 사상과 행위의 역사).

Ronald B. Levinson, *In Defense of Plato*, Harvard UP, Cambridge 1953 (대규모의 변호서).

아리스토텔레스

A. 1차 문헌

1. 원문

아리스토텔레스 작품의 표준적 판본은 Immanuel Bekker (ed.), *Aristotelis Opera*, 5 Bde., Berlin 1831~1870이다 (신판은 Olof Gigon, Berlin 1960). 이 판본의 쪽 수와 단과 줄 수에 따라서 아리스토텔레스의 작품들을 인용하였다.

정치 이론적인 작품들의 새로운 판본은 무엇보다도

I. Bywater (ed.), *Aristotelis Ethica Nicomachea,* Oxford 1975

W. D. Ross (ed.), *Aristotelis Politica*, Oxford 1973

W. D. Ross (ed.), *Aristotelis Ars Rhetorica,* Oxford 1969

F. G. Kenyon (ed.), *Aristotelis Athenensium Respublica*, Oxford 1920.

2. 번역서

20권으로 되어 있고 Hellmut Flashar에 의해서 편집된 독일어 아리스토텔레스 전집 (Darmstadt 1983-) 안에 아리스토텔레스의 정치적 저작들 중에서 이제까지 출판된 것들은 Eckart Schüttrumpf, *Buch I bis VI der Politik* (1991, 1996)과 Mortimer Chambers, *der Staat der Athener* (1990)이다.

정치 이론적인 저작들의 무수히 많은 독일어 번역본들 가운데에서 다음과 같은 것들을 추천할 만하다:

Nikomachischc Ethik. Eugen Rolfes(번역), Günther Bien(편집), Hamburg 1972

Die Nikomachische Ethik. Olof Gigon(번역과 편집), Zürich 1951 (München 1972)

Politik, Franz Susemihl(번역), Wolfgang Kullmann(편집), Reinbek 1994

Politik, Eugen Rolfes(번역), Günther Bien(서론), Hamburg 1981

Politik, Olof Gigon(번역과 편집), Zürich 1971 (München 1973)

Rhetorik, Franz G. Sievecke(번역), München 1980

Der Staat der Athener, Peter Dams(번역), Stuttgart 1970.

B. 2차 문헌

아리스토텔레스의 정치사상에 대한 짧고 보편적인 개설서

Ulrich Charpa, *Aristoteles*, Frankfurt a. M. 1991.

특별히 아리스토텔레스의 정치사상을 다루는 단행본 중 특별히 추천할 만한 것

Günther Bien, *Die Grundlegung der politischen Philosophie bei Aristoteles*, Freiburg 1973

Andreas Kamp, *Die politische Philosophie des Aristoteles und ihre metaphysischen Grundlagen*, Freiburg 1985

__, *Aristoteles Theorie der Polis – Voraussetzungen und Zentralthemen*, Frankfurt a. M. 1990

Bernt Plickat, *Aristoteles Begründung des politisch Guten*, Frankfurt a. M. 1989.

정치 이론을 위한 전집과 전문 잡지와 일반 논문서에 나오는 논문들 중에서 일컬을 만한 것

Jürgen Bellers, "Die metaphysischen Grundlagen von Ariseotcles' politischer Philosophie", in: Norbert Konegen (Hg.), *Politikwissenschaft IV: Politische Philosophie und Erkenntnistheorie*, Münster 1992

Helmut Flashar, "Ethik und Politik in der Philosophie des Aristoteles", in: *Gymnasium* 78 (1971)

Harry V Jaffa, "Aristotle", in: Leo Strauss u. Joseph Cropsey (Hrsg.), *History of Political Theory*, Chicago 1963

Wolfgang Kullmann, "Ariseoteles' Staatslehre aus heutiger Sicht", in: *Gymnasium* 90 (1983)

Peter Spahn, "Aristoteles", in: Iring Fetscher u. Herfried Münkler (Hg.), *Pipers Handbuch der politischen Ideen*. Band 1: *Frühe Hochkulturen und europäische Antike,* München 1988

Leo Strauss, "On Ariseotle' s Politics", in: L. S., *The City and Man*, Chicago 1964

Eric Voegelin, "Aristotle", in: E. V., *Order and History*, vol. 3: *Plato and Aristotle*, Baton Rouge 1957

Peter Weber-Schäfer, "Aristoteles", in: P. W.-S., *Einführung in die antike politische Theorie*. Zweiter Teil: *Von Platon bis Augustinus*, Darmstadt [2]1992.

키케로

A. 1차 문헌

키케로의 전 저작들에 대해서는 많은 판본들과 번역본들이 존재한다. 국가 이론적 저술 두 권의 표준적 편집본:

K. Ziegler, Leipzig [7]1963.

독일어와 라틴어 대역본:

K. Ziegler, *Cicero. Staatstheoretische Schriften*, Berlin 1964 (두 저작 모두)

K. Büchner, *Vom Gemeinwesen*. Lat.-dt., Zürich [3]1973

R. Nickel, *De Legibus. Paradoxa Stoicorum*. Lat.-dt., Zürich 1994.

주석서:

K. Büchner, *M. Tullius Cicero. De re publica*, Heidelberg 1984

L. P. Kenter, *Cicero, De Legibus. A Commentary on Book* I, Amsterdam 1972.

B. 2차 문헌

참고 문헌 목록: 연구보고:

P. L. Schmidt, Cicero "De re publica". Die Forschung der letzten fünf Dezennien, in: *Aufstieg und Niedergang der Römischen Welt*, Bd. I, 4, Berlin 1973, 262-333

E. Rawson, The Interpretation of Cicero's "De legibus", ebd. 334-356

G. Gawlick u. W. Gorier, in: H. Flashar (Hg.), *Die Philosophie der Antike*, Bd. 4: Die hellenistische Philosophie, Basel 1994, 995-1168.

생애와 작품들을 서술

Darstellungen von Leben und Werken: "M. Tullius Cicero"라는 항목으

로 자세하고 출처를 제시하고 있다, in: *Realencyklopädie der classischen Altertumswissenschaft*, Bd. 7, 1 (2. Reihe), 1939, 827-1274.

M. Gelzer, *Cicero*, Wiesbaden 1969은 해당 절에서 관습적이고 모든 점에서 믿을만한 정보를 제공하는 문헌 목록을 제시한다.

M. Fuhrmann, *Cicero und die römische Republik*, München 1989은 키케로의 문서 작업의 간략한 요약이 들어 있다.

철학적 전통의 중개자로서의 키케로

Gawlick u. Gorier (s.o.); P. L. Schmidt, Cicero's Place in Roman Philosophy, *Classical Journal* 74, 1979, 115-127

G. Striker, Cicero and Greek Philosophy, *Harvard Studies in* Classical *Philology* 97, 1995, 53-61

W. Gorier, Cicero, in: F. Ricken (Hg.), *Philosophen der Antike*, Stuttgart 1996, Bd. II, 83-109.

*De re publica*와 *De legibus*에 대한 개별연구들(단지 새로운 작업들 중에서만 선발한다)

P. L. Schmidt, *Die Abfassungszeit von Ciceros Schrift über Gesetze*, Rom 1969은 두 작품 사이의 관계와 De legibus의 저작연대를 다룬다.

H. Strasburger, Der "Scipionenkreis", *Hermes* 94, 1966, 60-72은 "스키피온 여행"의 허구적 성격을 제시한다.

국가의 정의에 대해서:

R. Werner, Über Herkunft und Bedeutung von Ciceros Staatsdefinition, *Chiron* 3, 1973, 163-178

M. S. Schofield, Cicero's Definition of Res Publica, in: J G. F. Powell (Hg.), *Cicero the Philosopher*, Oxford 1995, 63-83

정체의 유형: J Christes, Beobachtungen zur Verfassungsdiskussion in Ciceros Werk De Re Publica, *Historia* 32, 1983, 461-483

혼합 정체라는 사상의 역사: W. Nippel, *Mischverfassungstheorie in Antike und früher Neuzeit*, Stuttgart 1980

로마의 정체의 역사적인 모습: J-L. Ferrary, L'Archéologie du De Re Publica (2, 2, 4-37, 63), *Journal of Roman Studies* 74, 1984, 87-98.

호민관의 평가:

K. M. Girardet, Ciceros Urteil über die Entstehung des Tribunates als Institution der römischen Verfassung, in: *Bonner Festgabe für Johannes Straub zum 65. Gebutrstag*, Bonn 1977, 179-200

L. Thommen, Das Bild vom Volkstribunat in Ciceros Schrift über die Gesetze, *Chiron* 18, 1988, 357-375.

*De Legibus*에 있는 "개혁 프로그램":

A. Heuß, *Ciceros Theorie vom römischen Staat*, Göttingen 1975

G. A. Lehmann, *Politische Reformvorschlage in der Krise der späten römischen Repubik. Cicero De legibus III und Sallusts Sendschreiben an Caesar*, Meisenheim/Glan 1980.

"국가의 지도자":

J. G. F. Powell, The rector rei publicae of Cicero' s De republica, *Scripta Classica Israelica* 13, 1994, 19-29

J.-L. Ferrary, The statesman and the law in the political philosophy of Cicero, in: A. Laks u. M. S. Schofield (Hgg.), *Justice and Generosity. Studies in Hellenistic Social and Political Philosophy*, Cambridge 1995, 48-73.

자연법 사상:

K. M. *Girardet, Die Ordnung der Welt. Ein Beitrag zur philosophischen und politischen Interpretation von Ciceros Schrift De legibus*, Wiesbaden 1983

__, "Naturrecht" bei Aristoteles und bei Cicero (de legibus), in: W. W. Fortenbaugh u. P. Steinmetz (Hgg.), *Cicero's Knowledge of the Peripatos*, New Brunswick, 1989, 114-132.

전승사

E. Heck, *Die Bezeugung von Ciceros Schrift De re publica*, Hildesheim 1966

P. L. Schmidt, *Die Überlieferung von Ciceros Schrift De legibus in Mittelalter und Renaissance*, München 1974.

고대의 기독교 문헌에서의 수용:

C. Becker, "Cicero", in: *Reallexikon für Antike und Christentum*, Bd. 3, 1957, 86-127.

중세와 르네상스에서 웅변술과 정치사상의 의미:

Q. Skinner: *The Foundations of Modern Political Thought. I: The Renaissance*, Cambridge 1978, 23-48

C. J Nederman: The Union of Wisdom and Eloquence before the Renaissance: the Ciceronian Orator in Medieval Thought, *Journal of Medieval History* 18, 1992, 75-95.

아우구스티누스

A. 보조자료

Carl Andresen (Hg.): Bibliographie, in: *Zum Augustin-Gesprach in der Gegenwart*, Bd. , Darmstadt [2]1981.
Cornelius Mayer (Hg.): *Augustinus Lexikon*, Bd. 1: *Aaron – Conversio*, Basel (u.a.) 1986–1994. Bd.2: *Vorspann*, Fasc. 1/2, Basel (u. a.) 1996.

B. 1차 문헌

1. 전집

Die Migne-Ausgabe (오래된 *Mauriner-Ausgabe* [Paris 1679–1700]에 근거했으며 오늘날까지 학문적으로 아우구스티누스 본문을 다룰 때 토대가 된다): *Augustini opera omnia*, in: J.-P. Migne: *Patrologlae cursus completus*, *series latina*, Bde. 32–47 (PL), Paris 1841–1849 u.ö. 이 속에 무엇보다 다음의 개별저작들: PL 32 *Confesstones* (Conf), *Soliloquia* (Sol), *Retractationes* (Retr), PL 33 *Epistulae*, PL 34 *De doctrina christiana* (Dchr), PL 36, 37 *Enarrationes in psalmos* (En), PL 38, 39 *Sermones*, PL 41 *De civitate Dei* (DcD), PL 42 *De trinitate* (Tr). – *Augustini opera*, in: *Corpus Christianorum*, *series latina*, Turnhout 1954–1985.

2. 번역본

Confessiones/Bekenntnisse:
Hans Urs von Balthasar(영어 번역과 각주), Einsiedeln [2]1988
Wilhelm Thimme(번역과 서론), München [5]1988
Kurt Flasch(서론), Kurt Flasch u. Burkhard Mojsisch(번역과 각주와 편집), Stungart [4]1989
Lat.-dt., Joseph Bernhart(서론과 번역), Frankfurt am Main [4]1994.

De civitate Dei/Gottesstaat:

Hans Urs von Balthasar(체계적인 조망과 편집과 서론) ²1982
Wilhelm Thimme(번역), Carl Andresen(서론과 주석), München 1991

Soliloquia/Selbstgespräche:
Lat.-dt., Hanspeter Müller(번역과 각주), München 1986.

C. 2차 문헌

1. 전기적인 개설서

Peter Brown, *Augustin of Hippo*, London 1967 u. o. (기초를 놓음)
__, *Augustinus von Hippo*, München 2000
Ernst Dassmann, *Augustinus, Heiliger und Kirchenlehrer*, Stuttgart 1993
Kurt Flasch, *Augustin. Einführung in sein Denken*, Stuttgart 1980
Wilhelm Geerlings, *Augustinus*, Freiburg i. Br. 1999
Christoph Horn, *Augustinus*, München 1995
Fredenk van der Meer, *Augustinus der Seelsorger. Leben und Wirken eines Kirchenvaters*, (Köln 1951) München 1983 (다채롭고 원전으로 가득 찬 서술).

2. 개별적 문제들

교육과정: Henri-Irenénée Marrou, Augustinus und das Ende der antiken Bildung. Paderborn/München ²1995 (표준적 저서).

시대: Kurt Flasch, *Was ist Zeit? Augustinus von Hippo. Das IX. Buch der Confessiones. Historisch-philosophische Studie*, Frankfurt am Main 1993 (당대의 아우구스티누스 철학을 다루려면 피할 수 없는 책).

신플라톤주의:
Werner Beierwaltes, *Regio Beatitudinis. Zu Augustins Begriff des glücklichen Lebens*, Heidelberg 1981.
__, *Denken des Einen. Studien zur neuplatonischen Philosophie* und *ihrer Wirkungsgeschichte*, Frankfurt 1985.
Ubaldo Ramon Pérez Paoli, *Der plotinische Begriff von Hypostasis und*

die augustinische Bestimmung Gottes als Subiectum, Würzburg 1990.
Joachim Ritter, *Mundus intelligibilis. Eine Untersuchung zur Aufnahme und Umwandlung der neuplatonischen Ontologie bei Augustinus*, Frankfurt am Main 1937.

사회 이론과 정치학:

Sergio Cona, *La città politica di Sant' Agostino*, Mailand 1960.
Ulrich Duchrow, *Christenheit und Weltverantwonung*, Stuttgart 1970.
Wilhelm Kamlah, *Christentum und Geschichtlichkeit*, Stuttgart ²1951.
Joseph Ratzinger, *Volk und Haus Gottes in Augustins Lehre von der Kirche*, München 1954, 재판 St. Ottilien 1992.
Hermann Reuter, *Augustinische Studien*, Gotha 1887, 재판 Aalen 1967.
Heinrich Scholz, *Glaube und Unglaube in der Weltgeschichte*, Leipzig 1911, 재판 Leipzig 1967.

작용사:

Henri-Xavier Arquillière: *L'Augustinisme politique*, Paris ²1972.
Ernst Troeltsch, *Augustin, die christliche Antike und das Mittelalter*, München 1915, 재판 1963.

토마스 아퀴나스

A. 1차 문헌

현재 제일 손쉽게 구할 수 있는 것: *Opera omnia*, ed. Roberto Busa, Stuttgart 1980

군주 귀감서의 첫 비판적 편집(이전의 인쇄물 전체를 넘어섰다): *De regno ad regem Cypri*, ed. Hyacinthe F. Dondaine, Editio Leonina XLII, Roma 1979, S. 421-471

그 외에도 여러 가지로 사용된 것:

Opuscula omnia necnon opera minora, ed. Jean Perrier, Paris 1949

Opuscula philosophica, cd. Raimund M. Spiazzi, Torino 1954

De regimine principum, ed. J. Mathis, Torino 1948 (*Tolomea von Lucca*를 이어서)

번역본:

[독일어] *Über die Herrschaft der Fürsten*, Friedrich Schreyvogel [[1]1923], U. Matz(수정), Stuttgart 1971

[영어] *St. Thomas Aquinas*, *On Kingship To the King of Cyprus*, George Phelan(번역), Iohannes Thomas Eschmann(서론과 각주), Toronto 1949 [문제가 있기는 하지만 중요한 서론이 들어 있다].

아주 유용한 것: *Thomas von Aquin*, *Prologe zu den Aristoteleskommentaren*, Francis Cheneval u. Ruedi Imhach(편집과 번역과 서론), Hamburg 1993.

B. 2차 문헌

1. 일반적인 것

지속적인 참고문헌 목록: *Rassegna di letteratura Tomistica*, Neapel 1968ff.

철학사와 신학사와 정치 이론사를 위한 안내서가 우선 필요한 정보를 제공한다. 간략한 개요: Kurt Flasch, *Das philosophische Denken im*

Mittelalter, Stuttgart 1986

정치 이론에 관해서 좀 더 정확한 것:

Dieter Mertens, Geschichte der politischen Ideen im Mittelalter, in: H. Fenske, D. Mertens, W. Reinhard, K. Rosen, *Geschichte der politischen Ideen von Homer bis zur Gegenwart*, Frankfurt/Main [2]1987, 특별히 S. 212-215

Jürgen Miethke, Politische Theorien im Mittelalter, in: *Politische Theorien von der Antike bis zur Gegenwart*, hg. H.-J. Lieber, München 1991, [2]1993, 특별히 S. 83-88.

다음과 같은 특수 사전에 대해서는 특별히 언급을 할 필요가 있다.

Das Lexikon des Mittelalters, Bd. 1-10, München und Zürich 1980-1999 (다양한 정보들이 들어 있다)

2. 토마스에 관한 개설서

독일어로 된 현대의 개설서:

Otto Hermann Pesch, *Th. v. A., Grenze und Größe mittelalterlicher Theologie*, Mainz 1988, [3]1995

Marie-Dominique Chenu, *Introduction à l'éatude de Saint Thomas d'Aquin* (Paris [3]1974) [독일어: *Das Werk des hl. Th. v. A.*, Heidelberg-Graz [2]1982)]

신뢰할 만한 저작 연대와 참고 문헌 목록은 결국 Jean-Pierre Torrell, *Initiation à Saint Thomas d'Aquin*, Fribourg 1993 [독일어: *Magister Thomas, Leben und Werk*, Mainz 1995].

생애에 대한 묘사 중에서 중요한 것:

John A. Weisheipl, *Friar Th. d'A.*, Toronto 1974, [2]1983) [독일어: *Th. v. A., s. Leben u. s. Theologie*, Graz 1980]

Marie-Dominique Chenu, *Th. v. A. in Selbstzeugnissen und Bilddokumenten*, Reinbek 1960.

3. 엄선된 개별 연구

토마스 아퀴나스의 참고 문헌은 매우 많다. 그 때문에 여기서 (중요한 예외를 제외하고는) 단지 중요한 (주로 새로운) 작업들만 거명하겠지만 오래된 연구도 제시한다:

Alfred O'Rahilly, Notes on St. Thomas, IV: "De regimine principum", V: Tholomeo of Lucca, the Continuator of the "De regimine principum", in: *The Irish Ecclesiastical Record* 31 (1928) S.

396-410, 605-614 (저자에 대한 질문과 확대연구를 위해서)

Wilhelm Berges, *Die Fürstenspiege1 des hohen und späten Mitte1ahers*, Leipzig 1938 [u.ö.], 특별히 S. 195-211, 317-319 (해석)

Jean-Marie Aubert, *Le Droit Romain dans l' CEuvre de Saint Thomas*, Paris 1955 (중요한 자료)

Iohannes Thomas Eschmann, St. Thomas Aquinas on the Two Powers, in: *Mediaeval Studies* 20 (1958) S. 177-205

Thomas Gilby, *Principality and Polity*, *Aquinas and the Rise of State Theory in the West*, London 1958 (요약하는 단행본)

Leonbard E. Boyle, The "De regno" and the Two Powers, in: *Essays in Honour of Anton Charles Pegis*, ed. by J. R. O' Donnell, Toronto 1974, S. 237-247

Jeremy Cauo, Ideas and Experience in the Political Theory of Thomas Aquinas, in: *Past and Present* 71 (1976) S. 3-21

Léopold Genicot, Le "De regno": speculation ou réalisme? In: *Aquinas and Problems of his Time*, edd. G. Verbeke, D. Verhe1st, Louvain 1976

Paul Mikat, Gesetz und Staat nach Thomas von Aquin unter besonderer Berücksichtigung der Lehre vom Gesetz in der "Summa Theologiae" ([1]1979), jetzt in: Mikat, *Geschichte*, *Recht*, *Religion*, Paderborn 1984, Bd. 2, S. 489-516

Yves Marie Joseph Congar, *Thomas d'Aquin: sa vision de theologie et de l' Eglise*, Paris 1983 (논문집)

James M. Blythe, *Ideal Government and the Mixed Constitution in the Middle Ages*, Princeton, N.J. 1992, S. 39-59

Christoph. Schefold, Souveranität als Naturrechtsproblem, "Naturrechtliche" Lehren bei Aristoteles und Thomas von Aquin – und einige Konsequenzen für ein "rechtlich" orientiertes Souveranitätsdenken, in: *Das Naturrechtsdenken heute und morgen*, *Festschrift René Marcic*, hgg. D. Mayer-Maly, P. M. Simons, Berlin 1983, S. 137-194

David E. Luscombe, Thomas Aquinas and Conceptions of Hierarchy in the Thirteenth Century, in: *Thomas von Aquin*, *Werk und Wirkung im Licht neuer Forschung*, ed. A. Zimmermann, Berlin 1988, S. 261-277

Georg Wieland, Die Rezeption der aristotelischen Politik und die Entwicklung des Staatsgedankens im späten Mittelalter am Beispiel des Thomas von Aquin und des Marsilius von Padua, in: *Rechts- und Sozialphilosophie des Mittelalter*, hgg. E. Mock, G. Wieland, Frankfurt/Main 1990, S. 67-81

Christoph. Flüeler, *Rezeption und Interpretation der Aristotelischen Politica im späten Mittelalter*, Amsterdam 1992

Ludger Honnefelder, Naturrecht und Normwandel bei Thomas von Aquin und Johannes Duns Scotus, in: *Sozialer Wandel im Mittelalter, Wahrnehmungsformen, Erklärungsmuster und Regelungsmechanismen*, hgg. J. Miethke, K. Schreiner, Sigmaringen 1994, S. 195-213

Hans-Joachim Schmidt, König und Tyrann, Das Paradox der besten Regierung bei Thomas von Aquin, in: *Liber amicorum necnon et amicarum für Alfred Heit*, hg. F. Burgard (u.a.), Trier 1996, S. 339-357

John Finnis, *Aquinas, Moral, Political, and Legal Theory*, Oxford 1998

Jürgen Miethke, Der Tyrannenmord im späteren Mittelalter, hgg. G. Beestermöller, H.-G. Justenhoven, Stuttgart 1999, S. 24-48

Karl Ubi, *Engelbert von Admont, Ein Gelehrter im Spannungsfeld von Aristotelismus und christlicher Überlieferung*, Wien-München 2000.

4. 13세기의 실천철학

다음과 같은 것들을 참고:

Wolfgang Kluxen, *Philosophische Ethik bei Thomas von Aquin*, Hamburg 1964, ^{3}1998

Georg Wieland, *Ethica - scientia practica, Die Anfange der philosophischen Ethik im 13. Jh.*, Münster 1981.

5. 초기에 미친 여파

연대와 참고문헌 목록: Frederick J. Roensch, *Early Thomistic School, Dubuque*, Iowa 1964.

1277년의 유죄판결: Jürgen Miethke, Papst, Ortsbischof und Universität in den Pariser Theologenprozessen des 13.

Jahrhunderts, in: *Die Auseinandersetzungen an der Pariser Universität im XIII. Jahrhundert*, hg. A. Zimmermann, Berlin 1976, S. 52–94

Kurt Flasch, *Aufklärung im Mittelalter, Die Verurteilung von 1277*, Mainz 1989 (원문과 번역)

Anneliese Maier, *Der Widerruf der "Articuli Parisienses"* (1277) im Jahr 1325 ([1]1968), 현재 in: Maier, *Ausgehendes Mittelalter*, Bd. 3, Rom 1977, S. 601–608.

단테 알리기에리

A. 1차 문헌

Rime, *Vita Nova* (VN), (Fiore/Detta d' amore), *Convivio* (Cv), *De vulgari eloquentia* (DVE), *Monarchia* (Mon), *Epistulae*, *Eclogae*, *Qucstio de situ et forma ague et terre*, *Divina Commedia* (DC). - 단테의 주요 저작들은 수많은 독일어 번역본들이 있다. - 『신곡』은 다음의 두 언어 대역본으로부터 인용한다: Hermann Grodin, *Die Göttliche Komodie*, Übersetzung (3 Bde.) und Komentar (3 Bcle.), Stuttgart 1968/70[2]
그리고 『제왕론』은 다음의 대역본으로부터 인용한다: Rucdi Imbach/Christoph Flüeler, Stuttgart 1989.

B. 2차 문헌

단테에 관한 모든 문제들에 관한 정보: *Enciclopedia Dantesca*, hg. v. U. Bosco, Rom 1996[3], 6 Bde. (예컨대 표제어: Gentile, Giovanni).

단테 작품의 일반적인 개설서:

Ugo Dotti, *La Divina Comedia e la città dell' uomo. Introduzione alla lettura di Dante*, Rom 1996

Horst Heintze, *Dante Alighieri. Bürger und Dichter*, Berlin/ Weimar 1981[2]

R. Jacoff (Hg.), *The Cambridge Companion to Dante*, Cambridge 1993

Ulrich Prill, *Dante*, Stuttgart/Weimar 1999 (상세한 참고문헌 목록과 함께).

이해하기 위한 전제들:

Giuseppe Antonio Borgese, *Golia. Marcia del Fascismo*, 2. Aufl., Verona 1946 (영어의 원래 제목: *Goliath*, *the march of fascism*

[1937/8])

Maria Corti, *La felicità mentale. Nuove prospettive per Cavalcanti e Dante*, Turin 1983.

정치적 문제의식:

Charles T. Davis, *Dante and the idea of Rome*, Oxford 1957

__, Dante' s vision of history, in: *Dante Studies 93* (1975), 143-160

Joan M. Ferrante, *The political vision of the Divine Comedy*, Princeton 1984

Jacques Goudet, *Dante et la politique*, Paris 1969

Klaus Ley, ,Ultimo imperadore de Ie Romani' (Convivio IV,3). Friedrich II. als Exemplum Dantes, in: *Deutsches Dante-Jahrbuch* 68/69 (1993/94),153-181

Dirk Lüddecke, *Das politische Denken Dantes. Überlegungen zur Argumentation der Monarchia Dante Alighieris*, Neuried 1999

Francesco Mazzoni, Teoresi e prassi in Dante politico, in: *D. A., Monarchia, Epistole politiche* (ed. F.M.), Torino 1966

Karl Maurer, Dante als politischer Dichter, in: *Poetica 7* (1975), 158-188

Alessandro Passeriny D' Entràves, *Dante as a political thinker*, Oxford 1952/ 1965

Giorgio Petrocchi, La storia politica di Dante, in: *D.A., Monarchia*, hg. M. Pizzica, Milano 1988, 5-27

Maurizio Pizzica, La Monarchia di Dante nel confronto tra regime spirituale e regime temporale, in: ebda., 29-130

Quentin Skinner, Ambrogio Lorenzetti: The artist as political philosopher, in: Belting/D. Blume (ed.), *Malerei und Stadtkultur in der Dantezeit. Die Argumentation der Bilder*, München 1989, 85-103.

단테의 정치사상의 수용:

Francis Cheneval, *Die Rezeption der Monarchia Dantes bis zur Editio Princeps im Jahre 1559*, München 1995

Peter Kuon, ,*Io mio maestro e' l mio amore'. Die produktive Rezeption der Divina Commedia in der Erzählliteratur der Moderne*,

Frankfurt/M. 1993

Klaus Ley, Foscolos ‚Dante illustrato': Zu den Anfängen neuerer Dante-Deutung, in: *Deutsches Dante-Jahrbuch* 1980/81, 138-168.

파도바의 마르실리우스

A. 1차 문헌

1. 판본

The Defensor Pacis of Marsilius of Padua, hg. v. Charles William Previté-Orton, Cambridge 1928.

Defensor Pacis, hg. v. Richard Scholz, Hannover 1932-33 (= MGH Fontes Iuris Germanici).

Œuvres mineures. Defensor minor. De translatione imperii, hg. v. C. Jeudy/Jeanine Quillet, Paris 1979.

2. 번역본

Der Verteidiger des Friedens. Walter Kunzmann의 번역에 기초해서 Horst Kusch(가공하고 서문 달아서), Darmstadt 1958. (대역본이고 독일어 완역)

이의 발췌본: *Der Verteidiger des Friedens*. Auswahl von Heinz Rausch, Stuttgart 1971. 이 이외에도 많은 유럽어로 된 번역본들이 있다.

작은 저작들의 번역본: *Writings on the Empire. Defensor minor and De translatione Imperii*, hg. v. Cary J. Nederman, Cambridge 1993.

B. 2차 문헌

1. 참고문헌 목록

Jürgen Miethke, Literatur über Marsilius von Padua (1958-1992), in: *Bulletin Philosophie Medieval* 35 (1993), 150-165.

2. 서술과 연구

Alan Gewinh, *Marsilius of Padua and Medieval Political Philosophy*, New York 1951.

Johannes Heckel, Marsilius von Padua und Martin Luther. Ein Vergleich ihrer Rechts- und Soziallehre, in: *Zeitschrift für Rechtsgeschichte*, kan. Abt. 44 (1958), 268-336.

Georges de Lagarde, *La naissance de l' esprit laique au déclin du moyen age*, Bd. III. *Le "Defensor pacis"*, Louvain-Paris 1970.

Michael Löffelberger, *Marsilius von Padua. Das Verhältnis von Kirche und Staat im ‚Defensor Pacis'*, Berlin 1992.

J. Lutz, Zur Struktur der Staatslehre des Marsilius von Padua im ersten Teil des "Defensor Pacis", in: *Zeitschrift für historische Forschung* 22 (1995), 371-386.

Cary J. Nederman, *Community and Consent. The Secular Political Theory of Marsiglio of Padua's Defensor Pacis*, Lanham 1995 (『평화의 옹호자』의 이론을 합리적이고 의지와 연관된 정치의 측면으로 이해한다).

Friedrich Prinz, Marsilius von Padua, in: *Zeitschrift für bayerische Landesgeschichte* 39 (1976), 39-77 (상세한 전망을 주는 논문).

Jeanine Quillet, *La philosophie politique de Marsile de Padoue*, Paris 1970 (황제와 제국과의 관계를 강조).

Hermann Segall, *Der "Defensor Pacis" des Marsilius von Padua. Grundfragen der Interpretation*, Wiesbaden 1959 (연구들 사이의 논쟁을 제시하고 자신의 세대의 연구상태를 보여주며 아리스토텔레스주의자라기보다는 기독교인으로 마르실리우스를 본다).

Dolf Sternberger, Die Stadt und das Reich in der Verfassungslehre des Marsilius von Padua, in: ders., *Die Stadt als Urbild*, Frankfurt a.M. 1985, 76-142 (『평화의 옹호자』를 아리스토텔레스적으로 읽는다).

Tilman Struve, Die Rolle des Gesetzes im Defensor Pacis, in: *Medioevo* 6 (1980), 355-378 (5권과 6권에는 마르실리우스에 대한 무수한 다른 기고문들이 있다).

마르실리우스의 정치사상을 위한 아우구스티누스의 정치학의 의미를 보여주는 책: Tilman Struve, Die Bedeutung der aristotelischen Politik für die natürliche Begründung der staatlichen Gemeinschaft, in: J. Miethke (Hg.), *Das Publikum der politischen Theorie im Mittelalter*, München 1992, 153-171.

사상사적 배경과 당대의 저자들과의 비교:

Nicolai Rubinstein, Marsilius of Padua and Italian Political Thought of his Time, in: J. Hale (Hg.), *Europe in the late Middle Ages*, London 1965, 44-75.

Heiner Bielefeldt, Von der päpstlichen Universalherrschaft zur autonomen Bürgerrepublik. Aegidius Romanus, Johannes Quidort von Paris, Dante Alighieri und Marsilius von Padua im Vergleich, in: *Zeitschrift für Rechtsgeschichte*, kanonist. Abt. 73 (1987), 70-130.

Jürgen Miethke, Politische Theorien im Mittelalter, in: H.-J. Lieber (Hg.), *Politische Theorien von der Antike bis zur Gegenwart*, Bonn 1992, 47-156.

Wolfgang Stürner, *Peccatum und Potestas. Der Sündenfall und die Entstehung der herrscherlichen Gewalt im mittelalterlichen Staatsdenken,* Sigmaringen
1987, 202-207.

니콜로 마키아벨리

A. 1차 문헌

1. 판본들

Opere complete, Ed. S. Bertelli/F. Gaeta, 8 Bde., Mailand 1960-1965

Edizione dell' Opere omnia, Ed. S. Bertelli, 11 Bde., Mailand/Verona 1968-1982

Opere, Ed. M. Bonfantini, Mailand/Neapel [2]1963

Istorie Fiorentine. Kritische Ausgabe, Ed. P. Carli, 2 Bde., Florenz 1927

Il Principe. Introducione e note di F. Chabod, Ed. L. Firpo, Turin 1979

Discorsi sopra la prima deca di Tito Livio. Introduzione di C. Vivanti, Turin 1983.

2. 번역본들

Sämmtliche Werke, Übers. u. Hg. Johannes Ziegler/Franz Nikolaus Baur, 8 Bde., Karlsruhe 1833

Gesammelte Schriften, Hg. Hanns Floerke, 5 Bde., München 1925

Politische Schriften, Hg. Herfried Münkler, Frankfurt/M. 1990 u.ö (=PS).

Ziegler와 Baur가 작업한 판본은 오늘날까지 마키아벨리에 관한 유일한 독일어 전집이다; 그런데 그것은 오늘날의 유용성의 관점에서 보자면 그 편찬자들은 당대의 정체-정치적 용어들을 독일어화해 버렸고 그것은 도와준다기보다는 오히려 오류로 이끌게 되었으며 이를 통해서 약점이 생겼다. Floerke가 편집한 판본(전쟁술과 몇몇 작은 텍스트들을 중심으로 축약했다)과 정치적 저술들의 판본(『군주론』과 『논고(論考)들』의 발췌본과 피렌체의 역사로부터 온 몇 부분들과 진정서와 보고서들과 짧은 전기들과 선정된 편지들)—무엇보다도 연구용으로 사용될 것으로 생각되었다—은 Ziegler와 Baur의 번역을 가볍게 변형하여 사용하였다.

Der Fürst, Übers. u. Hg. Rudolf Zorn, Stuttgart [4]1972 u.ö.

Il Principe/Der Fürst. Ital.-dt. Übers. u. Hg. Philipp Rippel, Stuttgart 1986

Discorsi. Politische Betrachtungen über die alte und die italienische Geschichte, Übers. u. Hg. Friedrich von Oppeln-Bronikowski, Berlin 1922

Discorsi. Gedanken über Politik und Staatsführung. Deutsche Gesamtausgabe Übers. u. Hg. Rudolf Zorn, Stuttgart 1966 u.ö.

Geschichte von Florenz, dt. von Alfred von Reumont, Nachw. von Kurt Kluxen, Zürich 1976

Das Leben Castruccio Castracanis aus Lucca, Übers. u. Hg. Dirk Hoeges, München 1998

Mandragola, Clizia, Andria. Komödien, Nachwort von Peter Ame1ung, München 1967.

B. 2차 문헌

1. 전기들

Adolph Gerber: *Niccolò Machiavelli. Die Handschriften. Ausgaben und Übersetzungen seiner Werke im 16. und 17. Jahrhundert*. 3 Teile, Gotha 1912/13

Sergio Berteli/Piero Innocenti: *Bibliografia machiavelliana*, Verona 1979 (= *Opere*, Bd. 10: *Zusammenstellung der Werkausgaben und Übersetzungen vom 16. bis 19. Jhdt.*).

August Buck: *Machiavelli*, Darmstadt 1985는 편집문헌학적인 연구상태에 대한 탁월한 조망 그리고 또한 내용과 관련된 연구에 대한 요약적인 보고를 제공한다.

2. 서술과 연구

거의 모든 정치적 전통과 마찬가지로 모든 시대가 자기 나름의 마키아벨리 상을 제시했기 때문에 진전하는 연구사와 —여기에 기반을 둔— 마키아벨리 연구의 요약된 상태에 대해서는 단지 단초적으로만 말할 수 있을 뿐이다.

생애에 관해서 탁월한 저술:

Roberto Rudolfi: *Vita di Niccoloò Machiavelli*, Rom ²1954

Giuseppe Prezzolini: *Das Leben Niccoloò Machiavellis*, Berlin 1989 (1927년의 원본을 최초로 독일어로 한 번역본은 Ernst Niekisch의 국가 볼셰비즘의 측근에서 1929년에 나타났다).

Valeriu Marcu: *Machiavelli. Die Schule der Macht. 1m Anhang Reflexionen des Autors zu Lenin und Hitler*, München 1994.는 20년대와 30년대의 유럽에서 독재자들이 나타나는 것과 관련해서 마키아벨리의 전기도 작성되었다.

Alfred A. Strnad: *Niccolò Machiavelli. Politik als Leidenschaft*, Göttingen/Zürich 1984는 앞의 저작과는 반대로 전후 시기에 역사적으로 거리를 두고서 저작되었다.

Karl Mittermaier: *Moral und Politik zu Beginn der Neuzeit*, Gernsbach 1990

Christiane Gil: *Machiavelli. Eine Biographie*. Aus dem Franz. von U. Schäfer und E. Heinemann, Solothurn/Düsseldorf 1994.

20세기의 정치적인 요구와 관련해서 마키아벨리의 사용 가능성을 중심으로 한 정치적 논쟁들을 발견할 수 있는 저작들:

Hans Freyer: *Machiavelli*, Leipzig 1938 (Weinheim 1986)

René König: *Niccolò Machiavelli. Zur Krisenanalyse einer Zeitenwende*, Erlenbach/Zürich 1941 (München 1979).

Freyer가 마키아벨리의 사상을 정치 발전과 정치적 결정의 효율성의 관점에서 생산적으로 만들려고 노력했던 반면에, König는 마키아벨리를 정치적 낭만주의자와 유토피아주의자라고 해서 거부한다. 마키아벨리를 규범적 정치 이론의 파괴자와 정치 개념을 좁게 만든 사람으로서 해석:

Leo Strauss: *Thoughts on Machiavelli,* Glencoe/Ill. 1958

Dolf Sternberger: *Machiavellis ‚Principe' und der Begrff des Politischen*, Wiesbaden 1974.

Gennaro Sasso: *Niccolò Machiavelli. Geschichte seines politischen Denkens* (ital. Orig. 1958), Stuttgart 1965. (2차 세계대전 이후 마키아벨리의 정신사적 행위를 다시 받아들인 것이다)

정치 이론을 언어 화용론적 정책의 관점에서 연구하는 소위 케임브리지 학파의 대표자로서 꼽을 수 있는 것:

Quetin Skinner: *The Foundations of Modern Political Theory*, Cambridge 1978, Bd. 1, S. 69ff.

Skinner: *Machavelli*, Oxford 1981 (dt. Übers. Hamburg 1988).

이러한 이론적이고 방법적인 전통에 서 있는 전집: *Machiavell and*

Republicanism, ed. by Gisela Bock, Quentin Skinner and Mauricio Viroli, Cambridge 1990.

이와는 달리 정신사적 전통 이외에 정치-문화적이고 사회-경제적 연관성도 역시 마키아벨리 이론의 이해를 위해서 생산적으로 만들려는 노력: Herfried Münkler: *Machiavelli. Die Begründung des politischen Denkens der Neuzeit aus der Krise der Republik Florenz*, Frankfurt/M. 1982 u. ö.

Gennaro Sasso: *Machivelli e gli Antichi e altri saggi*, 3 Bde., Mailand/Neapel 1986. (마키아벨리의 원전과 그를 수용하는 저자들에 대한 최상의 분석)

Friedrich Meinecke: *Die Idee der Staatsrason in der neueren Geschichte*, München [4]1986 (마키아벨리를 국가이성 전통의 시초로 취급)

강하게 근세 초기에 집중: Herfried Münkler: *1m Namen des Staates. Die Begründung der Staatsraison*, Frankfurt/M. 1987

Michael Stolleis: *Staat und Staatsräson*, Frankfurt/M. 1990.

Erwin Faul: Der moderne Machiavellismus, Köln/Berlin 1961 (마키아벨리의 권력기술적 수용을 광범위하게 분석)

John G. A. Pocock: *The Machiavellian Moment. Florentine Political Thought and the Atlantic Republican Tradition*, Princeton 1975. (앞의 저서와는 반대로 마키아벨리의 공화국적인 수용에 집중)

토머스 모어

A. 1차 문헌

1. 판본들

The works of Sir Thomas More, Knyght, sometime Lorde Chauncellor of England, wrytten by him in the English tonge. Introd. by K.J. Wilson, Vol. I and II, London 1557.

Thomae Mori … Omnia quae hucusque ad manus nostras pervenerunt, *Latina Opera*, Louvain 1565.

Thomas More, *Opera omniae Latina*, Francoforti et Lipsiae 1689. (수정하지 않은 재판 Frankfurt am Main 1963).

Thomas More, *The English Works*. Eds. W.E. Campbell, A.W. Reed, R.W. Chambers and W.A.G. Doyle-Davidson, London 1931 (완전하지는 않음).

Thomas More, *The complete works of St. Thomas More*. Ed. by Frank Sullivan, Vol. I-V., Los Angeles 1958.

The Yale Edition of the Complete Works of St. Thomas More, (이제까지 출간된 것) Bd. 2-15, New Haven and London 1963f. (예일 편집은 모어 저작들의 기본적인 판본; 이 판본은 또한 유토피아의 최상의 라틴어-영어 편집을 포함하고 있다 in: Vol. 4. Edited by Edward Surtz, S.J. and J.H. Hexter, New Haven and London 1965.

2. 번역본들

Thomas Morus, *Werke*. Hrsg. v. Hubertus Schulte Herbrüggen, (이제까지 출간된 것) Bd. 1-7, München 1983 f. (이 전집은 모어 전 저작의 유일한 독일어 편집이다; 당연히 이 전집은 아직 끝이 나지 않았다. 그래서 『유토피아』 같은 아주 중요한 저작이 빠져 있다.

『유토피아』의 독일어 번역본들 가운데 두 개의 편집이 뛰어나다:

Thomas More, *Utopia*. Übersetzung von Gerhard Ritter. Mit einer Einleitung von Hermann Oncken, Berlin 1922, Nachdruck Darmstadt

1964 und 1979

Thomas Morus, *Utopia*, in: *Der utopische Staat* Übersetzt und mit einem Essay "Zum Verständnis der Werke", Bibliographie und Kommentar herausgegeben von Klaus J. Heinisch, Reinbek bei Hamburg 1996 (텍스트 인용 = 이 판본의 쪽 수).

B. 2차 문헌

1. 참고문헌 목록

R. W. Gibson and J.M Patrick, *A Preliminary Bibliography to the Works of Thomas More and of Moreana to 1750*, New Haven 1961

Judith Patterson Jones, Recent Studies in More, in; *Recent Studies in the English Renaissance*, Bd. 9 (1979), S. 442-558

Frank Sullivan and Majie Padberg, *Sir Thomas More. A First Bibliographical Notebook*, Los Angeles 1953

__, *Moreana 1478-1945*, Kansas City 1946

__, *Materials for the Study of St. Thomas More*, 4 vols., 1964-68

Supplement and Chronology ot 1800 by Majie Padberg Sullivan, Los Angeles 1977

C. Smith, *An Updating of R. W. Gibson's "St. Thoma More: A Preliminary Bibliography". Sixteenth Century Bibliography*, Vol. 20, St. Louis 1981.

Hans Peter Heinrich, Bibliographie, in: ders., *Thomas Morus mit Selbstzeugnissen und Bilddokumenten*, Reinbek bei Hamburg 1991, S. 145-158. (최근의 중대한 모어 참고문헌에 관한 좋은 조망을 제공한다)

모어 연구의 상태에 대해서 정보를 제공하는 정기간행물:

Thomas Morus Gesellschaft: *Jahrbuch 1981* ff. Hrsg. V. Peter Berglar, Hermann Boventer und Hubertus Schulte Herbrüggen, Düsseldorf 1982

Moreana: *Bulletin Thomas More*, *Angers*, *Association Amici Thomase Mori*, 1963/64ff.

2. 서술과 연구

모어의 저작을 정치적 유토피아의 역사 속에 분류하기 위해서 유용한 것:

Richard Saage, *Politische Utopien der Neuzeit*, Darmstadt 1991
—, *Vermessungen des Nirgendwo. Begriffe, Wirkungsgeschichte und Lernprozesse der neuzeitlichen Utopien*, Darmstadt 1995.

그의 전 저작과 씨름해 온 문헌들이 어마어마하게 많기 때문에, 토마스 모어의 생애와 작품에 처음으로 접근하기 위해서는 적절한 참고문헌을 읽는 것을 추천해야만 한다. 정보가 많고 사진 기록도 제공하는 책이 입문으로서 추천할 만하다: Hans Peter Heinrich, *Thomas Morus*, Reinbek bei Hamburg 1997.

더 깊이 들어가기 위해서는 무엇보다도 다음 세 권의 전기를 들어 볼 수 있다:

R. W. Chambers, *Thomas More*. Deutsch von Wolfgang Rüttenauer, Regensburg 1946
E. E. Reynolds, *The Field is Won. The Life and Death of St. More*, London 1968
Richard Marius, *Thomas Morus. Eine Biographie*. Aus dem Amerikanischen von Ute Mäurer, Zürich 1987.

이 중에서 특히 Marius의 모어 전기는 전거가 확실하고 비판적인 모어 상을 위해서 오래된 서술에서 보이는 성인전과 같은 경향을 극복하는 데에 가장 설득력 있게 성공했다.

모어의 『유토피아』에 대한 문헌은 그 사이에 여기서 상세하게 주석을 달 수 없을 정도의 양으로 늘어났다. 그러나 최소한 수용사와 연구사의 몇몇 단면들은 윤곽이라도 그려야 할 것이다. 복합적이고 그 외에도 아이러니라는 문체를 통해서 추가적으로 절단된 본문은 아주 다양한 해석을 제공했다. 마치 주석을 단 전기인 Thomas Nipperdey, *Reformation, Revolution, Utopie*, Göttingen 1975, S.142-146나 정보가 풍부한 조망을 묘사하는 Jenny Kreyssig, *Die Utopia des Thomas Morus. Studien zur Rezeptionsgeschichte und zum Bedeutungskontext*, Frankfurt am Main u.a. 1988가 보여 주듯이. 그래서 Karl Kautsky, *Thomas More und seine Utopie. Mit einer historischen Einleitung*, Stuttgart 1890는 유토피아 주의자들에 의해서 실천된 공산주의에 의해서 시작된 "유토피아"를 현대 사회주의의 중요한 선구자로 강조했다. Ernst Bloch, *Freiheit und Ordnung: Abriß der Sozial Utopien*, New York 1946, S. 62-70은 이와 유사하게 논증한다.

Hermann Oncken, Die Utopia des Thomas Morus und das Machtproblem in der Staatslehre (*Sbr. d. Heidelberger Adad. d. Wiss. Phil. Hisr. Klasse*, XIII), S. 3f 같은 역사가는 모어의 책에서 영국의 제국주의에 대한 금지를 보았다. Gerhard Ritter, *Die Dämonie der Macht: Betrachtungen über Geschichte und Wesen des Machtproblems im politischen Denken der Neuzeit*, 5. Auflage, Stuttgart 1947는 모어를 "영국의 섬적인 복지국가"의 선구적 사상가로 단순화하여 묘사함으로써 이러한 단초를 더욱 발전시켰다. 모어 자신은 제대로 통찰하지 못했지만 정의의 가면 뒤에 "권력의 악마"와 같은 힘이 숨어 있다고 말하는 것이다.

Alfred Doren, *Wunschräume und Wunschzeiten* (Vorträge der Bibliothek Warburg 1924/25)와 Friedrich Brie, Thomas Morus der Heitere, in: *Englische Studien*, Bd. 71 (1936/37), S. 46, 48-50과 Clive Staples Lewis, English Literature in Sixteenth Century Excluding Drama, Oxford repr. 1959, S. 168 등과 같은 문헌학자들은 이상적인 공동체 "유토피아"는 진지하게 주장하는 것이 아니라는 주장을 발전시켰다. 그보다는 오히려 단지 아이러니한 지적인 놀이를 묘사했을 뿐이라는 것이다.

그리고 Edward Surtz, S. J., *The Praise of Pleasure. Philosophy, Education and Communism in More's Utopia*, Cambridge 1957과 같은 기독교적인 저자는 결국 『유토피아』 속에서 위대한 프로테스탄트 종교개혁의 전야에 폭넓은 카톨릭 개혁에 대한 인문주의적 선언을 발견할 수 있다고 믿는다. 이렇게 현실적인 것으로 만들고 특정한 입각점에 선 해석은 『유토피아』를 모어의 전기와 1516년 이후의 후대의 발전이라는 역사적인 문맥 속에 굳건히 연결시키는, 정반대되는 연구 경향을 불러일으켰다. 독일어권에서의 이러한 예들은 Ferdinand Seibt, *Modelle totaler Sozialplanung*, Düsseldorf 1972, S. 5 f.나 Gerhard Oexle, Wunschräume und Wunschzeiten in Mittelalter, Früher Neuzeit und Moderne, in: Jörg Calließ (Hrsg.), *Die Wahrheit des Nirgendwo. Zur Geschichte und Zukunft des utopischen Denkens*, Rehberg-Loccum 1994, S. 33-84 등이다. 그러나 이러한 "학파"도 역시 무비판적이었던 것은 아니다.

Thomas Nipperdey, Die Utopia des Thomas Morus und der Beginn der Neuzeit, in: *ders.*, *Reformation*, *Revolution*, *Utopie*, Göttingen 1975, S. 119-146과 Norbert Elias, Thomas Morus' Staatskritik, in: *Utopieforschung*. Hrsg. V. Wilhelm Voßkamp, Bd. 3, Frankfurt am Main 1982, S. 183-196과 Krishan Kumar, *Utopia and Anti-Utiopia in*

Modern Times, Oxford and New York 1987, S. 1-32과 같은 연구자들과 그 시도는 고대적이고 기독교적인 원천을 인정하면서도 『유토피아』의 특별히 현대적인 특성을 암시했다.

마르틴 루터

A. 1차 문헌

D. Martin Luthers Werke, Weimar: Bohlau 1883ff. = *Weimarer Ausgabe* (인용시에 WA 권, 쪽, 줄로 한다), 표준적이고 비판적인 전집인데 여기에는 I. *Schriften* (WA 1 등등.; 이제까지 60권, 당시에 옛날 책들을 수정해서 광범위하게 끝을 맺었다), II. *Tischreden* (WA TR; 6권으로 마침), III. *Briefwechsel* (WA Br; 16권으로 마침), IV. *Deutsche Bibel* (WA DB; 이제까지 12 권이지만 한 권 더 나올 것임)

Martin Luther, *Ausgewählte Werke*, Hg. H. H. Borcherdt/Georg Merz, 6 Bde. u. 7 Erg.-Bde., München [3]1948 H., Nachdruck 1962 H. = *Münchner Ausgabe*, MA (라틴어 본문을 독일어로 번역, 그 당시의 새로운 고급 독일어로 된 본문을 현대어에 맞추었다; 5권은 국가이론과 사회윤리를 위한 것이며 선정되고 조심스레 주석을 단 루터 저작들을 담고 있다. 당시의 언어를 공부하지 않은 독자를 위해서는 이 선집이 루터의 작품에 도달할 수 있는 최선의 길을 제공한다)

Luther deutsch, die Werke M. Luthers in neuer Auswahl, Hg. Kurt Aland, 11 Bde., Stuttgart 1991, Kart. Ausgabe 1982.

B. 루터 연구를 위한 보조자료

Kurt Aland, *Hilfsbuch zum Lutherstudium*, Bielefeld [4]1996.

Luther-Jahrbuch, Berlin 1922-1941; 1957 ff.은 매년 지속되는 루터-문헌 목록을 담고 있다. 우선적인 정보를 위해서는 또한 *Evangelisches Kirchenlexikon* (EKL, [2]1961 ff., [3]1986ff., 새로운 집필), *Religion in Geschichte und Gegenwart* (RGG, [3]1957-62), *Evangelisches Staatslexikon* (EvStL, Stuttgart [3]1987)과 같은 참고서적 속에 들어 있는 루터와 종교 개혁 항목도 동원된다.

Otto Herman Pesch, *Hinführung zu Luther*, Mainz 1982와 Bernhard Lohse, *Martin Luther. Leben und Werk*, München [2]1982.(새로운 루터 문헌을 제시하고 주석을 달았다) 이 두 책은 동시에 루터 연구를 위한 탁월한 안내서이기도 하다.

C. 서술과 연구

a) 손쉽게 접근할 수 있는 종교개혁기에 대한 묘사:

Joseph Lortz; Die Reformation in Deutschland Nachdruck Freiburg 1982

Erwin Iserloh, Geschichte und Theologie der Reformation im Grundriß, Paderborn 1980

Heinrich Lutz, *Reformation und Gegenreformation*, München [2]1982

Rainer Wohlfeil, *Einführung in die Geschichte der deutschen Reformation*, München 1982 (이 마지막 두 권은 사회적이고 정치적인 분야도 역시 다룬다)

Robert Stupperich, *Die Reformation in Deutschland*, Gütersloh (Siebenstern-TB) [2]1980는 참고문헌 목록에서 아주 중요한 전체 묘사를 하고 있다.

b) 가장 중요한 새로운 참고문헌 목록

Roland H. Bainton, *Martin Luther*, Göttingen [7]1980, TB로는 München 1983 (engl. Originalausgabe; *Here I stand. A life of Martin Luther*, New York 1950) (아직도 역시 표준적 저작)

Richard Friedenthal, *Luther. Sein Leben und seine Zeit*, München [7]1996 (이 작품은 참고문헌 목록과 신학을 제공한다. 그러나 원래 신학적 관심에서 쓰여진 것은 아니다. 이 책이 루터를 당대의 사회적이고 문화적이고 정치적인 상황 속에 두고 본다고 하는 장점은 가지나, 학문적 고증자료는 아니다)

Martin Brecht, *Martin Luther. Sein Weg zur Reformation*, Stuttgart [2]1983 (학문적으로 표준적인 작품이면서 긴장감 넘치게 읽을 수 있다)

Dietrich Korsch, *Martin Luther zur Einführung*, Hamburg 1997

Reinhard Schwarz, *Luther*, UTB Göttingen 1998

Heiko A. Oberman, *Luther. Mensch zwischen Gott und Teufel*, Berlin 1982 (해석의 강조점을 루터가 종말론에 사로잡혀 있는 점에 두고 있다), TB로는 München 1991.

c) 루터 신학의 전체 서술

Paul Althaus, *Die Theologie Martin Luthers*, Gütersloh [2]1963 (고전적이며 개신교적인 루터 해석, 자료가 풍부하고, 연구상황의 문제도

역시 다루고 있다)
Gerhard Ebeling, *Luther. Einführung in sein Denken*, Tübingen (UTB) [4]1981 (루터의 상 속에 카톨릭의 전통도 역시 집어넣고 있다)
Bernhard Lohse, *Luthers Theologie in ihrer Entwicklung*, Göttingen 1995.

d) 루터의 영향
Heinrich Bornkamm, *Luther im Spiegel der deutschen Geistesgeschichte*. Heidelberg 1955, Göttingen 21970.

e) 두 왕국 이론과 정치의 질서
EKL, RGG, EvStL 안에 있는 Zwei-Reiche-Lehre과 Rechtstheologie의 항목은 아직도 밝혀주는 바가 많다, 두 왕국이론에 대한 서로 다른 의견들을 잘 해명하고 있다
Franz Lau, *Zwei-Reiche-Lehre*, RGG VI, 1945ff.
Paul Althaus, *Zwei-Reiche-Lehre*, EKL III, 1928-1937
Johannes Heckel, *Zwei-Reiche-Lehre*, EKL III, 1937ff.
(무엇보다도 P. Althaus와 J. Heckel은 때때로 서로 정말 다른 입장을 취한다)
Martin Honecker, *Zwei-Reiche-Lehre*, EvStL, 4112-4124
Martin Heckel, *Rechtstheologie L.s*, EvStL, 2840-2849은 본질적으로 J. Heckel에게 연결되어 있다.
W. Lienemann, *Zwei-Reiche-Lehre*, EKL (Neufassung), IV, 1408-1419은 두 왕국 이론의 종파를 넘어서는 전통사와 기능의 변화와 영향사를 다룬다.

문제에 관해서 깊이 다룬 것:
Hans Roben Gerstenkorn, *Weltlich Regiment zwischen Gottesreich und Teufelsmacht. Die staatstheoretischen Auffassungen Martin Luthers und ihre politische Bedeutung*. Bonn 1956 (자료를 아주 풍부하게 담고 있는데, 너무 변호하는 식으로 묘사하고 있다)
Johannes Heckel, *Lex Charitatis. Eine juristische Untersuchung über das Recht in der Theologie Marlin Luthers*, München 1953, Köln [2]1973 (폭 넓고 기초를 놓는 작업이 아주 넓은 원천 자료에 기초해 있으며 현존하는 문헌 전체를 다루었다)

__, *Im Irrgarten der Zwei-Reiche-Lehre*, München 1957 (많은 부분에 있어서 루터 연구의 결과를 수정한다)

Gunnar Hillerdal, *Gehorsam gegen Gott und Menschen. Luthers Lehre von der Obrigkeit und die moderne evangelische Sozialethik*. Göttingen 1955 (기독교 정권적인 생각을 거부하고 왕국 이론에 대해서 통치 이론이 지닌 사회적인 의미를 강조하며 Heckel에 대해서 일정 정도 대립한다)

Carl Hinrichs, *Luther und Müntzer. Ihre Auseinandersetzung über Obrigkeit und Widerstandsrecht*, Berlin [2]1962, Nachdruck 1971

Walter Künneth, *Politik zwischen Dämon und Gott*, Hannover 1961 (엄격하게 루터파적인 서술)

Gustav Tornvall, *Geistliches und weltliches Regiment bei Luther. Studien zu Luthers Weltbild und Gesellschaftsverständnis*, München 1947 (통치 이론의 중요한 대변자).

프란체스코 데 비토리아

A. 1차 문헌

Francisco de Vitoria, *Comentarios a la Secunda Secundae de Santo Tomás*. Ed. V. Beltrán de Heredia, Bd. 1-6, Salamanca, 1932-1952. (학생들이 받아 쓴 살라망카 대학에서의 강의가 들어 있다).

Relecciones teológicas del Maestro Fray Francisco de Vitoria. Lat.-span. Ed. L.G.A. Getino (3 Bde), Madrid-Valencia 1933-1935.

F. de V.: *Obras. Relecciones teológicas*. Lat.-span. Ed. T. Urdanoz, Madrid 1960.

F. de V.: *Vorlesungen I und II* (*Relectiones*). *Völkerrecht Politik Kirche*, hrg. v. U. Horst, H.-G. Justenhoven, J. Stüben (Theologie und Frieden 7 u. 8), Stuttgart 1995 u. 1997. (모든 『강의들』이 라틴어와 독일어 대역으로 들어있다: 약어로 Vorl. I u. II)

F. de V.: *De Indis recenter inventis et de jure belli Hispanorum in barbaros*. Lat.-deutsch. Ed. u. Übers. W. Schatzel (*Klassiker des Volkerrechts* II), Tübingen 1952

F. de V.: *Relectio de Indis o Libertad de los Indios*. Lat.-span. Ed. u. Übers. L. Perena u. J. M, Perez Prendes (*Corpus Hispanorum de Pace* V), Madrid 1967.

F. de V.: *Relectio de iure belli o Paz dinámica*. Lat.-span. Ed. L. Perena u. a. (*Corpus Hispanorum de Pace* VI), Madrid 1981.

F. de V.: *Über die staadiche Gewalt. De Potestate Civili*. Lat.-deutsch. Eingel. u. übers. von R. Schnepf, Berlin 1992.

F. de V.: *Leçons sur les Indiens et sur Ie droit de guerre*. Introduction, traduction et notes par M. Barbier (*Les classiques de la pensée politique* 3), Genf 1966.

F. de V.: *Leçons sur le pouvoir politique*. Introduction, traduction et notes par M. Barbier (*Bibliothèque des textes philosophiques*), Paris 1980.

F. de V.: Political Writings. Ed. u. Übers. A. Pagden –J. Lawrence, Cambridge 1991.

이 후의 역사를 위해서 중요한 것: Juan de la Peña, *De bello contra insulanos. Intervencoón de España en América*, ed. L. Pereña u. a., 2 Bde. (*Corpus Hispanorum de Pace* IX u. X), Madrid 1982.

B. 2차 문헌

1. 참고문헌 목록

J. Stüben, *Francisco de Vitoria*, *Vorles*. II 816–819.

R. Hernández, *Francisco de Vitoria. Vida y pensamiento internacionalista*, Madrid 1995, XV–XXIV.

A. Bandolfi – D. Deckers, Auswahlliteratur zu den Debatten um die Eroberung Amerikas, in: *Freiburger Zeitschrift f. Philosophie u. Theologie* 39 (1992) 472–500 (über Vitoria 474–479).

2. 전기

그 이외에 다른 곳에서 접근하기 어려웠을 자료들 때문에 아직도 역시 유용한 것:

L.G.A Getino, *El Maestro Fe. Francisco de Vitoria. Su vida, su doctrina e influencia*, Madrid [2]1930. 비토리아의 생전에는 그의 어떠한 저작도 출판되지 않았기 때문에 우리는 그의 학생들의 강의록에 의존한다. 우리에게 전해 내려 온, 살라망카 대학에서 한 강의는 그 이외에도 현재에도 의미있는 신학적이고 정치적인 문제들에 대한 그 교사의 많은 흥미로운 견해들을 담고 있다. V. Beltrán de Heredia, *Los manuscritos del Maestro Fray Francisco de Vitoria*, Madrid–Valencia 1928라고 하는 비토리아 연구의 늙은 거장의 작업 속에서 그 견해들을 접할 수 있다.

폭 넓은 청중을 위해서 저작한 전기:

R. Hernändez, *Un español en la ONU. Francisco de Vitoria*, Madrid 1977.

—, *Francisco de Vitoria. Vida y pensamiento internacionalista*, Madrid 1995. 작업이 학문성에 있어서는 충분하지만 국제적인 연구는 너무 조금 다룬다. 제일 손쉽게 접할 수 있는 것: U. Horst, *Francisco de Vitoria*, *Varies. I* 14–99 (전기와 작품과 참고 문헌에 대한 개설서).

비토리아가 파리에서 공부하던 시기를 위해서 반드시 필요한 것: R. G. Villoslada, *La Universidad de Paris durante los estudios de Francisco de Vitoria O. P.* (1507-1522), Rom 1938.

비토리아와, 새로 발견된 나라들의 문제들에 대해서 처음으로 관심을 기울였던, 요한네스에 관해서:

P. Leturia, Maior y Vitoria ante la conquista de América, in: *Estudios Eclesiásticos* 11 (1932) 44-82.

M. Beuchot, El primer planteamiento teológico-jurídico sobre la conquista de America, in: *Ciencia Tomista* 103 (1976) 213-230.

3. 연구

스페인의 정신적인 환경을 위해서는 M. Bataillon, *Erasme et l'Espagne* (Nouvelle Edition, 3 Bde), Genf 1991의 고전적인 연구를 볼 것.

정치적 상황을 위해서:

P. Chaunu, *L'Espagne de Charles Quint*, 2 Bde, Paris 1973.

J. Lynch, *Spain and the Habsburgs*, Bd. 1, Oxford [2]1981.

비토리아가 황제를 대하는 태도를 결정하기도 한 칼 5세에 대항해 카스틸랴인들이 반란한 것에 대해서:

J. Pérez, *La révolution des "Comunidades" de Castille (1520-1521)*, Bordeaux 1970.

J. A. Maravall, *Las Comunidades de Castilla*, Madrid 1984.

__, *Carlos V y el pensamicnto político del renascimiento*, Madrid 1960.

신대륙의 정복에 대한 정치적이고 경제적이고 사회적인 문제들에 대한 입문: L. N. McAlister, *Spain and Portugal in the New World 1492-1700*, Minneapolis 1984.

정의를 둘러싸고 선교사들이 씨름한 것을 모범적으로 서술한 것:

L Hanke, *The Spanish Struggle for Justice in the Conquest of America*, Philadelphia 1949.

__, Pope Paul III and the American Indians, in: *Harvard Theological Review 30* (1937) 65-102.

아주 추천할만 한 것: J. Höffner, *Kolonialismus und Evangelium. Spanische Kolonialethik im Goldenen Zeitalter*, Trier [3]1972.

M. Barbier, *Leçns sur les Indiens*판본의 각주와 주석은 중요하다.

법률과 신학자들과 스페인 왕권과의 토론에 대한 상세한 묘사: V. D. Carro, *La teología y los teólogos-juristas españoles ante la Conquista de América*, Salamanca [2]1951.

동일한 문제에 관해서 자세한 조망을 제공한다: L. Pereña, *Carta magna de los indios*, Madrid 1987.

비토리아의 주요한 논적인 Domingo de Soto를 다룬다: J Brufau Prats, *La Escuela de Salamanca ante el descubrimiento del Nuevo Mundo*, Salamanca 1989.

주요한 개별적인 문제들을 다룬다:

J. B. Scott, *The Spanish Origin of International Law. Francisco de Vitoria and His Law of Nations*, Oxford 1934.

J. Soder, *Die Idee der Völkergemeinschaft. Francisco de Vitoria und die philosophischen Grundlagen des Völkerrechts*, Frankfurt-Berlin 1955.

H.-G. Justenhoven, *Francisco de Vitoria zu Krieg und Frieden* (*Theologie u. Frieden* 5), Köln 1991.

D. Deckers, *Gerechtigkeit und Recht. Eine historisch-kritische Untersuchung zur Gerechtigkeitslehre des Francisco de Vitoria* (*1483-1546*), Freiburg/Schw. 1991.

교회 개혁자로서의 비토리아: U. Horst, Ekklesiologie und Reform. Voraussetzungen und Bedingungen der kirchlichen Erneuerung nach Franz von Vitoria, in: *Revista de História das Ideias* (*Coimbra*) 9 (1987) 117-160.

비토리아의 영향사:

R. Hernández, Francisco de Vitoria 213-267.

C. Schmitt, Francisco de Vitoria und die Geschichte seines Ruhmes, in: *Die Neue Ordnung* 3 (1949) 289-313.

A. Truyol Serra, F. Vitoria y H. Gracio: Cofundadores del derecho internacional, in: *Ciencia Tomista* 111 (1984) 17-27.

장 보댕

A. 1차 문헌

역사 비평적인 판본은 없다. 계획되었던 전집 중에서 단지 초기 저작들인 *Oratio de Instituenda in Republica Iuventute*와 *Juris universi Distributio*와 *Methodus ad facilem Historiarum Cognitionem* (latein./französ.)가 든 1권만이 출간되었다:

Oeuvres Philosophiques de Jean Bodin, ed. Pierre Mesnard, Bd. 1, Paris 1951.

국가에 관한 주저는 마지막 판의 영인본으로 제일 잘 볼 수 있다(Paris 1583): *Les six Livres de la Republique*, Aalen [2]1977.

당연히 1606년에 Knolles의 영어 번역인, 주저의 유일하게 비판적인 판본은 원전에 대한 대단한 고증적 자료가 붙어 있고 상세한 서문이 있는 탁월한 편집: Kenneth D. McRae: *The Six Bookes of a Commonweale*, *Cambridge*: Harvard U. P. 1962.

현대 이탈리아 번역본은 보댕의 난외 주를 해독했기 때문에 고려해야만 한다 (원전과 참고문헌에 대한 참조): *Margherita Isnardi Parente*: *I sei libri dello stato di Jean Bodin*, Turin 1964.

1580년 판의 재판이 이제: *De la Demonomanie des sorciers*, Hildesheim: Olms 1988 그리고 1857년도 판: Colloquium Heptaplomeres, Framann-Holzboog 1966.

Gottfried Niedhart: Jean Bodin, *Über den Staat*, Stuttgart: Reclam 1976의 간결한 선집이 보댕의 주저의 새로운 독일어 번역본이다.

(번역은 대부분 믿을 만하나 부분적으로는 의역이다) 그리고 업적이 인정될 만한, 주석된 최초의 독일어 완역: Jean Bodin, *Sechs Bücher über den Staat*, Übers. Bernd Wimmer, Hg. Peter C. Mayer-Tasch, München: Beck 2 Bde. 1981/86 (번역은 원문에 가까우나 가끔 의역; 라틴어 판으로부터; 새로운 보댕 참고문헌 목록).

B. 2차 문헌

1. 참고 문헌 목록

이제 Roland Crahay, Marie-Thérèse Isaac, Marie-Thérèse Lenger: ***Bibliographie critique des editions anciennes de Jean Bodin***, Brüssel 1992가 보댕의 오래 된 판본들을 제시한다.

작품들의 문헌 목록과 1800년 이후의 2차 문헌들을 Horst Denzer (Ed.): ***Jean Bodin. Verhandlungen der internationalen Bodin-Tagung in München***, München: Beck 1973이 제공한다. 그리고 이것을 이어서 1983년까지 제공하는 것: Peter C. Mayer-Tasch (Ed.), ***Jean Bodin, Sechs Bücher über den Staat***, München: Beck 1981/86. 계속해서 새로운 참고 문헌에 대해서 가르쳐 주는 것: Otto Klapp, ***Bibliographie der franösischen Literaturwissenschaft***, Frankfurt/M. 1960ff.와 ***Répertoire bibliographique de la Philosophie***, Paris 1949ff.와 ***die Chronique der Zeitschrift Bibliothèque d'Humanisme et Renaissance***. 예나 지금이나 1936년부터 1962년까지의 보댕의 참고 문헌을 평가하고 있는, 필수적인 연구보고: Georg Roellenbleck, Zum Schrifttum über Jean Bodin, in: *Der Staat* 2 (1963) und 3 (1964).

2. 서술과 연구

참고 문헌 목록을 위해서 언제나 기초가 되는 것: Roger Chauviré, ***Jean Bodin, auteur de la Republique***, Paris 1914, Nachdruck Genf 1969.

툴루즈(Toulouse)에서의 근본적인 영향을 알기 위해 중요한 것: Pierre Mesnard, ***Jean Bodin à Toulouse, Bibliothèque d'Humanisme et Renaissance*** 12 (1950), 31-59.

새로운 전기적 연구를 불러 일으킨 것: Roellenbleck, Schrifttum (s.o.) Pierre Mesnard (*Vers und portrait de Jean Bodin*), Kenneth D. McRae와 Peter C. Mayer-Tasch의 판본들에 있는 짧은 묘사 그리고 Paul L. Rose (s.u.)의 책.

1800-2000년의 참고문헌의 개관이 들어 있는 최신의 이해: Peter Cornelius Mayer-Tasch, *Jean Bodin*, Düsseldorf 2000.

전체 저작과 생애의 연구 상태를 묘사하는 회의 보고들:

Horst Denzer (Ed.), Jean Bodin, ***Verhandlungen der internationalen Bodin-Tagung in München, München***: Beck 1973

Jean Bodin, Actes du colloque interdisciplinaire d'Angers, 2 Bde. Angers 1985

Yves Charles Zarka (Ed.), *Jean Bodin, Nature, histoire, droit et politique*, Paris: PUF 1996
또한 저서들: Julian H. Franklin, *Jean Bodin and the Rise of Absolutist Theory*, London 1973
J. P. Mayer, *Fundamental Studies on Jean Bodin*, New York 1979
Gerd Treffer, *Jean Bodin. Zum Versuch einer juristisch-philosophischen Bewältigung des allgemeinen religiousen Bürgerkriegs in Frankreich*, München 1977.

세계관과 과학 체계를 위한 것
Pierre Mesnard, *Jean Bodin et la critique de la morale d'Aristote*, *Revue Thomiste* 57 (1949) 542-62 (보댕의 윤리학을 위해서는 근본적인 것)
Ann Blair, *The Theater of Nature. Jean Bodin and Renaissance Science*, Princeton U. P. 1997 (*Universae naturae theatrum*의 이해를 위해서 그리고 자연철학을 위해서 그리고 과학을 위해서).
Georg Roellenbleck, *Offenbarung, Natur und jüdische Überlieferung bei Jean Bodin. Eine Interpretation des Heptaplomeres*, Gütersloh 1964 (세계에 대한 관점과 학문 개념과 종교와 관용을 위해서). 여기서는 유대교의 영향을 다음 저작과 마찬가지로 과대평가하고 있다. Paul L. Rose, *Bodin and the Great God of Nature. The Moral and Religious Universe of a Judaiser*, Genf: Droz 1980. 이 책은 보댕을 유대교의 보수주의자이고 선지자로 이해하고 있다.
최근에 무엇보다도 Karl F. Faltenbacher (예컨대 *Das Colloquium Heptaplomeres und das neue Weltbild Galileis*, Stuttgart 1993)이 관용 대화의 연대와 보댕의 저자성에 대해서 의심의 씨앗을 뿌렸는데, 이 의심은 Jean Letrouit, Jean Bodin, auteur du Colloquium Heptaplomeres, in: *La lettre clandestine* 1995에 의해서 제거되었다.
학문의 방법을 위해서 그리고 공간의 영향을 위해서 기본적인 것: Kenneth D. McRae, Ramist Tendencies in the Thought of Jean Bodin, *Journal of the History of Ideas* 16 (1955), 306-23.

법 이론과 역사 이론을 위해서 그리고 그 역사적 위치를 위해서:
Julian H. Franklin, *Jean Bodin and the Sixteenth-century Revolution in the Methodology of Law and History*, New York/London 1963

John L. Brown, *The Methodus ad facilem historiarum cognitionem of Jean Bodin, a Critical Study*, Washington 1939
Adalbert Klempt, *Die Säkularisierung der universalhistorischen Auffassung*, Göttingen 1960.

정치철학과 그것의 시간 속으로의 편입을 위해서 기본적인 것
Pierre Mesnard, L' Essor de la philosophie politique au 16e siècle, Paris ²1952
그 외에도 William F. Church, *Constitutional Thought in 16th-century France*, Cambridge/London 1941. 역동적인 국가사상으로의 변화와 절대주의의 발전을 강조하고 있다.
최근에 전통과 현대 사이에서 모호한 것으로서의 법철학과 국가철학을 서술한 Simone Goyard-Fabre, *Jean Bodin et Ie droit de la République*, Paris: PUF 1989.
특별히 주권 이론을 위해서 Hans-Ulrich Scupin, *Der Begriff der Souveränität bei Althusius und Bodin*, *Der Staat* 4 (1965), 1-26과 기본적인 저작: Helmut Quaritsch, *Staat und Souveränität*, Frankfurt 1970. 이 책은 주권의 중세적 선각자와 영향사도 역시 다룬다.
일반적인 영향사를 위해서 J.H.M. Salmon, T*he French Religious Wars in English Political Thought*, Oxford 1959.
독일제국의 저널리즘에 미친 영향을 위해서 Friedrich H. Schubert, *Die deutschen Reichstage in der Staatslehre der frühen Neuzeit*, Göttingen 1966과 Horst Denzer, Spätaristotelismus, Naturrecht und Reichsreform, in: *Pipers Handbuch der politischen Ideen* Bd.3, München 1985, 233-73.

휴고 그로티우스

A. 1차 문헌

120권도 넘는 모든 저작의 다양한 판본들은 그 번역본들과 함께 B 1.에서 거명된 참고 문헌 목록 속에서 드러난다.
1631-1646년의 초기 판본에 들어 있는 그로티우스 자신이 한 수정을 제시하는 것과 함께 법학적 주저인 『전쟁과 평화의 법률에 관한 세 권의 책』(***De jure belli ac pacis libri tres***)의 현대적인 본문비평적인 라틴어 판본: B. J. A. de Kanter/van Hettinga Tromp, Leiden 1939.
제일 나중에 나온, 본문에도 사용된, 늘 충실하지는 않은 독일어 번역본: W. Schatzel, ***Drei Bücher vom Recht des Krieges und des Friedens***, Tübingcn 1950 (각진 괄호 속에 든 좀 다른 번역).

1601~1602년의 『국가유례(類例)』에 대한 상세한 개설서과 마찬가지로 이 책의 제 6장의 독일어 번역본은 W. Fikentscher, ***De fide et perfidia. - Der Treuegedanken in den "Staatsparallelen des Hugo Grotius aus heutiger Sieht***, München 1979에서 발견된다.
결국 R. Basehan (Hg.), ***Mare liberum -Von der Freiheit des Meeres***, Leipzig 1919도 역시 독일어 번역이다.
『약탈권』에 대해서는 1869년의 라틴어 판본 이외에는 단지 하나뿐인 영어 판본이 Classics of International Law (vol. 22)로 나왔다: J. B. Scott (Hg.), ***Commentary on the Law of Prize and Booty***, Oxford/London, 1950.

연구를 위해서 중요한 그로티우스의 적수는 이제 완전하게 나왔다: ***Briefwisseling van Hugo Grotius***, Hg. P. C. Molhuysscn, B. L. Meulenbroek, P. P. Witkam, H. J. M. Nelen/C. M. Ridderikhoff, 's-Gravenhage: Instituut voor Nederlandse Geschiedenis 16 Bde 1928 ff.

B. 2차 문헌

1. 참고 문헌 목록

기본적인 것:

J, Ter Meulen/P.J.J. Diermanse, Bibliographie des écrits imprimés de Hugo Grotius, Den Haag 1950

__, *Bibliographie des écrits sur Hugo Grotius imprimés au XVIIe siècle*, Den Haag 1961.

잡지 Grotiana 안에 1980년 이래로 규칙적으로 "A-목록"에는 저작들(초판과 최신의 번역본) 그리고 "B-목록"에는 그로티우스 참고문헌—소급해서도—을 기록했다. 헤이그에 있는 평화의 궁전에서 나온 세계적으로 제일 거대한 그로티우스 작품 모음에 대한 목록이 Grotiana 3 (1982), 79 ff에 다시 제시되어 있다.

2. 서술과 연구

오늘날 그로티우스 연구의 "중심기관"은 그로티우스 재단에서 편집하는 *Grotiana* (Van Gorcum, Assen 1980ff)가 된다. 이 잡지는 이미 1916~1947년에 동일한 이름을 가진 선구자가 있었다.

1984년 탄생 400주년 모음집:

T. M. C. Asser Instituut (Hg.), *International Law and The Grotian Heritage*, The Hague 1985

Grotius Commicee of the Royal Netherlands Academy of Arts and Sciences (Hg.), *The World of Hugo Grotius*, Amsterdam/Maarssen 1984

Faculty ol Law - University of Limburg (Hg.), *Hugo Grotius: 1583-1983 - Maastricht Hugo Grotius Colloquium*, Assen 1984

H. Bull/B. Kingsbury/A. Roberts (Hg.), *Hugo Grotius and International Relations*, Oxford 1992.

Erik Wolf, Hugo Grotius, in: Wolf (Hg.), *Große Rechtsdenker der deutschen Geistesgeschichte*, Tübingen 1963, 253 ff라는 이미 고전적인 연구가 법률적 내지 국가철학적인 관점으로의 입문으로서 광범위한 문헌 제시와 전기적인 간략 묘사를 내포하고 있다.

독일에서의 수용사에 대한 전망도 함께 들어 있는:

H. Hoffmann, Hugo Grotius, in: Stolleis (Hg.), *Staatsdenker in der frühen Neuzeit*, München [3]1995

C. Link, *Hugo Grotius als Staatsdenker*, Tübingen 1983.

사회주의적 관점을 지닌 단행본: N. Paech, *Hugo Grotius*, Berlin 1985.

특별히 국제법의 역사에서 그로티우스가 차지하는 위치를 둘러싼 논쟁에서 기본적인 것: H. Lauterpacht, *The Grotian Tradition in International Law*, British Yearbook 23 (1946), 11 ff. 그리고 이 책에서 국제법 분야에서 그로티우스가 차지하는 "조상"의 위치를 둘러싼 논쟁이 새롭게 불타올랐다: 이에 대해서 비판적으로 살펴보기 위해서는 H. Bull, The Grotian Conception of International Society, in: Butterfield/Wight (Hg.), *Diplomatic Investigations*; *Essays in the Theory of International Politics*, London [3]1969, 51 ff. 그리고 그로티우스 상(像)의 "교정"을 지지하는 W. Grewe, *Epochen der Völkerrechtsgeschichte*, Baden-Baden 1984, 227ff.와 같은 저자가 쓴 *Grotius – Vater des Völkerrechts*, Der Staat 11(1984), 161ff도 역시 참조할 수 있다. J. B. Scott, *The Spanish Origin of International Law, Lectures on Franciso de Vitoria (1480-1546) and Francisco Suarez (1548-1617)*, Washington 1928이 그로티우스를 스페인의 후기 스콜라 철학적 전통에 위치시키는 연구를 했는데, 이는 높이 평가받는다.

민법 발전에서 그로티우스가 차지하는 중요성

F. Wieacker, *Privatrechtsgeschichte der Neuzeit*, Göttingen [2]1967, 249 ff.

R. Zimmermann/D. L. Carey-Miller, Generi humanis iuris consultus: Hugo Grotius, *Jura* 6 (1984), 1 ff.

자연법 사상의 짧은 개요: H. Welzel, *Naturrecht und materiale Gerechtigkeit*, Göttingen [4]1962, 123 H.)

좀더 상세히 (또한 카톨릭의 관점): P. Ottenwälder, *Zur Naturrechtslehre des Hugo Grotius*, Tübingen 1950.

현대 그로티우스 연구를 위해 기초적인 것은 결국 P. Haggenmacher, *Grotius et la doctrine de la guerre juste*, Genf 1983이다.

토머스 홉스

A. 1차 문헌

1. 판본들

Thomae Hobbes Malmesburiensis opera philosophica quae latinae scripsit omnia. In unum corpus nunc primum collecta et labore Gulielmi (William) Moleswortb, London 1839–1845. 5 Bde. (2. Nachdr.: Darmstadt 1966)

The English Works of Thomas Hobbes of Malmesbury. Now first collected and edited by Sir William Molesworth. London 1839–1845. 11 Bde. (2. Nachdr.: Darmstadt 1966).

The Clarendon Edition of the Philosophical Works of Thomas Hobbes, Oxford 중에서 지금까지 출간된 것: Vol. 2: *De Cive* (라틴어 판). A Critical Edition by H. Warrender, Oxford 1983. Vol. 3: *De Cive* (영어 판; 홉스 연구에서 허가 받지 못한 해적판으로 여겨진다). A Critical Edition by H. Warrender, Oxford 1983; Vol. 6: *The Correspondence 1622–1659*. Ed. N. Malcolm, Oxford 1994.

표준적 판본은 예나 지금이나 Molesworth-판본이다; 당연히 그 사이에 몇몇의 저작들이 더 발견되었고 편집되었다; 상세한 저서 목록을 발견할 수 있는 것: *Grundriss der Geschichte der Philosophie* (= "*Überweg*"): *Die Philosophie des 17. Jahrhunderts*, Bd. 3/1: *England* hg. J.-P. Schobinger, Basel 1988.

2. 원문 판본과 번역

영어판으로서 추천할 만한 것: *Leviathan, with selected variants from the latin edition of 1668* Ed. E. Curley, Indianapolis (Hackett) 1994.

독일어판: *Leviathan oder Stoff, Form und Gewalt eines bürgerlichen und kirchlichen Staates* Hg. L Fetscher/Übs. W. Euchner, Frankfurt/Main (stw) 1984과 그 이후의 판본; 혹은:

Leviathan (= Philosophische Bibliothek 491) Hg. K. Klennerl Übs. J. Schlosser, Hamburg 1996

Elemente der Philosophie. Erste Abteilung. Der Körper (= Philosophische

Bibliothek 501), Übs./Hg. Karl Schuhmann, Hamburg 1997

Vom Menschen. Vom Bürger (= Philosophische Bibliothek Bd. 158) Hg. G. Gawlick/Übs. M. Frischeisen-Köhler, Hamburg [2]1966/Nachdruck 1977

Naturrecht und allgemeines Staatsrecht in den Anfangsgründen Hg. F. Tönnies, Berlin 1926, Nachdr. Darmstadt 1976

Dialog zwischen einem Philosophen und einem Juristen über das englische Recht Hg. und komm. B. Willms, Weinheim 1992.

Behemoth oder Das Lange Parlament Hg./Essay H. Mtinkler, Frankfurt 1991.

B. 2차 문헌

1. 참고 문헌 목록과 새로운 연구 보고서들

E. Curley, Reflections on Hobbes: Recent Work on His Moral and Political Philosophy, in: *Journal of Philosophical Research* 15 (1989) 170-249

A. Garcia, *Thomas Hobbes: bibliographie international de 1620 à 1986*, Caen 1986

W. Stacksteder: *Hobbes-Studies 1879-1979, A Bibliography*, Bowling Green 1982

B. Willms: *Der Weg des Leviathan. Die Hobbes-Forschung 1968-1978, Der Staat/Beiheft* 3. Berlin 1969는 언급된 시기의 Peter Collier에 의해서 수집된 국제적인 참고 문헌 목록을 포함하고 있다.

지속적이고 주석을 단 참고 문헌 목록을 1988년 이래 지속적으로 추진해 온 홉스 회보가 제공하고 있다. *Archives de Philosophie* vol 51과 후속 회보. 1988년 이래로 해마다 *Hobbes-Studies*, (Van Gorcum) Assen가 출간된다.

2. 독일어 개설서

W. Kersting, *Thomas Hobbes zur Einführung*, Hamburg (Junius) 1993

철학 체계라는 방향에 맞춰진: W. Kersting (Hg.), Reihe: *Klassiker auslegen. Thomas Hobbes: Leviathan*, Berlin (Akademie-Verlag) 1996

체계적인 본문 주석: F. Tönnies, *Thomas Hobbes. Leben und Lehre*,

Stuttgart/Bad Canstatt 1971 (Neudruck der 3., verm. Aufl. v. 1925) 독일어권 홉스 연구의 선두자의 작업들은 아직도 항상 무조건적으로 추천할 만한 가치가 있다: B. Willms, *Thomas Hobbes. Das Reich des Leviathan*, München (Piper) 1987. 이는 역사적으로 방향을 맞춘 개설서인데 정치신학의 문제를 토론하고 있다.

3. 서술과 연구 (선별)

학문 이론과 방법

H. Fiebig, *Erkenntnis und technische Erzeugung. Hobbes operationale Philosophie der Wissenschaft*, Meisenheim 1973

Th. A. Spragens, *The Politics of Motion. The World of Thomas Hobbes*, Lexington 1973

U. Weiß, *Das philosophische System von Thomas Hobbes*, Stuttgart/Bad-Canstatt 1980.

인간학: O. Höffe (Hg.), *Thomas Hobbes. Anthropologie und Staatsphilosophie*, Freiburg/Schweiz 1981

J. G. van der Bend (Hg.), *Thomas Hobbes. His View of Man*, Amsterdam 1982

자연법과 법철학: N. Bobbio, *Thomas Hobbes and the Natural Law Tradition*, Chicago 1993

Dieter Hüning, *Freiheit und Herrschaft in der Rechtsphilosophie des Thomas Hobbes*, Berlin 1998

B. Ludwig, *Die Wiederentdeckung des epikureischen Naturrechts. Zu Hobbes' philosophischer Emwicklung von De Cive zum Leviathan im Pariser Exil 1640-1651*, Frankfurt/Main. 1998

계약이론과 정치이론: D. Baumgold, *Hobbes's Political Theory*, Cambridge 1988

D. Gauthier, *The Logic of Leviathan. The Moral and Political Theory of Thomas Hobbes*, Oxford 1969

M. Oakeshott, *Hobbes on Civil Association*, Oxford 1975

R. Polin, *Politic e philosophic chez Hobbes*, Paris 1953

Y. Ch. Zarka, *Hobbes et la penseée politique moderne*, Paris 1995

영향을 많이 끼치는 연구작업: J. Hampton, *Thomas Hobbes and the Social Contract Tradition*, Cambridge 1986

계약 논증을 유희 이론적으로 해석; C. Schmitt, *Der Leviathan in der Staatslehre des Thomas Hobbes*, Hamburg-Wandsbeck 1938는 홉

스에게서 정치신학을 인정한다.

L. Strauss, *Die politische Philosophie des Thomas Hobbes*, Neuwied/Berlin 1965는 홉스의 정치 이론이 그의 수학적이고 자연과학적 견해로부터 독립해 있다고 논증한다.

H. Warrender, *The Political Philosophy of Hobbes. His Theory of Obligation*, Oxford 1957은 홉스의 의무 이론이 기독교적인 자연법과 연속적이라는 주장을 한다. – P. King (Hg.), *Thomas Hobbes. Critical Assessments*, London/ New York 1993, 4 Bde.에 들어 있는 이 문제에 대해서 기여하는 바를 참조할 것.

저자 소개

흐리스티네 흐바시차 Christine Chwaszcza

1962년생. 뮌헨에서 정치학과 사회학과 신 독일 문학과 철학을 공부했다. 1994년에 철학박사 학위 취득. 1994년 이래로 키일대학 철학과에서 연구 조교; 거기서 1999년 철학으로 교수 자격 취득.

출판물: *Zwischenstaatliche Kooperation. Perspektiven einer normativen Theorie der Internationalen Beziehungen*, Wiesbaden 1995 등이 있으며 Wolfgang Kersting과 함께 편집: *Politische Philosophie der Internationalen Beziehungen*, Frankfurt/Main 1998.

호르스트 덴처 Horst Denzer

1941년생. 프라이부르크와 베를린과 뮌헨에서 정치학과 역사와 철학과 독문학을 공부했다. 1971년 철학박사 학위 취득; 1988~97년 뮌헨과 아우그스부르크에서 대학에 자리를 얻은 후에 바이에른 주의 수상청(首相廳)에서 과장(슈베린에서의 일년을 포함하여); 그 이후로 투칭에서 정치 교육을 위한 아카데미에서 유한 책임의 학문적 책임자.

주요 저서로 *Moralphilosophie und Naturrecht bei Pufendorf*(1972), *Jean Bodin*, *Verhandlung der internat*. Bodin-Tagung(1973), *Samuel Pufendort*, *Die Verfassung des deutschen Reichs*(1976, lat.-dtsch. 1994), *Zur Entwicklung der Demokratie in*

Ostdeutschland(2002) 등이 있다.

울리히 호르스트 Ulrich Horst

신학박사. 1931년생. 발베르부르크와 살라망카와 뮌헨에서 철학과 신학을 공부했다. 1977년에 뮌헨에서 교수 자격 취득. 1985년 이래로 뮌헨에서 신학 역사의 교수, Grabmann-Institut의 이사.

주요 저서로 *Trinitäts- und Gotteslehre des Robert v. Melun*(1964), *Papst-Konzil-Unfehlbarkeit*(1978), *Unfehlbarkeit und Geschichte*(1982), *Zwischen Konziliarismus und Reformation*(1985), *Autorität und Immunität des Papstes*(1991), *Evangelische Armut und Kirche*(1992), *Franz v. Vitoria, Vorlesung I u. II.*(Hrg.)(1995, 1997), *Evangelische Armut und päpstliches Lehramt*(1996), *Bischöfe und Ordensleute nach Thomas v. Aquin*(1999) 등이 있다.

다니엘라 휘팅거 (출생시 Deibel) Daniela Hüttinger

인문학 석사. 1972년 생. 에를랑겐과 로마에서 정치학과 고대사와 철학을 공부했다. 샌프란시스코에서 실습과 체류(1993년), 시애틀(1994), 피렌체(1995) 그리고 파리(1996). 1999년 이래로 에를랑겐 대학 정치학 연구소에서 공동연구자와 박사과정생. 학위 논문 *Begriff des Politischen bei den Griechen*.

출판물: Zum Begriff des Politischen bei Platon(2000), in: Lietymann/Nitschke (Hg.), *Klassische Politik*; *Die Politeia und das Politische bei Platon*(*1997*).

다니엘-에라스무스 칸 Daniel-Erasmus Khan

1961년 생. 마르부르크 대학과 제네바 대학과 뮌헨 대학에서 법학을 공부했다. 1995년 법학박사 학위 취득. 뮌헨 대학 국제법 연구소에서 연구 조교.

국제법과 유럽법 분야와 공공 법의 다른 분야들에서 많은 출판물들. 중심 분야는 경계선 분쟁과 영토 분쟁과 국제적인 인권옹호와 (국제)법 이론적인 문제 제기들이다.

클라우스 레이 Klaus Ley

1943년 생. 본과 쾰른과 튀빙겐과 파리에서 로마어 문학과 고전 문헌학과 철학을 공부했다. 1974년에 박사학위 취득; 1981년에 교수 자격 취득. 1990년 이래로 마인츠 대학에서 로마어의 문헌학 교수.

광범위한 출판물들이 프랑스와 이탈리아에서의 르네상스 문학에 관해서 그리고 반동종교개혁과 바로크에 관해서 그리고 19세기의 소설과 오페라의 관계에 관해서 나왔다.

디르크 뤼데케 Dirk Lüddecke

1969년 생. 프라이부르크와 더블린과 바젤에서 철학과 역사와 과학적 정치학을 공부했다. 뮌헨 대학 숄 자매 연구소에서 연구 조교와 철학 연감의 공동 편집인.

출판물: *Dantes Politisches Denken. Überlegungen zur Argumentation der Monarchia Dante Alighieris*, München 1999; Veritas exagitata. Die politische Lehre Wilhelms von Ockham und ihre Darstellung im Dialogus, in: K. Jacobi (Hg.) *Gespräche lesen. Philosophische Dialoge im Mittelalter*, Tübingen 1999; Philosophie auf dem Zauberberg. Überlegungen zur philosphischen Debatte zwischen Erst Cassirer und Martin Heidegger in Davos(1929), in: P. Gemeinhardt u. a. (Hg.), *Kultur und Wissenschaft beim Übergang ins Dritte Reich*, München 1999.

한스 마이어 Hans Meier

1931년 생. 역사와 독문학과 로만어학을 공부한 이후에 뮌헨 대학에서 정치학 교수(1962~1988). 1970~1986년에 바이에른 주의 교육과 문화 장관; 1988~1999년에 뮌헨 대학에서 기독교 세계관과 종교이론과 문화이론 교수.

그의 학문적 작업은 무엇보다 교회와 민주주의의 관계와 현대화 과정에서 보이는 기독교적 흔적들로 향해 있다. 주요 저서들로는 *Revolution und Kirche*(1959, [5]1988; 영어와 프랑스어와 체코어로 번역). *Die ältere deutsche Staats- und Verwaltungslehre*(1966, [3]1986); *Die christliche Zeitrechnung*(1991, [5]2000; 일어와 이탈리아어 번역).

위르겐 미트케 Jürgen Miethke

1938년 생. 괴팅겐과 베를린에서 공부했다. Wilhelm Berges에게서 박사학위 취득(1967); 베를린 자유 대학에서 교수 자격 취득(1970); 베를린 자유 대학에서 중세사 교수(1971~1984), 하이델

베르크에서(1984년 이래로). 로마에 객원교수(1978/1979), 매디슨 WI(1983) 그리고 부에노스 아이레스(1996); 뮌헨 역사 신학원의 특별회원(1988/89), 고도 연구 연구소의 회원, 프린스턴, N.J.(1994/95).

주된 탐구 영역: 교회사, 교육사, 정치 사상사, 이론사.

주요 저서로는 *Ockhams Weg zur Sozialphilosophie*(1969); *Kaiser und Papst im Konflickt* (Arnold Bühler와 함께 1988); *Quellen zur Kirchenreform im Zeitalter der großen Konzilien des 15. Jhs.* (Lorenz Widerstreit와 함께 1995); "De potestate papae", *Die päpstliche Amtskompetenz im Widerstreit der politischen Theorie von Thomas von Aquin bis Wilhelm von Ockham*, Tübingen 2000 등이 있다.

헤르프리트 뮌클러 Herfried Münkler

1951년 생. 프랑크푸르트에서 정치학과 독문학과 철학을 공부. 1981년에 철학박사 학위 취득. 1987년에 정치철학으로 교수 자격 취득. 1992년 초부터 베를린 훔볼트 대학에서 정치학 이론 교수. 베를린-브란덴부르크 학문 연구소 회원.

저서: *Machiavelli*(1982), *Pipers Handbuch der politischen Ideen*(Iring Fetscher와 함께 편집 5 Bde. 1985~1993), *Gewalt und Ordnung. Das Bild des Krieges im politischen Denken*(1992), *Thomas Hobbes*(1993), *Nationenbildung. Die Nationalisierung Europas im Diskurs humanistischer Intellektueller*(K. Mayer u. H. Günberger와 함께 1998), *Die Wiedergeburt des Krieges aus dem Geist der Revolution*(Johannes Kunisch와 함께 편집 1999), *Renaissance-Lexikon*(Marina Münkler와 함께 2000).

빌프리드 니펠 Wilfried Nippel

1950년 생. 1978년에 박사 학위 취득. 1983년에 교수 자격 취득. 베를린 훔볼트 대학에서 고대사 교수.

출판물: *Mischverfassungstheorie und Verfassungsrealität in Antike und früher Neuzeit*, Stuttgart 1980; *Aufruhr und "Polizei" in der römischen Republik*, Stuttgart 1988; *Griechen, Barbaren und "Wilde"*, Frankfurt 1990; (Hg.) *Über das Studium der Alten Geschichte*, München 1993; *Public Order in Ancient Rome*, Cambridge 1995; (Hg.) *Max Weber, Wirtschaft und Gesellschaft*, Teilband 5: *Die Stadt*, Tübingen 1999.

논문들: 고대의 헌법사와 사회사에 대해서 그리고 고대 정치이론과 그 수용에 대해서, 고대학사에 대해서.

리하르트 자게 Richard Saage

철학박사, Dr. disc. 정치학 교수 자격 취득. 1941년 생. 1965년부터 1972년까지 프랑크푸르트에서 정치학과 역사와 철학을 공부했다. 1972/73년에 하버드 대학과 케임브리지 Mass.에서 '독일 국민의 학문원조(Studienstiftung des Deutschen Volkes)'의 방문교수. 할레-비텐베르크 마르틴-루터-대학에서 정치학 교수. 1998년 이래로 라이프치히에 있는 작센주의 학문 연구소의 정식 회원.

주요 저서로 *Eigentum, Staat und Gesellschaft bei Immanuel*

Kant(1973, 2판 1994), *Faschismustheorien*(1976, 4판 1997, 이탈리아어로 번역 1979), *Herrschaft*, *Toleranz*, *Widerstand*(1981), *Politische Untopien der Neuzeit*(1991, 2판 2000, 이탈라아어 번역 1997), *Utopieforschung*(1997) 등이 있다.

한스 칼 셰르처 Hans Karl Scherzer

1929년 루드비히스하펜에서 출생. 부국장 퇴임. 레겐스부르크와 뷔르츠부르크에서 역사와 독문학과 지리학과 철학을 공부; 고급 교사직을 위한 국가시험 통과, 바이덴과 뮌헨에서 교사, 뮌헨 대학 독일 교육위원회와 숄-자매-연구소에서 Hans Meier교수의 직원; 바이에른 주의 수상청(首相廳)에서 1971~1991년에 우선 보고자, 그 다음에는 부서책임자 (원칙상 문제들과 경계를 넘는 공동작업). 바이에른 주의 수상청(首相廳)의 행정지도 과정 책임자.

페테르 베버-셰퍼 Peter Weber-Schäfer

1935년 생. 보쿰 루르 대학에서 정치학 교수 퇴임.

주요 저서로는 *Ono no Komach. Gestalt und Legende im No-Spiel*(1960); *Vierundzwanzig No-Spiele*(1961); *Der Edle und der Weise*(1963); *Zen. Aussprüche und Verse der Zen-Meister*(1964); *Das politische Denken der Griechen*(1969, Hg.); *Einführung in die antike politische Theorie*(1976) 등이 있다.

논문들: 정치 이론에 대해서 그리고 동아시아 정치에 대해서 그리고 간문화적 비교와 번역 이론에 관한 문제들에 대해서.

역자 후기

이 책은 서양 정치사상의 거장들을 다루는 두 권 중의 첫째 권이다. 이 첫 권만이라도 전체로 읽어 보면, 머리말에서 편집자가 말했듯이, 서양의 정지사상들이 일견 혼란스러우면서도 그 속에 어떤 통일성이 있는 것을 발견하게 된다. 이 책이 단지 여러 정치사상가들만을 다루고 있는 것이 아니고, 그들에 대해서 서술하는 사람도 여럿이라는 점을 고려해 볼 때에, 이렇게 서술된 서양 정치사상사를 전체적으로 관통하고 있는 흐름을 발견할 수 있다는 것은 흥미로운 일이다. 물론 편집자나 저자들이 자신들의 정치적 전통을 그렇게 이해하고 사상가들을 선정했기 때문에 이러한 현상이 나타날 수도 있을 것이다. 그러나 단지 책의 편집자와 저자들 때문만은 아닐 것이다. 그 정치사상의 거장들 자신도 또한 공통점을 가지고 있을 것이다. 이 점이 아마 사람들이 흔히 영향사(**Wirkungsgeschichte**)를 말하게 되는 이유가 아닐까 생각해 본다. 다양한 사상가들이 전통의 여러 단계와 여러 갈래로부터 전통의 흐름 속으로 합류해 들어와서 결국에는 전통이라는 커다란 강을 이룩해가는 과정이 영향사이다.

번역자는 고대 플라톤 전공자이다. 그러다 보니 중세에서 근대 초엽까지 이르는 긴 기간 동안에 등장한 사상가들—그 중의 몇몇은, 예컨대 마르실리우스나 비토리아와 같이 이름도 못 들어보았거나, 단테 같은 사람은 최소한 정치와 연관시켜서는 생각해 본 적이 없었다—에 관한 서술을 이해하고 번역하는 것은 참 쉽지 않았다.

그러나 이 책을 번역하는 동안에 플라톤의 정치사상에 대한 이해가 늘어나는 것을 느꼈다. 왜냐하면 번역 작업은 플라톤의 사상을 자연스럽게 후대의 발전과 비교하게 되는 기회를 제공했기 때문이다. 이를테면 철인왕의 평가가 그렇다. 플라톤이 처해 있던 환경과 그의 문제 제기만을 가지고 보았을 경우에 그 자체로 이해가 갔었다. 그래서 다른 사람들이 철인왕에 대해서 부정적인 평가를 하거나 혹은 번역자가 플라톤을 우리 시대의 문제에 적용하려고 하자마자 무언가 부족함을 느꼈을 때에 해결할 수 없는 난관에 봉착됨을 느꼈었다. 그런데 이것이 어느 정도 해소된 것이다. 물론 그 원인이야 여러 가지이겠지만, 인간적 삶과 사회적 삶에 플라톤이 느끼지 못했던 다른 측면들이 많이 있는 것이다.

편집자의 견해에 따르자면 시대와 환경의 차이를 넘어서 인간 공동체에 늘 제기되는 일정한 문제들이 존재해 왔었고 지금도 존재한다. 이를테면 '좋은 정치 질서'라는 문제는 사람들이 집요하다고 할 정도로 물어 왔던 문제이다. 정치란 원래 —우리가 현실 정치에서 일상적으로 경험하듯이 단지 '누가 권력을 잡느냐' 그리고 '누구에게 유리한가'의 질문들만이 난무해서는 안 되고— 어떤 것이 개인과 국가에 좋은 질서인가를 묻고 경쟁하는 장이어야만 한다. 그래서 거장들은 자신들의 사상 속에서 이 문제들을 '상기'하고 '평가'하고 '비판'하는 데에서 탁월한 솜씨를 보였다. 물론 그들이 살던 시대나 사회나 환경은 각각 다 달랐다. 그러므로 그에 따라 서로 다른 강조점과 다른 관점이 드러나고, 이것이 그들의 해결책에 결정적인 영향을 미쳤다. 그리고 누구도 모든 환경 속에서 살거나 모든 문제를 제기할 수는 없다는 점은 보편적인 진리이다.

이 책을 번역하다가 번역자의 눈에 크게 들어온 것 하나는 서양의 정치사상사에서 법이 차지하는 위치이다. 이 점이 어쩌면 동양의 정치사상과 다른 주요한 차이점일 수도 있겠다 하는 생각이 문득 들었다. 플라톤이나 아니면 종교적 사상가들처럼 거의 신의 경지에 도달한 '철학자'나 혹은 신이 친히 다스린다면, 잡다한 정치적인 문제 모두가 한꺼번에 해결될 수 있을지도 모른다. 그러나 그런 존재를 현실 속에서 발견하기가 불가능하다면 법이 필요하다는 것이 서양의 정치사상의 지적 전통인 것처럼 번역자에게는 보인다. 좋은 정치 질서를 만들고 유지하기 위해서 소위 합리성—물론 포스트 모던한 세계에서 이 '합리성'이라는 말을 어떻게 정의해야만 할지 쉽지는 않겠지만—이 필요한데, 이성의 인격적 담지자가 아닌, 제도적 담지자가 바로 법이다. 그리고 이 법이야말로 제도의 근간이다. 그러므로 법을 누가 제정하고 어떻게 시행하며 어떠한 경우에 예외를 둘 수 있는가 하는 문제 등은 서양 정치사상사에서 영원한 문제이다.

이 책의 저자들이 이러한 전통의 흐름 속에 뛰어들어서 원저자들과 같이, 그들을 공감하든 비판하든 간에, 사색하고 평가했던 것처럼 이 책의 독자들도 그렇게 한다면, 이 영향사는 서양을 넘어서 우리나라에 그리고 현재에도 지속적으로 이어질 수 있을 것이다.

끝으로 이 책을 번역함에 있어서 여러 사람에게 많은 빚을 지게 되었다는 점을 언급하고 싶다. 단순히 영어나 독일어가 아닌 언어를 발음하고 해석하는 문제에서부터 시작해서 해석은 했으나 그 실제적인 의미가 이해가 안 되는 경우까지 빚의 종류는 다양했다. 이를 위해서 개인적인 도움도 받았으나, 인터넷의 야후나 네이버 그리고 독일 야후의 도움도 많이 받았다. 그리고 한글 원고를 읽고 교정보는 것을 도와준 세 사람에게도 감사하고 싶다. 그러나 전체적으로 번역의 잘못은 궁극적으로 번역자의 탓이다.

정치사상의 거장들 I

-고대 · 중세편: 플라톤에서 홉스까지-

1판 1쇄 찍음 2008년 9월 5일
1판 1쇄 펴냄 2008년 9월 10일

엮 은 이 : 한스 마이어 / 호르스트 덴처
옮 긴 이 : 주 광 순
펴 낸 이 : 최 두 환
펴 낸 곳 : 도서출판 **시와 진실**
출판등록 : 1997. 6. 11 제 2-2389호
주 소 : 서울시 동작구 상도 1동 557
TEL : 02) 813-8371
FAX : 02) 813-8377
E-mail : ambros@hanafos.com

정가 : 18,000원
ISBN : 978-89-90890-27-6 94340
978-89-90890-26-9 94340 (세트)